왜
강대국은
책임지지
않는가

왜 강대국은 책임지지 않는가
여전히 풀리지 않는 이스라엘-팔레스타인 분쟁에 대하여

1판 1쇄 발행 2025년 3월 20일

지은이 비비안 포레스터
옮긴이 조민영

기획편집 정선영
디자인 문성미
제작 세걸음

펴낸이 정선영
펴낸곳 도도서가
출판등록 2023년 1월 3일 제2023-000001호
주소 서울시 서대문구 증가로 2길 39, 203호
이메일 dodoseoga@gmail.com
인스타그램 @dodoseoga

ISBN 979-11-983121-3-6 03900

이 책의 일부 또는 전부를 재사용하려면 반드시 저자와 도도서가의 동의를 받아야 합니다.
책값은 뒤표지에 있습니다. 잘못된 책은 구입하신 곳에서 교환해드립니다.

LE CRIME OCCIDENTAL by Viviane Forrester
Copyright © 2004 by Librairie Arthème Fayard

All rights reserved.
This Korean edition was published by DODOSEOGA in 2025 by arrangement with Librairie Artheme Fayard through KCC(Korea Copyright Center Inc.), Seoul.
이 책은 (주)한국저작권센터(KCC)를 통한 저작권자와의 독점계약으로 도도서가에서 출간되었습니다. 저작권법에 의해 한국 내에서 보호를 받는 저작물이므로 무단 전재와 복제를 금합니다.

여전히 풀리지 않는 이스라엘-팔레스타인
분쟁에 대하여

왜
강대국은
책임지지
않는가

비비안 포레스터 지음 | **조민영** 옮김

도_도
서가

LE CRIME
OCCIDENTAL

"나를 노린 공포는 유럽에서 온 것이었다."

비비안 포레스터,
《전쟁이 끝나고, 그날 저녁Ce soir, après la guerre》

차례

1부 비극의 서막 ········ 9
2부 시온주의 ············ 99

미주 ·························· 272
참고문헌 ······················ 280
옮긴이의 말 ··················· 299
찾아보기 ······················ 306

일러두기

- 단행본, 신문, 잡지는 《 》로, 영화는 〈 〉로 표기했다.
- 원문에서 저자가 이탤릭체로 강조한 부분은 고딕체로 표시했다.
- 옮긴이 주는 '—옮긴이'로 표시했다.

비극의 서막

1

공포의 시효

유럽의 공포를 어떻게 잊을까. 그 공포의 흔적과 떨림을 어떻게 떨쳐낼까. 근원에서 끈질기게 솟아나는 공포 본능을 무엇으로 감출까. 어떻게 하면 계속해서 나치 시대를 치욕스럽고 잔혹한 일회성 사건으로 여기고, 이제 '그런 일은 절대 안 된다'고 말하는 것만으로도 그 시대는 정복되었고 완전히 사라졌다고 생각할까.

턱을 치켜들고 대담한 눈빛으로 표명하는 '그런 일은 절대 안 된다'는 이 선언의 영웅적 위력 덕분에 우리는 '그런 일'을 분석하거나 정의하지 않아도 된다. '그런 일'이 될 수 있는 것, 우리 자신의 발자취에서 '그런 일'에 해당하는 다양한 양상을 고려하지 않아도 된다. '그런 일은 절대 안 된다'는 말의 힘은 겉보기에 어떤 희망이나 결심보다는 하나의 확인된 사실에 더 가깝다. 그래서 이루어질 수 없는 소망, 불분명하지만 단호한 의지(영어로는 '희망사항wishful thinking')는 이미 지켜진 약속, 완수된 임무, 내려진 결론,

충분한 방어로 여겨지고, 우리는 모든 경각심을 풀고 거기서 벗어나게 된다. 제3제국,• 전쟁, 연합군의 승리로 이어지는 연대기의 완성. 문제는 그렇게 해결된다.

그러나 세부적으로 보면 한 가지가 빠져 제대로 마무리되지 못했다. 바로 나치즘과의 전쟁이 일어나지 않았다는 점이다. 뒤늦게 무기를 들고 싸워 무너뜨린 것은 나치가 아니라 정복국 독일이었다. 나치 정권에 맞선 주목할 만한 내부 반발이 있었던 적도 없었고, 나치에 반대하는 일반적이고 보편적인 봉기가 일어난 적도 없었다. 또한 본능적인 거부도 심사숙고한 거부도 없었다. 1933년 이후 개입권이 작동하지 않았을 때조차도, 히틀러의 사상과 행동에 맞서 국제사회가 자발적이고 즉각적으로 저항의 움직임을 보인 적은 더더욱 없었다.

히틀러의 사상과 행동에서 비롯된 망상이 5년간 이어지던 1938년, 그에 맞서 뮌헨 회담과 에비앙 회담이 열렸다. 9월 말에 열린 뮌헨 회담에서 프랑스와 영국 정부는 이미 만천하에 본색을 드러낸 나치의 야만성을 문제 삼거나 언급조차 하지 않았다. 뮌헨 회담은 양국 정부가 독일제국의 팽창주의 정책에 보인 공식적이고 열성적이며 비굴하기

• 히틀러가 권력을 장악한 1933~1945년의 독일제국. 나치 독일은 신성로마제국(962~1806)과 독일제국(1871~1918)에 이은 세 번째 단일국가로서, 나치 지배체제(1933~1945)를 제3제국이라 칭했다. ─ 옮긴이

까지 한, 무엇보다 반역적인 동의였다. 7월 6일부터 15일까지 열린 에비앙 회담에는 미국의 제안으로 33개국[••]이 모였고, 이 자리에서 각국이 히틀러 이데올로기의 피해자인 유대인을 수용할 이민 할당량 확대를 매듭지어야 했다. 네덜란드와 덴마크를 제외하고 모든 나라가 (그중에서도 미국이 가장 먼저) 이미 승인된 적은 수의 할당량에서 최소한의 인원수조차 확대할 생각이 없다는 의사를 밝혔다. 회담 이후 아르헨티나, 우루과이, 멕시코, 칠레는 회담 당시와는 반대로 이민 비율을 축소했다. 각 나라마다 이민을 거부하는 명분을 내세웠다. 뻔뻔하게도 호주는 스스로 원주민을 어떻게 대우했는지는 잊은 채, 자기들은 인종 문제에 대해서는 전혀 모르고 "그런 문제를 일으키고"[1] 싶지도 않다고 선언했다! 전쟁 직후 새로운 이민자들에게 인구수가 가장 적은 땅을 내줄 테니 그곳에 와서 살라고 간절하게 호소하는 광고를 국제 신문에 낸 것도 호주였다.

프랑스는 이미 '포화 상태'라고 선언했다. 한편 상원의원 앙리 베랑제Henri Bérenger는 장관에게 이런 편지를 썼다.[2] "독일이 프랑스를 자신의 천적으로 여기는 모든 사람들의

[••] 이 33개국에는 미국, 프랑스, 영국, 벨기에, 이탈리아, 스위스, 덴마크, 노르웨이, 스웨덴, 네덜란드, 캐나다, 남아프리카공화국, 뉴질랜드, 호주와 중남미 20개국이 있다. 전쟁이 끝나고 중남미 일부 국가는 '나치로 인한… 난민'을 매우 너그럽게 받아주었다.

공식적인 피난처로 본다면, 과연 그것이 프랑스에 이익이 되겠습니까? 문화적이고 인종적인 적대감이 프랑스-독일 관계에 영원히 뿌리내릴 겁니다." 그는 이미 "오스트리아나 독일의 이민 부랑자들"을 프랑스로 들여야 하는 문제를 우려하고 있었다. 결과적으로 프랑스 대표단은 "어떤 구체적인 약속도 완벽하게 피해갔다며"[3]며 자축했다.

1938년까지만 해도 히틀러는 독일계 유대인의 국외 이주에 동의했을 뿐 아니라, 쾨니히스베르크 연설에서 언급한 것처럼[4] 독일 밖으로 떠나라고 요구했다. 이 점을 분명히 기억해야 한다. "우리는 이 범죄자들[유대인]을 다른 나라들의 처분에 맡길 준비가, 심지어 호화 선박에 태울 준비가 되어 있습니다. 아무렴 어떻습니까." 분명 국외 이주는 유대인에게 구원이었다. 구원은 아직 가능했다.

총통은 "루스벨트 대통령이 다른 나라들에는 이민 할당량을 늘려달라고 호소하면서, 정작 자기네는 이를 거부한다"[5]며 대놓고 조롱했다. 또 이렇게도 비꼬았다. "유대인이 부족하다고 생각하는 나라가 있다면 우리나라에 있는 유대인을 기꺼이 전부 보내드리지요."[6] 헤르만 괴링은 총통의 말을 인용해 이렇게 말했다. "총통은 다른 나라들에 이렇게 말할 겁니다. '왜 허구한 날 유대인 얘기를 하시오? 그들을 데려가시오.'"[7] 요제프 괴벨스는 1938년 11월 12일 각료회의에서 이렇게 비웃었다. "여론이 유대인에게 우호적인데도 그들을 받아주는 나라가 전혀 없다는 걸 보면 신기합니다. 유대인이 문명의 선구자이고 철학과 예술 창작의 천재라고 하면서도 이 천재들을 좀 받아달라고 하면 그들은 국경을 닫아걸지요."[8]

이 (집단적) 거부는 결국 당시의 반유대주의적 혐오에 대한 암묵적 동의이자 박해받는 자들에게 쏟아진 비난이었다. 이 불합리한 공모는 그들을 억압하는 자들과 암암리에 맺은 형제애로, 다시 말해 제3제국 독재의 태동기에 나타난 조짐과 관련이 있다고 할 수 있다. 나치 언론의 평가도 이와 다르지 않았다. 예를 들어 나치 기관지 《단치히 포르포스텐Danziger Vorposten》에는 이런 내용이 나온다. "독일을 향한 악의적 선동이 빗발칠 때는 유대인을 불쌍히 여기는 분위기가 형성되지만, 정작 유대인 수천 명을 끌어들여 중부유럽의 오점과 맞서겠다는 나라가 없다는 사실을 우리는 확인했다. 따라서 에비앙 협정은 독일 정책의 정당성을 보여준다." 요컨대 서구의 민주주의 국가들은 골칫덩어리인 유대인 문제와 관련해 히틀러에게 암묵적으로 전권을 위임해 책임을 회피한 것이나 다름없다.

공식적으로는 온건하게나마 인종차별에 반대하던 강대국 정부들조차, 아직 존재감을 확실히 드러내기 전인 이 풋내기 독재자 앞에서 마조히즘에 가까운 병적인 무력함을 보였다. 그들의 태도는 부인이자 묵인, 배신이나 다름없었다. 강대국 지도자들은 능수능란하고 대담한 히틀러에게 놀라 두려움에 떨며 그의 환심을 사려 애썼고, 호의를 구하려 안달했다. 유대인을 공개적으로 모욕하고 약탈하고 박해하는 만행에 분개하거나 항의한 흔적은 어디에도 없었다. 유대인은 물론 정권에 반대하는 자들을 대거 체포하고, 유대인과 반대자들을 감옥에 가두거나 강제 수용소에 억류하는데도 누구 하나 분노하거나 저항하지 않았다. 이들을 억류할 목적에서 독일에는 1933년 다하우Dachau 수용소와 1937년 부헨발트Buchenwald 수용소가 세워졌고, 합병 직후 오스트리아에는 1938년 마우트하우젠Mauthausen 수용소가 설치되었다.

개입권이 작동하지 않는 상태에서 제3제국 외교정책을 견제할 것이라고는, 기껏해야 미미하고 짤막한 항의뿐 어떤 반대도 없었다. 1934년 독일이 로카르노 협정을 위반하고 재무장한 뒤 라인란트를 점령했을 때 그 무엇도 독일을 막을 수 없었다.* 1936년 베를린에서 올림픽이 열렸다. 전 세계 선수들이 공식적으로 경기에 참가했다. 프로파간다의 대성공이었다. 올림픽위원회가 제시한 유일한 조건은 독일 유대인 선수가 반드시 참가해야 한다는 것이었으나, 세세한 사항에 신경 쓰는 사람은 아무도 없는 것 같았다. 유대인 선수는 운동장 사용은 물론이고 어떤 훈련에도 참여할 수 없었고, 전년도부터 시행된 뉘른베르크법에 따라 모든 독일 유대인과 마찬가지로 독일 국적과 시민권을 박탈당했다. 뉘른베르크법은 무엇보다 유대인과 아리아인의 결혼 및 성관계를 금지했으며, 이를 어긴 자는 징역형에 처했다.

훗날 윈스턴 처칠이 '겁탈'이라고 표현한 1938년 제3제국의 오스트리아 합병 때나, 같은 해 체코슬로바키아 침공이 알려졌을 때 어디서도 반응은 없었다. 우리는 이미 뮌헨회담에서 같은 상황을 확인했다. 모두의 동의, 특히 프랑스의 동의하에 벌어진 이 침공은 그렇게 양국을 연결하는 상

- 히틀러는 라인란트 점령 당시 프랑스군이 반격할 기미가 조금이라도 보이면 즉시 군대를 철수할 계획이었다. 그러나 프랑스는 반격에 나서지 않았다. "프랑스는 라인란트에서 독일을 저지할 수 있었습니다. 그랬다면 우리는 퇴각할 수밖에 없었을 겁니다. 그러나 이제 프랑스는 너무 늦었습니다." 2년 뒤 총통은 이렇게 말하면서, 1938년에 프랑스와 동맹들이 오스트리아를 구하기 위해 개입하지 않을 거라며 (당연하다는 듯) 쿠르트 폰 슈슈니크 오스트리아 총리를 설득했다(William Shirer, *Le Troisième Reich*, Paris, Stock, 1967).

독일인이자 유대인인 빅토르 클렘페러Victor Klemperer는 베를린에서 쓴 1938년 5월 8일 자 일기에 이런 글을 남겼다. "라인란트 점령(로카르노 협정 위반)과 관련해 히틀러가 했던 말. 석 달 전, 나는 바로 그날 저녁 전쟁이 터지리라 확신했다. 오늘의 복스 포풀리[vox populi, '민중의 목소리'라는 뜻으로, 클렘페러는 독일인이 유대인에 보이는 태도를 의견, 행동, 농담, 소문, 일화 등 민중의 언어를 통해 수집했다. — 옮긴이](단골 정육점 주인의 말). '그들은 어떤 위험도 감수하지 않는다.' 우리의 확신이기도 한 보편적 확신: 모든 게 평온할 것이다… 히틀러의 새로운 '해방 조치'에 이 민족은 기뻐 어쩔 줄 모른다. 내적 자유란 무엇이며, 유대인은 우리에게 무엇을 가져다주는가? 유대인의 지위는 무기한 보장된다."(Victor Klemperer, *Mes soldats de papier. Journal de 1933 à 1941*, 1, vol. 1, Paris, Seuil, 2000)

호원조협약을 짓밟아버렸다.

다음은 지도층의 분위기를 잘 보여준다. 1938년 12월, 프랑스 외무부 장관 조르주 보네Georges Bonnet는 독일 외무부 장관 요아힘 폰 리벤트로프Joachim von Ribbentrop와의 회담에서 "프랑스는 유대인 문제 해결에 촉각을 곤두세우고" 있다고 알렸다. 그러면서 프랑스 국민은 "더 이상 독일에서 오는 유대인을 받아들이고 싶어 하지 않는다"고 못 박았다. 그런데 독일이 "프랑스로 들어오는 유대인을 무슨 수로 막을" 수 있는가? 리벤트로프는 희희낙락하며 "우리는 독일 유대인을 모조리 없애버리고 싶다"는 말로 그를 안심시켰다.[9] 유대인은 "어떤 나라도 받아들이고 싶어 하지 않는" 적이었다. 공범자들 사이에서는 그런 존재였다….

유럽의 지도자들은 공포에 사로잡혀 히틀러가 원하는 것을 적시에 제공했다(히틀러가 원하는 것이 다소 무의식적인 그들의 욕망과 얼마나 거리가 있었는지는 감히 스스로 묻지 않았다). 히틀러는 한 연설에서 '유럽의 유대 민족' 말살과 국제적 약탈 의지를 우렁찬 목소리로 예고했고, 유럽의 지도자들은 드물기는 하지만 좀 더 평화롭고 온건한 선언을 이제 나저제나 기다리는 한심한 들러리에 불과했다. 당시 다른 유럽 국가들은 그런 선언에 안도하며 기뻐했다.

1914~1918년의 학살 이후 독일인을 비롯한 유럽인들은 무엇보다 히틀러가 또다시 전쟁을 벌이지 않을까 두려

위했다. 독일에서는 무리 없이 목표를 이뤄낸 히틀러에게 감탄과 감사가 쏟아졌다. 1939년 스탈린과 상호불가침조약을 맺기 전… 총통이 막아낸 듯 보인 공산주의의 공포에 전쟁의 공포가 추가되었다는 점에 주목해야 한다.

물론 1930년대와 1940년대에 서구 민주주의 국가들은 원칙적으로 나치 독일 이데올로기에 반대했다. 그러나 그 반대는 큰 영향을 미치지 못했고, 다수의 개인을 공개적으로 박해하고 말살하겠다는 말이 반복적으로 나왔을 때 심각하게 반응하지도 않았다. 법을 무너뜨리고 폭정에 봉사하기 위한 법이 공포되어 잔혹한 행위를 공공연히 뒷받침했고, 악명 높은 잔인함이 전에 없이 활개 치며 기승을 부렸다. 이 민주주의 국가들은 1933년부터 이런 상황을 목도해왔다.

1930년대부터 나치 범죄가 손을 뻗친 영역에 대해 이미 알려진 사실, 그와 관련해 언론이 폭로한 사실, 늘 그렇듯 그에 대해 점점 더 많이 알려진 사실이 조금만 더 충분했더라면, 민주주의 국가들은 목표가 명확하고 비타협적이며 한계가 없는 반대 의견을 추진할 수 있었을지 모른다.

그러나 전쟁 내내, 이번에는 팽창주의를 지향하는 독일과는 싸웠을지 몰라도, 명시적으로는 현재 점령된 유럽 전체를 지배하는 나치의 야만성과는 싸우지 않았다. 무관심은 여전했고, 국경의 장벽도 그대로였다. 이 나라들은 전부

낮은 이민 할당량을 고수하여 유대인을 히틀러라는 그물 속에 가두었다. 희망도 출구도 없었다. 의지할 곳도 없었다. 온 세상이 유대인에게 등을 돌렸고, 곳곳에서 냉담한 반응이 이어졌다. 즉 유대인은 어디서나 공포를 몰고 다니는 존재로 받아들여졌다.

1939년에 전쟁이 선포된 것은 엄밀히 말하면 전략적·외교적 이유와 영토 문제 때문이었다. 적대 행위가 벌어지는 내내, 유대인을 도우려 한다는 인상을 주지 않도록 쉬쉬하는 분위기가 지배했다. 연합국 정치권에서는 유대인을 돕는다는 것이 여론을 악화시킬 위험이 있었기 때문이다.

따라서 승리는 전형적인 연합 세력의 승리였다. 그러나 무력을 동원한 승리는 정당성을 가질 수 없었다. 승리는 갈등을 끝냈지만 완결 짓지도 해결하지도 않았다. 그 승리는 결백하지 않은 평화였다. 결론이라고 할 수도 없었다.

침묵

제2차 세계대전의 근간을 이루었으나 제대로 논의된 적은 거의 없는 인종차별 현상은 해결되지 않았다. 그런 식으로 논의되고 폐기가 선언된 인종차별 현상은 가장 위험하고 가장 착각을 일으키기 쉬운 형태로만 이해되었다. 즉 대학살, 특히 이 대학살이 얼마나 터무니없는 규모로 자행되었는지에만 이목이 쏠렸다. 사람들은 대학살의 극단적 결과에만 집중했지, 본질이나 전혀 근절되지 않은 그 뿌리에는 관심을 두지 않았다.

나치의 인종차별에 맞닥뜨리자 일반적인 회피와 암묵적 동의조차도 감춰지거나 망각되었고 눈에 띄지 않았다. 야만성 앞에서 서구사회가 보인 무기력함과 반유대주의에 대한 묵인은 기록으로 남지는 않았다. 그러나 그들은 스스로 억압한 기억에 대해 합의하에 침묵하는 데 심혈을 기울였다. 그럼에도 그 결과의 무게는 감당할 수 없는 책임감을 어렴풋이 드러냈고, 은폐해야 하는 일종의 불가사의한 천벌이 있는 것은 아닌지 의심하게 했다. 민주주의 국가가 민주주의를 버리는 이 치명적인 상황에서 극복할 수 없는 반유대주의적 본능에 대한, 어느 정도는 의식적이지만 스스로 받아들일 수 없는 잠재된 후회가 나타났다. 그러므로 속죄 받을 수 없는 것을 바로잡으려는 시도는 적절치 못했고, 이 아포칼립스의 생존자들을 받아들이는 것은 어디서든 확실하게 거부되었다.

그러나 그것은 전쟁의 확인된 목적도 아니었고, 승리를 의미하는 것도 아니었다. 히틀러의 독재와 그가 저지른 대학살의 광기가 혐오와 비난의 대상이 되었다면, 그 극악무도함에 비해 평범하다고 할 반유대주의는 한동안 은밀하게 유지되어, 평범해서 오히려 더 해롭지 않은 것처럼 보였다. 이 시대에도(최근에도) 미국에서는 여전히 흑인 차별이, 유럽에서는 식민지주의가 아주 당연하다는 듯 유행했다는 사실을 잊지 말아야 한다. 경멸의 교리는 공식적으로, 그 자체로 존중받으며 우위를 점했다.

경멸의 여러 징후들 중 하나는 이런 것이다. 전쟁은 마무리되었고, 유대인 수십만 명이 목숨을 건졌으며, 그중 다수는 강제 수용소의 공포에서 살아남았다. 모두가 고난을 겪었기 때문에 일자리도 재정적 수단도 없었고, 수년간 '난민'을 위한 수용소에 갇혀 지냈다. 수용 인원이 너무 많고 생활환경이 열악한 수용소는 연합군이 점령한 독일 및 오스트리아의 무인지대에 있었고, 유대인들은 자신들이 갇혀 있던 바로 그 나치 수용소에 그대로 머물러 있는 경우도 있었다.* 따라서 그들은 자신들을 박해하고 말살했던 바로 그 나라의 자유로운 국민들 사이에 갇히게 된 것이다! 다비드 벤구리온David Ben Gourion은 당당한 목소리로 이렇게 주장했다. "시온주의를 지지한 영국이 내세운 최고의 프로파간다는 베르겐벨젠Bergen-Belsen의 난민 수용소로 남아 있다."[10]

---

* 키프로스에도 1946년 8월부터 이런 수용소가 존재했다. 전쟁은 1945년에 끝났다.

배척당한 자들은 한 번에 극히 적은 수의 사람들만 자유를 얻을 수 있었다. 이들은 어디서도, 캠프가 아닌 다른 곳으로 거주지를 '옮겼다'는 게 알려지면 어디서도 환영받지 못했다. 그들이 정말로 있을 수 있는 곳은, 어디에도 존재하지 않는 곳이었다. 사람들은 여전히 비용에 대해 불평했다! 영국이 점령한 지역에서는 곧 법으로 그들에게 강제노동을 시켜 열악한 생활조건을 벌충했다. 나치즘의 생존자들은 대개 독일 정권하에, 독일 경제의 이익을 위해 더 싼값에 고용되었다. 한 가지 기억해둘 것은 이들이 가진 게 없는 '가난한 자들'이었고, 항상 최우선으로 배척당하는 사람들이었다는 점이다. 민주주의는 이들을 억류하면서도 양심의 가책을 느끼지 않았다. 이들을 거론조차 하지 않았다. 그것은 무의식적인 냉소적 분위기 같은 것이었다. 국경은 여전히 열리지 않았다. 이민 할당량은 그대로 유지되었다. 그러나 세상은 유대인으로 더 이상 '포화 상태'가 아니었다. 수백만 명이 사망했기 때문이다.

모든 생존자에게 존중과 안전을 보장해주려는 노력은 전혀 없었다. 각자가 한 자리에서, 그들의 집이 있는 바로 그 서구사회에서 한 사람의 시민으로서 제 역할을 할 수 있는 당연한 권리를 보장해주려는 노력도 없었다. 그들의 조국과 그들이 살던 곳은 여전히 유럽에 속해 있었다. 말로 표현할 수 없는 일이 일어났던 그 지역으로 돌아가는 것이 그들에겐 너무나 고통스러운 일이었다. 자신들이 택한 서구 국가들에서 그들을 받아주는 것이 그들이 생각할 수 있는 최소한의 길이었다. 그들은 주로 미국을 선택했다…. 그러나 미국은 이민 할당제를 현재 수준으로 영구 유지하기 위한 절차를 서두르고 있었다. 그리고 이민 할당량을 더 늘리지 않는 안이 통과되었다! 이후 중부유럽이나 동유럽의 몇몇 국가에서는 적대감이 지속되었다. 특히 대학살 당시 대부분 사망하여 남은 유대인이 거의 없었던 폴란드에서처럼, 고향으로 돌아온 대다수 생존자가 다시 고향을 떠나야 했을 정도로 적대감은 적나라하게 표출되었다. 이렇게 반유대주의는 매우 노골적으로 지속되어, 1946년 폴란드의 키엘체Kielce에서처럼 새로운 포그롬 pogrom•을 촉발했다. 이 모든 것은 용납할 수 없는 추악한 사건이 아니라 어떤 호기심이나 운명의 장난으로 받아들여졌다. 보편적인 무의식을 기분 나쁜 방식으로 묘사하는 이 '난민' 수용소에 대해서는 차라리 잊는 게 나았다. 상황을 이렇게 만든 장본인이 연합국 자신이니, 어떻게 반론을 제기할 수 있었겠는가?

• **포그롬은 특히 유대인을 비롯한 특정 민족이나 종교 집단을 학살 및 추방할 목적으로 벌어지는 폭동을 말한다. 원래는 제정 러시아에서 있었던 조직적인 유대인 탄압과 학살을 의미하나, 넓게는 시대와 국가를 막론하고 일어난 반유대주의 폭력 행위나 학살을 지칭한다. — 옮긴이**

비양심적인 태도를 보이는 자들이 (가난한) 유대인 생존자에게 기계적이고 지속적인 적대감을 드러내자, 이제 유대인 영토 문제는 더 이상 게토 수준이 아니라 하나의 주권국가라는 형태로 명확한 논리를 얻게 되었다. 이 계획은 한나 아렌트Hannah Arendt가 말한 것처럼 "우리가 떠나기를 바라는 나라들과 우리가 들어오지 못하게 하는 나라들 사이에" 너무 오래 갇혀 있던 사람들로부터 나온 것이었다.[11]

한나 아렌트는 유대인을 들어오지 못하게 하는 나라에 중립국을 포함시켰던가? 예를 들어 스위스는 어땠는가? 프랑스 일간지 《르몽드Le Monde》에 실린 한 짧은 기사 제목은 그 어떤 문헌보다 많은 사실을 알려준다. "법은 유대인 난민을 도운 스위스인에 대한 유죄 판결을 취하한다." 이 기쁜 소식을 알린 날짜가… 2004년 1월이라는 점에서 더더욱 의미심장한 제목이 아닐 수 없다! 다음과 같은 관대한 판결은 어떤가. "나치 정권에서 유대인 난민을 도와 스위스의 중립성을 위반한 명목으로 처벌받은 스위스인들은 이제 [2004년] 1월 1일부로 발효된 법에 따라 복권될 수 있다. […] 복권되기까지는 5년이 걸린다. 해당 기간은 히틀러가 독일에서 집권한 1933년부터 제2차 세계대전이 끝난 시기까지를 말한다. 유죄판결이 무효화되더라도 손해배상을 받을 수 있는 것은 아니다."[12] 〈AFP〉 통신은 반인도적 범죄자들에 대해 이렇게 밝혔다. "수백 명의 스위스 시민이 […] 나치 피해자, 특히 유대인의 도피를 돕거나 당국에 신고하지 않고 도망자를 숨겨주었다는 이유로 일자리를 잃거나 벌금을 물거나 심지어 투옥되었다." 사람들은 스위스인들을 축하해줄 마음은 없었지만, 그럼에도 60년이 지난 뒤 그들을 복권시킬 정도로 너그러운 태도를 보였다. 그렇다면 이 유대인들을 당국에 '신고한' 사람들(만약 그런 사람들이 있었다면)은 어떤가? 그들은 최소한 훈장이라도 받았는가?

유대인이 고향에서 피난처를 찾으려 했을 때 스위스 국민들이 느낀 감정에 대해, 적십자의 영향력 있는 지도자 에두아르 드 할러Édouard de Haller는 이렇게 아쉬움을 토로했다. "적십자위원회 위원들은 나라 안에서 맹위를 떨치는 단순하기 짝이 없는 관대함의 물결에서 벗어나지 못하고 있다."[13] 적십자 회장 막스 후버Max Huber[14]는 이 물결에서 완전히 벗어나, 나치 시대 내내 지속적으로 정보를 제공받은 적십자가 이 문제에 절대 개입하지 않도록 애썼다. 그는 적십자가 유대인이 겪은 핍박과 고문과 여전히 진행 중인 대살육에 맞서, 아무것도 요구하지 않고 중립국의 평판을 훼손하지 않은 채, 거의 개입하지 않거나 가능한 한 소극적으로 개입하려 했다. 그와 그의 동료들은 "한 국가의 국내법만이 적용되는 **특정 부류의 사람들**•을 위해 행동에 나서서 그 국가의 내정에 간섭"했다는 비난을 받을까 봐 두려워했다.

막스 후버가 보기에 적십자는 어떤 반응도 자제하고, 적십자의 명성을 이용해 특정한 공포를 완화(아무리 느슨한 완화라 해도)하려는 시도마저 삼가야 할 신성한 의무가 있었다. 나치 당국과 프랑스 비시 정권에 대해 배려나 정중한 중립성이 조금만 부족해도 후버는 그것을 극히 나쁜 태도로 보았다.** 이런 책임 회피로 모든 보호막이 파괴됐고, 유럽 유대인은 자기들 공간에서 철저하게 고립되었다. 이 공간은 순식간에 황폐해졌고, 유대인을 학살하지 않은 사람들도 사라져버린 듯했다. 고립된 집단만이 이에 저항했다.

전쟁이 끝났을 때 서구사회가 유대인 피해자들에게 즉각적이고 열정적이며 전면적으로 세계를 개방한 것과, 다양하고 지속적인 인종차별적 반응이나 반유대주의에 순응하는 모습을 보인 것은 서로 모순되지 않는다. 이런 반응은

---

* **저자의 강조.**
** **적십자 회보에는 전쟁 피해 아동을 돕기 위해, 점령당한 프랑스에 파견된 적십자 요원이 준수해야 할 행동 규칙이 명시되어 있다. "프랑스 정부의 법률과 법령은 정확히 집행되어야 하며, 그것이 귀하의 신념에 반하는지 아닌지 검토할 필요가 없다. […] 우리는 비시 정권의 특정 지침과 관련하여 가톨릭교회와 개신교 교회가 어떤 입장을 보이는지 알고 있다. 그러나 스위스 적십자를 대표하여 우리는 이 입장에 영향을 받을 수 없다. […] 프랑스에서 귀하는 외국인으로서 엄격한 중립성을 준수해야 한다." 특정 업무가 그들에게 지나치게 혐오감을 일으킨다면 대안은 다음과 같다. "우리는 귀하가 업무를 계속하여 적십자의 품위를 훼손하기보다는 사임을 요구할 것이다…."**(Oscar Rosowsky, *Le Monde*, courier des lecteurs, 18 février 2004)

많은 나라에서 그 반응의 원인을 제공한 대학살과 관련된 잠재적 죄책감을 어렴풋이 불러일으켰다. 이 죄책감이 수십 년간 중동에서 끈질기게 지속되어왔고 해결 불가능해 보이는 비극의 (시온주의로 거슬러 올라가는) 근본 원인이라고 할 수는 없다. 그러나 죄책감은 비극의 두 가지 원인 중 하나이며, 본질적 원인이기도 하다.

서구사회는 스스로 만든 극단주의로 인해 공포에 휩싸였고, 겉으로는 무해해 보이고 거의 눈에 띄지 않지만 공포로 이어지는 질서를 확립한 기존의 편견에서 벗어나지 못했다. 따라서 이 책은 오늘날 전개되고 있는 이스라엘이나 팔레스타인의 역사를 확립하자는 게 아니라, 이렇게 서구에서 추방되어 동쪽으로 옮겨지고 재편입된 그 긴 역사를 제대로 세우자는 것이다.

새로운 비극

팔레스타인 국민과 이스라엘 국민은 지금 전개되는 그들의 역사 및 그들의 현재와 자신들이 얼마나 무관한지 알고 있을까? 우리는 그 사실을 알고 있는가? 이른바 지나간 역사는 해결되지 않은 상태로 여기서 끝없이 되살아나, 부자연스럽고 마무리 지을 수도 없는 원인으로 인한 갈등 속으로 그들을 끌고 들어갔다. 그들은 얼마만큼이나, 한 역사에서 어느 하나가 다른 하나의 피해자가 아니라 서로가 서로의 피해자인가? 이것은 유럽의 역사다. 이 역사에서 팔레스타인인과 이스라엘인은 어느 쪽도 범죄자나 집행자가 아니다. 아랍인들은 짐을 떠안았고, 그들과는 전혀 상관없는 재앙의 형벌을 받았다. 유대인은 이 재앙의 피해자였고, 불청객 역할을 강요받지는 않았지만 분위기는 그들에게 은근히 그 역할을 떠맡겼다. 그리고 그들은 자발적으로든 정복자로서든 따돌림 당하기는 마찬가지란 사실을 알지 못했다.

유대인이라는 압박에서 벗어난 서구가 대립하는 두 세력의 중재자를 자처하며 거만하게 지켜보는 가운데, 유대인과 아랍인이, 그리고 이스라엘과 팔레스타인인이 서로를 공격하고 죽이는 모습을 보라. 서구는 적어도 상징적으로는 강박적 근심에서 벗어난 것처럼 보였다. 그 근심은 전혀 다른 상황과 다른 지역으로 강제로 옮겨지고 변형되었으며, 서구와는 무관한 분쟁 속으로 빨려 들어갔다. 이처럼 서구는 자신의 역사를 둘러싼 강박관념에서 벗어나기를 희망했고, 나치의 대학살과 그에 동의했고 무관심했던 공포의 시효가 이제는 끝났다고 생각할 수 있게 되었다. 그들은 새로운 비극 앞에서 자신은 책임이 없다고 주장할 수 있었고, 지금도 그렇게 주장할 수 있다.

이렇듯 서구는 죄책감의 예술가이자 그것을 분석하고

숭고하게 재현하는 대가이나, 특히 정치적인 책임을 위임하고 단계적으로 해소하는 데 거장다운 솜씨를 발휘했다. 이 예술가는 나치 시대에 자신의 재능을 어떻게 발휘해야 하는지 잘 알았다. 그는 잘못의 의미에 정통했고, 결백에 대해 어느 정도 알고 있어서 결백을 늘 자기편으로 삼았다. 나치즘과 그 악취에 관해서, 결백은 무지의 영역에서 서로 만난다고 주장한다. 여기서 무지란 기본적으로 완전히 순수한 상태에서의 결백을 말한다. 나치 정권의 환심을 얻으려는 태도, 무관심, 나치 관행에 참여하고 협력하는 태도는 또 어떤가? 그러나 그것은 아주 깔끔하고 흠잡을 데 없는 태도였다. 사람들은 이렇게 말했다. "우리는 '알지' 못했어! '난 몰랐어! 난 대학살에 대해 몰랐어. 그런 결말을 누가 예상할 수 있었겠어?'"

사람들은 오로지 대학살에만 주목한다.

"나는 몰랐어." 다들 뻔뻔스럽게 이런 변명을 반복한다. 더 나쁜 일은 사람들이 이 변명을 듣고 생각하고 언급한다는 점이다. 그들은 어른, 아이, 노인, 심지어 아기까지 모욕하고 창피를 주고 박해하는 것이, 죽이지 않는 조건, 특히 대규모로 죽이지 않는 조건에서는 받아들일 만하고 관대한 행동이라고 생각한다. 유대인 아이들은 대개 여섯 살부터 의무적으로 가슴에 노란별을 달았다. 유대인을 비방하는 벽보가 나붙고 약탈이 벌어졌다. 유대인은 시민권을 박탈당하고 모든 공공생활과 직업 대부분이 제한됐다. 그들은 늘 쫓기고 체포당했다. 단속은 물론이고 노인, 어른, 어린이, 아기 할 것 없이 유대인은 모든 것을 빼앗겼다. 그들은 함부로 다뤄지고, 트럭과 수용소에 처박히고, 짐승을 싣는 차량에 실려 납으로 봉인되고, 목적지 불명의 '동쪽으로' 옮겨졌다. 모든 관행은 공개적으로 행해졌고, 일부는 보란 듯이 전시되었다. 유대인의 이런 처지는 잘 알려져 있었다. 그것은 누구나 아는 공인된 사실이었다. 나치 정권은 그들을 함부로 대했고, 나치 독일에서뿐 아니라 나치 독일이 합병하고 점령한 유럽의 모든 나라에서도 같은 일이 가능했다. 그러나 흥분할 만한 일은 아니었다. "대학살이 뭐 어쨌다는 거요? 난 몰라요." 그런데 그들을 살해하거나 죽이는 일은, 과연 몇 명이나 죽어야 옳지 못하다는 판단을 받을까? 얼마나 많은 시체가 나와야 추악한 일로 여겨질까?

"두 번 다시 안 돼!" 그런데 무엇이 안 된다는 말인가? 사람의 손톱과 머리카락을 뽑고 욕설을 퍼붓고, 자신에게 그럴 권리가 있다고 믿는 것이 대학살로 이어질 수 있다는 사실을 알고 있는가?

또 이런 변명도 있었다. "그때는 시대가 달랐어요. 그 상황을 떠올려보세요. 그때는 모든 게 전혀 달랐어요."

물론이다. 예를 들어 우리는 언제 전쟁이 끝났는지, 누가 이겼는지 지금은 알지만 그때는 몰랐다. 우리에겐 연합국의 승리가 명백한 사실이지만, '그때'는 그렇지 않았다. 나치의 패배에는 치명적인 점이 전혀 없었고, 오히려 많은 사람이 오랫동안 당연하게 여긴 것은 독일의 승리였다. 우리 시대에 이 전쟁 기간은 비극의 막간극처럼 보일 수 있지만, 이 막간극은 불가피하게 민주주의를 회복하는 방향으로 나아갈 수밖에 없었다. 그러나 당시에는 확실한 게 아무것도 없었고, 적대 행위가 막을 내린 뒤에야 모든 게 분명해졌다. 승리자 히틀러를 상상할 수 있는가? 그는 유럽을 철저히 장악하기 위해 어떤 계획을 세웠는가? 유럽이 한 독재자의 한계를 모르는 계획에 경도되어, 나치 지배 아래 전혀 회복할 수 없는 상태에 빠질 가능성은 전쟁 내내 쟁점이 된 결말이었다. 이것이 바로 '모른다'던 사람들이 일반적으로 예상했고, 그들 중 많은 이가 기대를 걸었던 그 결말이었다.

그러나 나치가 이기는 쪽에 건 이 내기는 변명으로 이용되는가 하면, 어떤 이들은 이것이 가장 애국적인 선택이었다고 확신하면서도 거리낌이 없었다. 또한 승리를 점칠 수 있는 나치 진영에 선다는 비굴한 계획은 '좋은 편'에 선 프랑스의 미래를 보호해줄 '보증서'로 여겨졌다. 더 긴 말은 필요 없을 것 같다.

독재 시대는 두 민주주의 지대 사이에 놓인 중간 지대

로 경험되지 않았고, 다음 지대는 만卍 자의 무한 지배를 예고하며 위협했다. 그리고 실제로 모든 상황이 '완전히 달라졌다.' 온 유럽이 나치화된 상황에서 유대인은 언제나 히틀러의 표적이었고, 우리는 그들이 이미 능욕당하고 쫓기고 추방당했다는 사실을 알고 있었다. 그렇지만 당시 유대인 대부분이 이미 죽었다는 사실을 그리고 이들이 어떻게 죽었는지를 무시할 수 있다 해도, 이들에게 어떤 미래가 기다린다고 생각할 수 있겠는가? 체포당한 유대인 아기들과 노인들에게 무슨 미래가 있겠는가? 어른들은 어떤 운명을 맞을 것인가? 이 모든 시공간이 그들에게 함정이 된 상황에서 누가 그들을 구원하겠는가?

유대인 수백만 명이 살해당했고 어떤 이들은 쫓겨났다. 이 수백만의 죽은 이들도 한때 살아 있는 사람이었다. 이들이 궁지에 몰려 고문당하고 공격당하는 것을 전 세계가 보았으나, 이들의 시체가 쌓여 불태워지는 것을 보기 전까지는 다들 별 감흥이 없었다.

두 강대국

수용소의 모습이 기록으로 남아 확인할 수 있다 해도 그 실상은 여전히 누구도 상상할 수 없다. 수용소 생활을 경험하고 나서 가까스로 살아남은 사람이 아니라면 결코 이해할 수도 없을 것이다. 즉 엄밀히 따지면 수용소의 모습을 '상상할' 수는 없었지만, 사람들은 알게 됐다. 1942년부터 나치 수용소에서 가스, 굶주림, 고문과 탈진으로 인한 말살이 자행된 사실을. 인간에게 모욕을 주고 본성을 변화시키고 조직적으로 무너뜨린 사실도 알려졌다. 연합국 정부들은 그 증거들을 갖고 있었다. 언론과 국제 라디오는 관련 소식을 전하며 강대국에 행동을 촉구했다. 그러면서 수많은 사람이 지옥 한가운데서 동시에, 매 순간 살해당하고 있다는 사실을 강조했다.

1942년 영국 여론은 이런 분위기였고, 이 여론이 정부를 움직였다. 그러자 루스벨트 대통령은 미국 내 여론도 같은 반응을 보이지 않을까 우려했다. 이 반유대주의 여론은 루스벨트 정부가 믿고 싶어 하는 만큼, 그리고 약간의 '교육'만 한다면 대부분 충분히 없앨 수 있을 만큼 어쩌면 그렇게 근본적이거나 뿌리 깊지 않은지도 몰랐다. 이 여론이 나치의 만행에 쉽게 분노한다면, 지금까지 대체로 환영받는 땅으로 여겨져온 미국의 평판에 금이 갈 수 있었다. 여기서 미국 지도자들의 새로운 관심은 영국인들에게 뒤통수를 맞지 않고, 마치 자신들이 그 계획을 시작한 것처럼 보이도록 주의를 기울이며… 영국의 지원 계획에 합류하는 것이었다!

그럼에도 향후 대중의 동요에 대응할 방안을 검토하기 위해 미 국무부에 보낸 각서에서, 영국 외무부는 다음과 같이 유감을 표하며 대중의 불안감을 묵인했다. "독일인들이 말살 정책에서 배척 정책으로 전환하면, 전쟁 전과 마찬가지로 외국인 이민자 수가 급증하여 다른 나라들이 혼란에 빠질 가능성이 있다."[15] 그 즉시 워싱턴 국무부 차관 브레킨리지 롱Breckinridge Long은 자신의 일기에 이렇게 적었다. 이 사건을 마무리 지어 영국인들의 욕구를 잠재웠으며, "기회를 포착하여" 영국인들에게 "몹시 부담스러운 이 선물"을 되돌려줄 수 있어서 흡족하다고….

미국과 영국 양측 공식 당국은 늑장을 부리고 보수적인 태도를 취했으며, 행동에 나서기를 주저했다. 전보나 편지에 답신을 하지 않거나 고의로 무기력한 모습을 보였고, 결정을 내려야 할 사항마다 유보적인 태도를 취하거나 아무것도 하지 않았다. 다른 국가의 승인을 받아야 할 때 각국은 전혀 서두르지 않았다. 수많은 악의적인 태도가 행동에 나서려는 사람들의 의욕을 번번이 꺾어버렸다.

벌레만도 못한 취급을 받다 죽어간 수많은 유대인에 대해, 두 강대국 책임자들은 아무것도 하지 않는 수완을 발휘했다. 거기에 수동적인 태도까지 덧붙여, 마침내 그들은… 회담을 열기로 결정했다! '난민' 문제를 주제로 한 국제회담이었다. 그러나 대부분의 난민들은 난민조차 될 수 없었다.

　1943년 4월 버뮤다에서 열린 회담은 5년 전 에비앙 회담과 다를 게 없었고, 버뮤다 회담 역시 난민을 받아들이지 않기로… 결론 내렸다. 언론은 분개하며 경악과 분노를 표출했다. 그러나 이 문제에서 이미 오랜 경험을 쌓아온 미국과 영국 두 나라 정부는 비판에 귀 기울여야 했음에도 익숙하게 못 들은 척 지나쳤다.

　버뮤다 회담과 에비앙 회담은 정말 똑같았을까? 꼭 그렇지만은 않다. 이번에는 수백만 명이 죽거나 죽어가고 있었다. 그 사실은 널리 알려졌고 말로 표현되었으며 방송으로 보도되었으니, 그런 일이 실제 존재했다고 감히 말할 수 있었다. 이번에는 더 이상 위협이 문제가 아니라 전면적인 실행이 문제였고, 실행에 사용된 수단이 분별력을 논할 수 있는 문제가 아니란 사실이 드러났다. 더 이상 한 정권의 시작이나 수립의 문제가 아니라, 돌이킬 수 없이 잔인한 분노의 문제였다. 그리고 이번에는 이미 전쟁 중이었기 때문에, 또다시 전쟁을 일으킬지 모른다는 두려움은 크게 중요하지 않았다.

　또한 이번에는 회담 개최일인 1943년 4월 19일, 독일군이 바르샤바 게토 봉기를 보다 강도 높게 진압하면서 봉기가 최종 국면에 접어들었다. 그것은 세상과 단절된 고독한 반란이었고, 아무도 반란군을 도우러 오지 않았다. 낙하

산도, 어떤 지원도 없었다. 전투원들은 용기를 버렸고, 자신들이 버림받았음을 깨달았다. 그리고 사태의 질서를 바꾸게 될 것은 이번 회담이 아니었다. 회담은 오히려 버뮤다와 바르샤바 사이에 존재하는 질서의 차이를 보여주었다. 이 회담이 '현실적'이라는 주장이 있었지만, 실제로는 정반대로 강대국들의 비현실성을 드러냈다. 권력자들은 대부분 자신들이 현실적이라고 떠벌렸지만, 정작 현실에서 중요한 것은 무시했다. 게토에 있었던 사람들은 알았다.

4월 28일, 게토 봉기에 참여한 전사들은 자유세계에 이 같은 메시지를 보냈다.

> 이제 연합국 세력만이 즉각적이고 효과적으로 개입할 수 있다. 불에 타고 살해되고 생매장 당한 수백만 유대인의 이름으로, 저항한 이들의 이름으로, 형을 선고받은 우리 모두의 이름으로, 우리는 전 세계에 호소한다. […] 우리의 이웃 동맹국들이여, 그대들은 나치가 저지른 유례없는 범죄에 무관심으로 일관함으로써 어떤 책임을 져야 하는지 비로소 깨달아야 한다. […] 게토의 죄수들이 일으킨 영웅적 봉기는 적어도 세계가 그 순간의 엄중함에 상응하는 행동에 나서기를 촉구하는 바이다.[16]

행동이라고는 했지만… 아무 행동도 하지 않을 회의를 소집한 것을 과연 큰 노력이라 할 수 있을까? 버뮤다 회담은 (피난처 없는) 난민 관련 전쟁이 시작된 이래 시도된 최초의 국제적 발의였다.• 사실 사람들은 유대인을 부각시키거나 그들을 거론할 의도가 없었다. 유대인들에게 이 회담은 어떤 조치의 선포가 아니었다. 취해진 유일한 조치는 일반적인 무관심에 상응하는 것이었고, 사태는 그런 방향으로 나아갔다. 그래서 버뮤다 회담은 '난민을 위한 정부 간 위원회Comité intergouvernemental pour les réfugiés'를 보강하기로 결정했다. 아마도 이것이 회담에서 내린 유일한 결정이었을 것이다. 에비앙 회담 때 창설된 이 위원회는 그때까지 전형적

• 1944년 루스벨트 대통령이 전범위원회를 창설하기 전까지 유일했던 이 위원회는 의도는 좋았으나, 힘이 약해서 영향력을 거의 행사할 수 없었다. 따라서 범죄를 막을 수 없었고, 유대인 대다수가 죽었다. 1944년에 루스벨트는 사실상 연합군의 승리를 확신했고, 대부분 반유대주의가 우세할 것으로 추정되는 여론이 이런 적대행위의 결과에 미칠 영향을 더는 두려워할 필요가 없었다는 사실에 주목해야 한다. 루스벨트는 공화당 쪽에서 그를 두고 (뉴딜을 본떠) '주딜Jew Deal'이라 말한 만큼 더 주의를 기울였다.

특히 엄격한 이민 할당량을 강력히 지지하고 난민 및 비자 문제를 담당했던 브레킨리지 롱 국무부 차관은 1943년 4월 20일 일기에 이렇게 기록했다. "버뮤다 회담이 열렸다…. 랍비 스티븐 와이즈Stephen Wise가 이끄는 한 유대인 분파는 자신들의 이익에 반하는 반발을 감수하며 명분을 지키기 위해 부단히 애썼다. 많은 공인들이 청원서에 서명했고, 콜로라도 주 상원의원은 상원에 선언문을 제출했다. 히틀러는 우리가 유대인 시민을 위해 그리고 그들의 선동으로 전쟁을 벌이고 있다고 비난하는데, 이런 활동이 히틀러의 비난을 입증할 수 있다는 점이 위험하다."

인 나태함을 보였고, 평판도 별로 좋지 않았다. 그러니 무슨 행동에 나서겠는가? 그러나 만족할 줄 모르는 [유대인] 순교자들에게는 이 정도만으로도 충분하지 않았을까?

실상은 충분하지 않았다. 11월 15일 '폴란드 유대인 레지스탕스 전국위원회'가 팔레스타인을 통해 보낸 메시지가 그 증거다.

> 절멸하기 직전 최후의 순간에 폴란드의 마지막 유대인 생존자들은 전 세계에 도움을 청했다. 세계는 듣지 않았다…. 우리를 도울 방법이 있었지만 그렇게 하지 않은 사람들에게 우리가 그들을 어떻게 생각하는지 알려주기를. 300만 유대인의 피가 복수를 부르짖으니, 복수는 이루어질지어다! 형벌은 나치 식인종뿐 아니라 유형수를 구하기 위해 아무것도 하지 않은 모든 이들에게 닥칠 것이다…. 심연에서 울려 나오는 이 마지막 목소리가 모든 인류의 귀에 닿기를!

다른 서구 국가들의 유일한 반응은 침묵하고, 졸렬하고 교활하게 아무것도 하지 않고, 냉정하고 타산적이며 인종차별적인 방해를 일삼는 것이었다. 그들은 최악의 상황에서 귀를 막고 입을 닫았다.

형벌은 책임자가 아니라 이곳에 없는, 즉 이 비극이 벌어진 곳과는 무관한 아랍 민족이 받았다. 그러나 어쩌면 그것은 그들의 비극이 될 수도 있었다. 적어도 말살을 막으려는 시도를 거부한 연합국은 공식적으로 어떤 명분을 내세웠는가? 그들은 전쟁 수행에 제동이 걸려서는 안 된다고 말하며, 미국 내 1,200만 명의 실업자를 비롯해 특히 고정관념과 강박관념을 구실로 내세웠다. 이 전쟁을 선동을 위한 선동으로 그리고 유대인을 위한 선동으로 제시하는 히틀러의 프로파간다가 조금이라도 강화될지 모른다는 두려움 역시 자주 언급되었다. 깊이 생각해야 할 문제였다!

미국이 참전한 1941~1945년의 3년 반 동안 미국에 수용된 유대인 난민은 2만 1,000명으로, 이 숫자는 이미 승인된 그나마도 적은 할당량의 10%에 불과했다. 비자 취득과 관련된 몹시 까다롭고 일관성 없는 절차가 주요 원인이었다. 독일제국의 박해를 받은 사람들은 수많은 서류 외에도, 전과 기록이나 적어도 그들을 쫓던 경찰이 발급한 품행 증명서를 확보해야 했다. 1933년 국무부 법률 고문은 이렇게 발표했다. "어떤 유대인이 독일에서 추방되었거나 박해를 피해 독일을 떠나기를 희망한다는 단순한 사실만으로는, 독일 당국에 서류를 요청할 수 있는 합리적 가능성이 있다고 할 때, 해당 문서 제출을 면제할 충분한 이유가 되지 않는다고 본다."[17]

이런 견해는 이후에도 계속해서 지배적이었다. 영사관

대부분이 그런 상황에서조차 이 서류를 요청하고 확보할 '합리적인 가능성'이 있다고 생각했기 때문에 이 모든 서류를 요구했다! 또한 이민 신청자는 자신이 미국 '공공 당국에 짐이 되지' 않을 것이란 사실을 입증해야 했으나, 일자리 약속 운운하는 것은 금지되었다. 1933년에 유대인은 아직 1만 달러에 상당하는 금액을 인출할 수 있었지만, 1934년 10월에는 4달러(10라이히스마르크)밖에 인출할 수 없었다. 그 밖에도 이민 신청자는 대부분 전 재산을 빼앗겼음에도 충분한 생계 수단이 있다는 것을 증명해야 했다. 미국에 거주하는 삼촌, 사촌 또는 친구나 형제자매가 있더라도, 이들은 이민 신청자에 대한 '부양 의무'가 없다는 이유로 보증인이 될 수 없었다. 신청자의 이주 비용은 어떤 단체에서도 지불할 수 없었다. 당연히 재산이 없는 사람이 가장 먼저 제외되었을 테니, 다른 이유로 제외되는 사람

- 프랑스의 경우, 예를 들어 베를린 대리 대사 피에르 아르날Pierre Arnal은 "신중하게 선별한 요소들"만 받아들여 "하류계급의 유대인은 철저히 걸러내겠다"고 약속했다. 또 다른 예로 쾰른 주재 프랑스 총영사 장 도블레르Jean Dobler는 1933년 4월, "앞으로 모든 비자 신청자는 자신의 종교적 고백을 명시하는 양식을 작성해야 한다"고 신속히 규정하고, "이해 관계자가 참고인으로 제시한 은행에서 진행될 조사의 결과에 따라 비자 발급"을 중단했다며 뿌듯해했다. "따라서 나는 돈이 없거나 있다 해도 보잘것없는 수준인 상당수 이스라엘인들을 확실히 배제할 수 있었을 것이다."(Anne Grynberg, 'L'accueil des réfugiés d'Europe centrale en France, 1933-1939', *Cahiers de la Shoah*, vol. I, Paris, Liana Levi, 1994)

은 또 얼마나 많았겠는가! 거의 대부분이 그랬을 것이다. 영사관 앞에 각계각층의 사람들이 밤새도록 끝없이 줄을 서는 일이 비일비재했지만 모두 빈손으로 돌아가야 했다.

이 절망한 사람들을 누가 옹호했는가? 이들을 위해 보복에 나서겠다는 위협은 없었다. 1944년에 미국 유대인 의회에서 요제프 테넨바움Joseph Tenenbaum 박사는 씁쓸한 어조로 이렇게 말했다.

일본이 중국인에게 가스를 사용했다는 비난을 받았을 때, 미국 대통령은 일본에 가스를 사용해 보복하겠다고 위협하며 경고했습니다. 수백만 유대인이 가스실에서 질식사했지만 독일인들에게 보복하겠다고 위협한 사람은 없었고, 독일 도시들에 가스를 살포하겠다고 위협한 사람도 없었습니다.[18]

1933년 미 국무부 장관 코델 헐은 언론과 여론에 따라 독일 내 유대인 탄압을 공식 규탄해야 했으나, "비공식적이고 우호적이며 사적인"[19] 대화에 만족하지 않았던가? 그는 이를 강조하며 독일 대사 한스 루터와 나눈 대화에서도 비공식적이고 우호적이며 사적인 의견을 전달하는 데 그쳤다.

전쟁 중에도 이런 상황은 변하지 않았다. 사태가 심각해지고 학살의 속도가 빨라지자, 연합국은 오히려 더 강하게 선을 그으며 난민 관련 의견을 철회했다. 1943년 워싱턴에 체류하던 영국 외무부 장관 앤서니 이든Anthony Eden[20]은 루스벨트 대통령이 참석한 회의에서, 불가리아의 유대인 6만 명을 구출하자는 제안에 의견을 표명하라는 요청을 받았다. 그가 자신의 감정을 기탄없이 표현했을 때 동요하는 사람은 없었다. "불가리아에서 모든 유대인을 빼내자는 제안은 극도로 신중하게 고려해야 할 문제입니다. 그렇게 하면 전 세계 유대인들이 폴란드나 독일에 대해서도 비슷한 제안을 해달라고 요청할 테니까요." 이어서 본심이 터져 나왔다. "히틀러는 우리 제안을 곧이곧대로 받아들일 수도 있겠지만 전 세계로 그들을 수송할 선박이나 교통수단이 충분치 않습니다." 그러자 진부하고 반복적인 반응이 나타났다. 이 같은 반응은 루스벨트를 비롯해 다수의 고위 관료나 하급 직원의 보고서, 서신, 행동에서 다양한 형태로 찾아볼 수 있다.

불가리아 제안은 다른 비슷한 제안들과 마찬가지로 사실상 윤리적으로나 전략적으로 심각한 문제를 야기했다. 유대인을 돈이나 트럭 등으로 교환하려면 나치와 협상을 해야 했다. 연합국 측은 주저했고, 협상은 받아들여지지 않았다. 그러나 문제 자체는 부각되지 않았고, 난민들에게 피난처를 제공할 수 없다는 사실이 화두로 떠올랐다. 다시 말해 유대인 구출을 거부하겠다는 뜻이었다.

1943년 3월 루마니아 유대인 7만 명과 프랑스 유대 아동 구출 가능성이 타진되었다. 이번에는 여러 조건이 수용 가능하다고 판단되었으나, 일련의 중단과 핑계, 온갖 종류의 불필요한 지연을 겪는 와중에 학살의 속도가 빨라진 뒤인 12월 18일에야 승인이 내려졌다. 그러나 직전인 12월 15일, 이미 이 계획에 반대했던 영국 경제전쟁부는 다음과 같이 우려를 표명하는 메시지를 통해 또다시 이 절차를 중단시키려고 시도했다. 즉 "프랑스와 루마니아 유대인을 구출하는 데 드는 비용"과 관련하여 "상당수의 유대인이 구출된다면 이들을 정착시키는 데 어려움이" 발생할 것이며, 무엇보다 이로 인해 "더 많은 유대인이 우리 영국으로 밀고 들어올" 수 있다는 것이다.[21]

공포스러운 것은 유대인 남성과 여성 및 아이들이 몰살당하고 고문당하는 것을 보는 게 아니라, 그들이 풀려나 자국 영토로 밀고 들어오는 무시무시한 상황이었다. "우리나라에는 안 돼! 우리나라에는 안 돼!" 앤서니 이든이 한 이 말은 유행어나 후렴구처럼 널리 퍼졌다.

유대인을 수송할 선박이 부족하다는 주장이 계속 제기되었지만, 선박은 전혀 부족하지 않았다. 포르투갈 같은 여러 중립국에서 쓸 수 있는 해양 자산 말고도, 병력이나 보급품을 싣고 유럽으로 갔다가 빈 채로 미국에 돌아오는 선박 여러 척을 충분히 이용할 수 있었다. 독일군 포로도

40만 명까지 이송 가능했다.

전쟁 중에 유대인을 실어 나를 유일한 운송 수단을 찾아낸 것은 나치였다. 실질적으로 어려움이 있었지만, 나치는 아우슈비츠, 트레블링카, 베우제츠, 헤움노, 소비보르나 다른 모든 절멸 수용소(나치가 원한 유일한 장소)로 원하는 만큼 많은 유대인을 데려가는 데 필요한 모든 기차를 이용할 수 있었다.

우선순위

그런데 자유세계는 가만히 있었는가? 아니다. 자유세계는 꼭 필요한 전쟁을 벌이고 있었고, 이 전쟁은 승리를 거둘 것이었다. 그러나 우선순위를 두어야 할 부분과는 안타깝게도 거리가 멀었다. 즉 전쟁을 일으키고 뒷받침하고, 전쟁이 마땅히 누렸어야 할 우선순위 말이다. 이 전쟁은 확실히 영웅적으로 수행되었다. 그러나 고문과 대학살은 등한시한 채 유대인을 파괴하는 데 동의했고, 극심한 고통 속에서 죽어간 수백만 민간인을 무시했다. 이렇게 전쟁은 범죄를 도왔고 부추겼으며, 무엇보다 범죄를 예외로 두었다. 이 범죄가 위협하고 움켜잡고 몰살시킨 사람들을 보호하기 위해, 전 세계가 들고 일어나거나 문을 여는 일은 없었기 때문이다.

반대로 전 세계는 조금이나마 나치의 징후가 나타나는 것이라면, 가끔 잊어버리는 일이 있어도, 아무리 사소한 일이라도 되도록 참여했다. 이런 주장에 이의를 제기하는 사람도 있겠지만, 어떤 나라도 죽음에서조차(죽음보다 더 나쁜 것에서조차) 구하고 싶어 하지 않는 수백만의 쫓기는 자들은 이 주장을 영혼 깊은 곳에서, 또 육체적으로 체감했다.

그럼에도 한 가지 덧붙이자면, 이런 면에서 매우 해로운 역할을 하던 유럽과 서구가 시공간적으로 놀라운 행보를 보였다는 사실이다. 유럽과 서구는 인간 존재의 경계를 표시하고 합법화하는 과업의 원천이자 중심이었다. 이렇게 세계는 그 경이로움 속에서 비틀거릴 운명이었다.

따라서 민주주의가 아무리 힘이 약하고 소멸하기 쉬우며 심각하게 망가지는 일이 흔하더라도, 민주주의의 창시자인 유럽은 언제나 스스로 구원자가 된 하나의 기준이고 의심할 여지없는 유토피아였다. 또한 이 암흑의 시대에 각 나라의 저항 세력은 용맹함이 절정에 달하여 민주주의를 되찾았다. 영웅이 되기를 바라지 않는 모든 이들이 그토록 영웅적으로, 사실 절대적 익명으로, 본성에 따라 수많은 죄수들을 구했고, 구하려고 노력했다.

당시 연합국의 신조는 당연히 '승리가 먼저'였다. 그러나 최악의 상황이 아무 장애물 없이 전개될 수 있었다면,

어떻게 승리하고 무엇을 상대로 승리했겠는가? 히틀러의 제물을 보호하고 계속되는 공포에 맞설 정밀한 전투 전략, 한마디로 구출 전략은 전쟁 수행에 해를 끼치지 않았을 거라는 점에 주목하자. 이런 변명을 내세우는 일은 흔하게 벌어졌다.

이렇게 유대인 저항 세력 네트워크는 철도, 가스실, 아우슈비츠의 시신 소각로 폭격을 1944년 여러 차례 간곡히 요구했다. 이들은 탄원서에 수용소 지형 및 그곳에서 일어난 혐오스러운 행태를 적은 상세한 보고서를 첨부했다. 그 어느 때보다 긴박한 상황이었다. 전쟁에서 패색이 짙어만 가던 나치는 되도록 서둘러, 점점 더 많은 유대인을, 최대한 많이 죽이는 데 매우 강한 투지와 열정을 보였다. 그들의 말살 프로젝트는 그 어느 때보다 압도적이었다. 아마도 이것이 여전히 '성공적으로' 해낼 수 있는 유일한 일이었기 때문일 것이다. 그것은 시간과의 싸움이었다. 예를 들어 헝가리인 수십만 명이 수용소로 떠난다는 소식이 발표되었다. 그들의 수송을 막거나 적어도 속도를 늦출 수는 있었다. 수용소로 향하는 철도, 특히 지선철도(4개 철도 노선이 아우슈비츠에서 교차한다)를 파괴해 혼란을 야기하거나, 수용소 내 학살 시설을 파괴함으로써 학살을 막지는 못하더라도 최소한 방해하고 지연시키고 줄일 수 있었다. 상황이 나치에게 불리해지면 지금까지 나치가 달성한 목표를 재건

할 시간을 지체시킬 수 있었다.• 가장 시급한 일은 최악의 상황을 늦추는 것이었다. 소련군이 진격하고 있었고, 아직 많은 사람을 구할 수 있었다. 시간을 벌어야 했으나 시간을 벌기 위한 시도를 하지 않았으므로, 그 시간은 영원히 잃어버린 것이었다.

늘 그렇듯이 이와 비슷한 다른 어떤 의무로도 유대인 구출은 '불가능'하다고 여겨졌고, 매우 긴급한 제안이 이 부서에서 저 부서로 전달되었으나 결국 거부당하고 말았다. 다른 유사한 시도들이 있었을 때, 해리슨 게르하르트Harrison Gerhardt 대령은 자신의 상관이자 미국 전쟁부 차관 존 매클로이John McCloy에게 같은 메시지를 거듭 전달한 점을 사과했다.[22] "차관님께서 그 일을 '묻으라'고 했던 사실은 잘 압니다."•• 그는 지난번 편지와 같은 답을 달라고 했다. 그 편지에는 이 폭격이 '기술적으로 매우 큰 어려움'이 있어 '실행 불가능'할뿐더러, 다른 목표가 예정되어 있는 비행기를 '되돌릴' 수 없다는 내용이 담겨 있었다. 따라서 게르하르트는 "이 제안을 실행하지 않는 것 외에는 다른 선택

• 수용소는 나치가 도망치기 전 자신들의 흔적을 지우려고 스스로 파괴하지 않은 한, 전쟁이 끝날 때까지 모두 그대로 유지되었다. 프랑스에서는 르네 클레망René Clément의 아름다운 영화 〈철로변 전투La Bataille du rail〉가 철도 노동자들의 저항을 찬양했다. 그러나 적어도 국경까지는, 모든 유형수 호송대를 최소한의 방해물 없이 수용소를 향해 출발하고 이동하게 했다는 점은 언급돼 있지 않다.

의 여지가 없다"고 했다. 그러나 매클로이는 이 제안이 '철저히 검토되었다'며 안심했다.

곧 전쟁난민위원회가 설치되었고, 위원장을 맡은 존 펠John Pehle[***]이란 인물은 몹시 흥분하여 마지막으로 운을 시험해보기로 했다. 아우슈비츠에 있는 주요 산업 현장과 수용소를 동시에 폭격하자고 제안한 것이다. 그는 공군이 '산업 목표물 시스템'만 공격해야 하고, 아우슈비츠는 이 목표에 포함되지 않는다는 말을 들었다. 또한 '아우슈비츠 목표물'[23]은 "중형 폭격기, 급강하 폭격기, 전투폭격기의 최대 사거리를 벗어나며", 따라서 "중폭격기를 사용하려면 적군 영공 약 3,200km 높이에서 호송 전투기 없이 귀환해야 한다"고 덧붙였다. 이번에도 제안은 단호히 거부당했다.

그러나 1944년 8월 20일 아우슈비츠와 그 일대는 동시

[**] 이미 버뮤다 회담이 열리기 한 달 전, 영국 사절단 대표 리처드 로Richard Law는 1943년 3월 18일 앤서니 이든 장관에게 이런 편지를 썼다. "유대인 문제로 성가시게 해서 유감입니다. 그게 얼마나 곤란한 일인지 알고 있습니다."(Yehuda Bauer, *Repenser l'Holocauste*, Paris, Autrement, 2002) 1965년, 이제는 콜레인 경이 된 리처드 로는 버뮤다 회담과 관련하여 아서 모스Arthur Morse에게 이렇게 말했다. "그것은 자기정당화의 문제였고, 행동하지 않는다는 사실을 가리기 위한 겉치레였습니다. 우리는 회의 결과가 기밀인 척했지만, 사실 나는 어떤 결론도 기억나지 않습니다."(Arthur Morse, *Tandis que six millions de Juifs mouraient, op. cit.*)

[***] "우리는 거의 아무것도 하지 않았고 그나마도 매우 뒤늦은 일이었습니다. 나는 너무 적은 일을 너무 늦게 했다고 말하겠습니다." 이 말을 한 이가 바로 존 펠이었다. (David Wyman, *L'Abandon des Juifs*, Paris, Flammarion, 1987.)

에 중폭격기의 폭격을 받았다! 산업 시설이 표적이었으나 수용소는 아니었다. 수용소는 폭탄이 우연히 수용소로 이어지는 철도 분기점에 떨어져 파괴된 것이다. 특히 정유공장 한 곳과 아우슈비츠 제3수용소에 위치한 고무공장 한 곳을 포함해 산업 시설 전체가 중폭격기의 대규모 폭격을 수차례 받았다.[•] 8월 20일, 9월 13일, 12월 18일과 26일에 있었던 폭격 당시, 폭격기 287대가 폭탄 3,388기를 아우슈비츠에 투하했다! 그러나 수용소는 폭격 목표물이 아니었다.

아우슈비츠 수용소 폭격이 이로웠는지 해로웠는지를 따지는 건 중요하지 않다. 수용소를 폭격한다는 말은 곧 그곳 수용자들도 폭격한다는 의미여서 논쟁의 여지가 있었기 때문이다. 그보다 중요한 건 조직적인 거부와 악의, 여러 번의 치명적인 실수, 긴급하고 절박한 요청이라는 중대 사안에 반대하는 주입된 적대감을 거듭 언급하는 일일 것이다. 이 적대감이 멸시받는 폴란드 유대인 저항 세력 내부에서 나왔다는 사실도 기억해야 한다.

• 가스실 앞과 시체 소각장 주변에 수감자들이 보이는 매우 상세한 자료들이 수많은 항공사진 촬영 임무를 통해 이미 다수 보고되었다.

표적

전쟁 중 유대인의 항복에 대해 많은 이야기가 오갔다. 항복은 그 자체로 인정을 의미했다. 이건 마치 연합국이나 감당할 수 있는 수단으로 문명을 초토화하는(즉 유대인 말살을 목표로 삼아야 하는) 분쟁에서, 유대인 자신의 전쟁을 벌이는 것이 유대인 책임이라고 말하는 것과 같았다. 이것은 한 '공동체'에 대한 지엽적인 공격이 아니라 인류 전체, 인류라는 개념 자체에 대한 공격이었다.

뿔뿔이 흩어져 서로 괴리된 유대인들은 추축국에 속박된 유럽, 군대는 포화상태이고 경찰은 야만적이며 군중은 독재에 취한 강철 유럽에 홀로 맞서지 못했다는 이유로 엄청난 비난을 받았다(또 여전히 비난받고 있다). 고립된 그들은 연합군이 이기지 못한 세력에 맞서 싸우지 않았다는 이유로 비난받았다. 중화기, 금융 권력, 조직적인 테러, 광적인 프로파간다와 미친 듯한 군중에 둘러싸인 무기고 같은 유럽의 참호 속에 유폐되고 갇혀 있다는 게 어떤 의미인지, 우리는 감히 알 수 없다.

저항하라는 소명을 받은 사람들은 아주 자연스럽게 (종종 주로 유대인과 관련된) 저항 운동이나 무장 항독抗獨 지하단체, 혹은 런던에 합류했다. 그러나 이들은 너무 잡다하고 체계가 없었으며, 가족 단위로 집단을 조직하는 경우도 있었다. 또한 연령대나 국적, 사고방식과 배경이 달랐고, 대부분 서로 아무 관계도 없었다. 이들은 일사불란하게 무리지어 움직이는 '양sheep'이 아니었다. 그런 무리는 뮌헨에 있었다.

이들이 '유대인'이란 건 중요하지 않았다. 이들은 뿔뿔이 흩어져 있는 각계각층의 남성이자 가정주부, 아기이자 노인이었다. 이들은 지극히 당연하게 자신의 평범한 역할과 자신을 동일시하는 부류였다. 이들은 대개 노동자나 보통 사람이었고, 특권층이나 사교계 인사, 아주 부유하거나 유명한 사람도 있었다. 대부분은 신앙심이 깊고 학식이 있으며, 무교이거나 기독교로 개종한 이들도 있었다. 이들은 사회 전 분야에 폭넓게 참여하고 이 분야에서 저 분야를 넘나들었다. 그러나 이들이 사회 전체로 존재한다고 말하기에는 서로 간에 긴밀한 유대관계가 형성되어 있지 않았다.

이런 이유로 나치 친위대SS 최고사령관이자 중앙 러시아 경찰이며 유격대 사냥꾼이자 유대인 학살자인 에리히 폰 뎀 바흐-젤레프스키Erich von dem Bach-Zelewsky[24]는 언론인 레오 알렉산더Leo Alexander에게 이 학살에 대해 이렇게 말했다.

국가사회주자들은 유대인이 고도로 조직된 집단이라

고 하는데, 이와 달리 그들에게는 조직이라 할 만한 그 어떤 것도 없다는 사실에 소름이 끼쳤습니다. 그들은 무엇을 해야 할지 몰랐고, 그들에게 어떻게 행동하라고 지시하거나 명령하는 자들도 없었습니다. 유대인이 세계를 지배하려고 음모를 꾸민다는 둥, 그들이 무시무시한 조직이라는 둥 주장하는 것과는 모순되지요. 그러니 이런 주장은 반유대주의가 얼마나 큰 거짓말인지 여실히 보여준다고 할 수 있습니다.

유대인이 체계적인 집단을 형성하지 않았고, 더욱이 '하나의' 국민이 아니었다는 사실은 부인할 수 없다. 그들이 처한 여건은 나라마다 달랐다. 처음에 서유럽•에서는 대다수가 프랑스, 네덜란드, 독일 국적을 가졌고, 심지어 무국적자 신분으로 살았다. 어쨌든 그들도 유대인에 속했고 당연히 그런 사실에 만족했지만, 민주주의 체제에서는

• 히틀러는 유럽 유대인을 공격했다. 그러나 히틀러 집권 이전에는 유대인이 어느 나라 시민이었느냐에 따라 상황이 달랐다. 서유럽에서는 반유대주의가 잠재하고 있었지만 실제 작동하지는 않았고, 유대인은 동료 시민과 무난하게 어울려 살았다. 유대인은 대부분 '엘리트'와 권력 집단에 속해 있었다. 법은 그들을 동료 시민과 어떤 식으로도 차별하지 않았고, 차별하는 관례가 있다 해도 점점 줄고 있었다. 동유럽 유대인들은 표적이 되거나 위협을 받았고, 포그롬의 희생자가 되었다. 대부분 변두리 공동체에서 집단을 이루어 살았다. 일반화가 데이터와 분석을 왜곡시키는 일은 자주 일어난다.

유대인 신분이란 것에 크게 개의치 않을 수 있었다.• 그들이 종교나 전통에 깊은 애착을 보이건 무심하건 문제될 게 없었고, 또 그것이 문제가 되어서도 안 되었다. 민주주의에서는 이런 부분이 사생활의 영역에 속해야 했기 때문이다. 1941년에 에로Hérault 주 상원의원이었던 피에르 마스Pierre Masse는 그가 유대인인지 묻는 공문을 받았을 때, 페탱Pétain 원수에게 직접 이런 편지를 보냈다. "원수님, 상원에는 '유대인'이 없습니다. 이 의회에는 종교에 상관없이 오직 선거인단이 선출한 프랑스 시민만이 참여하며, 이와 관련한 사항은 아직 헌법에 남아 있습니다."[25] 이것은 유대주의를 부정한다기보다 오히려 유대주의의 권리와 자유를 되찾으려는 행동이었다.

물론 점령국 내에서 나치 세력이나 그 수하들은 소수 인력으로 훨씬 많은 수의 피해자를 지배했다. 그러나 명백히 제한되어 있는 이 권력 뒤에는 전쟁과 경찰력으로 막강

• 오늘날에도 이렇게 말하기는 쉽다. "많은 유대인이 체포되거나 연행되거나 총살당하거나 추방당하거나 가스실로 끌려갔다." 하지만 이것은 사실 많은 독일인, 프랑스인, 벨기에인, 헝가리인 혹은 여러 다른 나라의 시민 혹은 무국적자의 문제였다. 무엇보다 이 사람들을 유대인으로 정의하는 것은 나치 정권 때를 제외하면 그들의 공식적 정체성을 설명해주지 않는다. 대부분 사람들이 매우 자연스럽고 합법적으로 인식하는, 국적을 기반으로 하는 방식을 설명해주지도 않는다. 신분을 나타내는 다른 모든 특징을 배제하고, 그들의 법적 지위를 훼손하며, 소위 '인종'을 기반으로 그들을 유대인으로 정의하고 지칭한 것은 나치 체제였다.

한 힘을 축적한 유럽이 있었다. 그러나 그 이상으로 전 세계는 억압받는 사람들과 그들의 운명을 받아들이길 꺼렸고 빨리 그들을 구해야겠다는 생각도 하지 않았다. 세계는 전쟁 중이었지만 당시 상황에 순응했다. 이런 밀폐된 도가니 속에서 반란이 일어날 경우 잔혹한 보복의 위협이 항시 존재한다는 것을 명심해야 했다. 보복은 쉽게, 너무도 쉽게 자주 다른 이들에게 전이되었다. 순응은 특정 방법(이 방법들은 어떻게 준비되고 확립되었을까?)을 통해 거의 과학적으로 이루어졌고, 어디서나, 특히 유대인이 있든 없든 모든 수용소에서 이 방법들의 효과가 입증되었다.

그러나 이것을 정말로 순응이라고 할 수 있을까? 대부분은 용기를 잃고 애통해하는 모습이 아니었을까? 이들은 어찌할 도리 없이 순순히, 침묵 속에서 극도의 흥분 없이 죽음을 맞이했다. 이런 모습이 순응이나 금욕주의, 소름 끼치도록 온순한 태도, 전 세계에서 버림받은 느낌을 표현한다고 볼 수 있을까? 그들은 돋보이고 싶은 욕망도 없었다. 견디기 힘든 초유의 상황에서, 이들은 잠시 자기 확장에 몰두하며 어딘가 냉담하고 말을 잃은 듯한 반응 외에 다른 반응을 보이지 않았다. 이들은 "우리에겐 이렇게 죽지 않고 살아야 할 다른 무언가가 있다"고 말하는 듯했다. 이런 모습은 어쩔 수 없는 상황에 대한 무의식적 저항의 한 형태이리라.

살육이 벌어지는 광란의 현장을 외부에서 직접 목격한 사람은 매우 드물었고, 있다 하더라도 지극히 우연일 뿐이었다. 이런 드문 사례 가운데 하나가 바로 헤르만 프리드리히 그레베Hermann Friedrich Graebe다. 이 독일인 사업가의 증언은 1945년 11월 10일 자 뉘른베르크 재판의 서면 자료로 남아 있다. 공장장 그레베는 우크라이나 지점을 방문한 적이 있었다. 1942년 10월 5일, 그는 바로 그곳에서 대량 총살 사건 중 하나를 목격했다. 알몸 상태의 피해자들은 구덩이 가장자리에서 아무 저항 없이 살해되기를 기다렸다. 당시 5,000명이 집단으로 살해되었다.

내가 거기 머물렀던 15분 동안 불평이나 자비를 구하는 소리는 단 한마디도 들리지 않았다. 나는 여덟 명 정도로 구성된 가족을 관찰했다. 쉰 살 정도의 남성과 여성이 있었고, 그 옆에 한 살, 여덟 살, 열 살 정도의 자녀들과 스무 살, 스물네 살 정도 되어 보이는 앳된 여성 두 명이 있었다. 백발의 노부인이 아기를 품에 안고 어르며 노래를 불러주었다. 아기는 노래가 마음에 쏙 들었는지 좋아하며 소리를 질렀다. 부모는 눈물을 흘리며 일행을 바라봤다. 아버지는 열 살짜리 소년의 손을 잡고 다정하게 말했다. 아이는 울음을 참고 있었다. 그러자 아버지가 손가락으로 하늘을 가리키고 아들의 머리를 쓰다듬으며 뭔가를 설명해주는 듯했다. […] 내 옆을 지나간 검은 머리의 마른 아가씨가 기억에 생생하다. 그 아가씨는 손가락으로 자신을 가리키며 이렇게 말했다. "스물세 살이에요…."

이 사업가는 자신이 이 장면을 아무 제지 없이 볼 수 있었다는 사실에 놀랐으나, 제복 차림의 두 우체부도 거기서 그 장면을 구경하고 있다는 걸 알아차렸다.

이 집단 무덤은 이미 3분의 2가량이 1,000구의 시체로 가득 차 있었다. 총살당한 이들 중 몇몇은 아직 움직이고 있었다. 또 어떤 이들은 손을 들거나 고개를 움직여 아직 살아 있다는 걸 알 수 있었다. […] 실오라기 하나 걸치지 않은 발가벗은 사람들이 구덩이 안쪽을 파고 몇 걸음 내려와 나치 친위대가 지시한 곳에 섰다. 죽은 자나 부상자 옆에 누워, 아직 숨이 붙어 있는 사람들을 어루만지거나 낮은 목소리로 말을 건네는 이들도 있었다.[26]

무슨 말이 더 필요하겠는가? 투쟁이나 극적인 면은 없었지만, 이것은 흔들림 없이 그 순간에 집중한 행동이었다. 아이는 너무나도 어리석은 자들의 표적이 되어 온 세상으로부터 버림받았으나, 아이 아버지는 아이를 위해 해야 할 일을 했다. 그렇게 아이는 몰살되기 전 실재하는 존재로부터 흘러나오는 정의로운 목소리를 들었다.

죽음을 앞둔 사람들은 한결같이 먼저 간 사람들을 위로했다. 이렇게 누군가 마음을 써주는 최후보다 더 존경할 만한 일이 또 있겠는가? 그렇게 자연스러운 최후보다 더 가슴 아픈 일이 또 있겠는가? 당시에는 나체 상태를 오늘날보다 더 모욕적으로 받아들였고, 그런 만큼 유대인을 발가벗기는 건 너무나 당연했다. 무기력한 모습이라고? 아니다. 피할 수 없는 것을 경멸해봐야 무슨 가치가 있겠는가. 전쟁 중이었음에도 나머지 세계는 공식적인 권력을 갖고 있었고, 그 세계가 굴복한 그것에 맞서 싸우는 데 단 1초도 쓰지 않았다. 손쓸 도리도 없고 법적 권리도 없는 운명에도 맞서지 않았다.

이 냉담한 시대에 사람들이 가스실에 들어가거나, 설상가상 수용소에서 살아남는 지옥 같은 상황이 벌어졌다. 그들은 삶을 부정하게 되었고, 그 삶은 갑작스럽게 추락했다. 거기에 대부분 더 혐오스럽고 야만적인 죽음, 시간이 지나도 거의 바뀌지 않는 죽음이 뒤따랐다. 이런 수많은 일들에 비하면 수용소에서 벌어지는 장면은 여전히 개인적이고 거의 목가적이라 할 만했다.

연기를 피워내는 시체 더미의 문명에서, 살해된 시체들

은 각자 유린당한 자신만의 일대기와 희망, 일상을 갖고 있었다. 이들은 '피해자'의 시체가 아니라 살아서 고문당한 자들의 시체였다. 피해자가 될 운명인 '피해자'도, 전문적인 피해자도 없다. 그러므로 피해자가 될 수밖에 없는 사람은 없다. 또한 피해자의 성향을 갖고 있는 사람은 없으며, 모든 이는 그 삶을 살아가는 개인의 자연스러운 삶과, 열광적이고 내밀한 삶의 주인이다. 그것은 매순간 사라지는 생생한 이름이고 몸이며 그 몸의 그림자다. 단 하나의 의식이며 수많은 욕망이다.

그러나 피해자 측도 한결같이 선한 면만 있는 건 아니었다. 아이러니한 점은 유대인과 관련한 차별이 모든 면에서 모순된다는 것이다. 유대인이 더 나쁘다고도 더 좋다고도 할 수 없었다. 그들은 그들을 표적으로 한 박해를 받았을 뿐이다.

유대 위원회*와 이들을 지원했던 가공할 유대인 경찰이 게토에서 얼마나 끔찍한 역할을 했는지는 잘 알려져 있다. 이 유형수들이 수용소에서 온갖 일을 도맡아 했다는 것도 주지의 사실이다. 이들은 시체 소각장의 소각로에 동료들의 시신을 채워넣었고, 일부는 스스로 박해자가 되어 나치 친위대의 행동을 그대로 따라 했다. 그러다 그 자신이 너무 지쳐 가스실에서 시체가 되었다.

익명의 영웅들도 있었다. 여러 게토에서 봉기가 일어났다. 트레블링카, 소비보르, 아우슈비츠, 비르케나우 수용소에서 반란이 일어났다. 강제 수용소 내에서 개별적 혹은 조직적 저항이 있었고, 명예를 위한 저항, 분노로 인한 저항도 있었다. 봉기는 성과를 거두지 못했고, 봉기를 일으킨 자들은 바깥세상으로부터 고립되고 버림받았다는 사실을 알았다. 가슴 아픈 연대였다. 유대인들은 자신이 사라지기 전에, 존재가 지워지기 전에, 어쩌면 증언할 사람이 없어지기 전에, 현장에서 증거를 남기기 위해 엄청난 위험과 맞섰다. 덕분에 궁핍과 위험과 난관을 헤치고 유형수들이 쓴

- 유대인 저명인사들로 구성된 유대 위원회Judenräte는 나치 박해 이전의 유대인 사회 계층을 본뜬 것이었다. 다소 왜곡된 측면도 있었으나, 이 계층은 당사자들 눈에 든든하고 '자연스러워' 보였다. 나치에 '협력한' 이 위원회는 나치 경찰만큼이나 무자비하고 잔인한 유대인 제복 경찰과 함께 게토를 관리하고 통치했다. 예를 들어 이들이 게토 내 규율, 조직 및 감시(나치의 감독을 받았으나 대부분은 어느 정도 자율권이 허용되었다)를 담당하여 독일 병력을 아낄 수 있었다. 수용소로 보내거나 가스실로 데려갈 유대인을 선별하는 일을 이들이 맡았다는 점은 안타깝다. 대부분은 자신들의 사회적 우월감에 젖어 비극적 상황을 최대한 관리하고 있다고 진심으로 확신했다. 이 차악의 정책이 잔인하고 악랄하다는 증거를 갑작스럽게 드러내자 스스로 목숨을 끊는 사람도 있었다. 하임 룸코프스키Chaim Rumkowski처럼 우월감에 취해, 자신의 초상화를 우표로 인쇄하게 한 경우도 있다. 그러나 곧 너나없이 추방되거나 가스실에서 죽었다.

  특히 초창기에 게토 내 나이트클럽과 고급 레스토랑에서는 부자들을 환영했지만, 돈이 없는 대부분 주민은 날마다 거리에서 굶주림으로 죽어갔다. 그러나 유대 위원회는 대부분 학교, 정치 모임, 문화 단체, 기도 장소, 사회 지원 조직 등 지하단체에도 설치되었다.

노트와 일기, 시가 살아남을 수 있었다. 이 자료들에는 수용소 안에 감춰지고 숨겨지고 땅속에 묻혀 있었던 흔적이 남아 있다. 철학자 조르주 디디 위베르만Georges Didi-Huberman은 폴란드 레지스탕스가 요청한 아우슈비츠 수용소 내부 사진을 촬영하기 위해 겪어야 했던 비통한 위험에 대해 언급했다. 망볼 사람, 카메라와 네거티브 필름을 구해줄 사람 등 여러 공모자들이 사진사와 함께 끝없는 위험 속으로 뛰어들었다.

'지옥에서 가져온' 네 장의 사진이 있다. 그중 사진사가 이동하는 중에 찍힌 듯한, 하늘을 배경으로 뻗은 나뭇가지 사진은 가장 덜 중요하다. 작가는 그 사진이 격렬한 공포를 느낀 급박한 상황에서 실수로 찍힌 것이라고 언급했다. 그러나 그 사진에서 우리는 인간의 지옥을 볼 수 있고, 동시에 나무와 나뭇가지들, 자기 자신과 기이하게 일치하는 자연이라는 두려움을 모르는 존재, 그 안에서 활발히 움직이는 공포를 인식할 수 있다.[27]

앞서 설명한 사진들과는 전혀 다르게, 영화감독 클로드 란츠만Claude Lanzmann의 불후의 명작 〈쇼아Shoah〉에서는 시간이 흘러 공포가 뿌리를 내린 뒤에도 물리적으로는 사라져버린 시점에 촬영된 지옥의 풍경을 발견할 수 있다. 우리는 고통이 펼쳐졌던 그 하늘도 어쩌면 여기서처럼 푸르렀음을, 재앙과 함께했던 색채와 나뭇잎과 계절이 존재했음을 느낄 수 있다. 아우슈비츠 주변에는 새소리가 끊이지 않았고, 거기서 멀지 않은 곳에서 인간의 몸으로부터 역한 연기 냄새가 피어오르는 중에도 따뜻한 풀 냄새가 계속 남아 있었음을 느낄 수 있다. 이 모든 것은 냉혹하고 무심하게 존재했고, 그 어떤 치욕도 그것들에 영향을 미치지는 못했다.

신에게 버림받은 이 상황에서는 틀림없이 알려진 것보다 더 많은 반란이 일어났을 것이다. 당시 일어난 일은 영원히 감춰졌거나, 대개 말수가 적고 누가 그들에게 말하라고 권하지도 않는 드문 생존자들로부터 우연히 얻은 조각난 사실이었다. 그래서 어떤 일이 일어났을 때 그 일은 단편적으로만 드러난다. 그러나 전체적으로 이 수백만의 사람들, 이 수백만의 사람들 각자가 죽기 전에 경험한 사실에 대해서는 아무것도, 거의 아무것도 드러나지 않는다. 아마도 피해자들은 자신들이 겪은 쓰라린 고통과 연결된 이 점을 가장 깊이, 심각하게 우려했을 것이다. 그들은 흔적이 남지 않을까 봐 염려했다. 흔적이 남을지, 하나라도 남을지, 혹은 하나도 남지 않을지 아무도 모른다는 점을 우려했다. 대부분 아무것도 남지 않았다. 무덤도 없고 오직 명단만이 있을 뿐이다. 즉 살아남았다는 것은 증언할 수 있다는 말이다.

말로는 설명할 수 없는 수용소 생활과 매번 들어도 상

상하기 힘든 공포의 다양한 양상에 접근하려면 아마도 책이 어마어마하게 많이 필요할 것이다(다행히 그런 책들이 존재한다). 그 공포를 통해 한 가지 기술이 발휘되었으나, 그 기술이 어떻게 그런 노하우나 효율성을 얻었고 실행되었는지 궁금해하는 이는 없었다. 그 기술은 수많은 고문, 치욕, 박탈감을 통해, 죄책감을 부추기는 교묘하게 계산된 비인격적인 모욕을 통해, 개인 속의 개인, 대중 속의 개인, 다수의 개인 속의 개인을 체계적으로 없애버렸다. 셀 수 없는 잔인한 방법으로 피해자를 그 자신의 고문 도구로 삼고, 스스로 학대자 역할을 하게 만드는 지경까지 내몰기 위해서였다.

셰익스피어는 《템페스트》에서 에어리얼의 목소리로 이렇게 외친다. "악마들이 지옥을 비우고 모두 이곳에 왔구나."

이런 대학살과 나치 범죄는 대부분 죽기 전에 버려진 인간, 무너진 인간으로부터 기술적으로 얻은 고의적인 변화에서 그 특수성을 찾아볼 수 있다. 이런 행위에서 나타나는 말살과 붕괴는 비유대인 강제 수용소 수감자들도 똑같은 영향력으로 파괴했다. 그러나 그 수는 적었고 가스실도 없었으며, 무자비하지만 광기는 덜했고, 반드시 몰살시켜야 한다는 조급함도 없었다. 수용소가 아니라 바르샤바 게토가 비밀리에 발각되자, 런던의 폴란드 망명정부 일원이었던 이안 카르스키Ian Karski는 이렇게 말했다. "그곳은 더 이상 사람이 사는 세상이 아니었다."[28] 하지만 그곳은 사람이 사는 세상이었다!

군중

사실 유대인의 역사도 비극이지만, 한 세계가 그 안에서 벌어진 일을 실행하고 수용할 능력을 스스로 증명했다는 그 자체도 비극이다. 인간은 그런 일을 벌일 수 있는 가능성의 미궁에 빠졌고, 도덕적·윤리적으로 취약했다. 인간에게는 치명적인 강박관념이 있고 그 강박관념을 만족시킬 능력이 있다. 또한 자기 자신에게 위협이 되고, 타인의 자유를 말살하며, 법을 없애버릴 수 있다. 인간은 존중을 경멸하는 분위기를 확산하고 흡수하고 표출할 수 있다. 이것이 인간의 문제다. 피해자도 이 비극에서 자유로울 수 없다. 절대 학대자가 되지 않을 의인들이 도처에 있다 해도, 각자의 행동은 어떤 역할을 맡았느냐에 따라 달라지며, 상황이 바뀌면 다른 역할을 하게 될 수도 있다. 다른 배역을 맡으면 반대편에 설 수 있고, 예측할 수 없는 상황에서 지금까지 한 번도 겪어보지 못한 선택을 해야 할 수도 있다. 이런 상황에서 자유로울 수 있는 사람은 없다.

한 가지 지적하자면, 가장 지속적이고 어쩌면 가장 해

로우며 가장 만연한 현상은 대중의 무기력함이었다. 대중은 함구에 의한 동의 혹은 반대 의견을 내는 데 무기력한 모습을 보였다. 대중은 정치와 거리를 두었다. 폭정의 타깃은 언제 어떻게든 바뀔 수 있다. 하지만 무관심이나 공포 때문에 폭정을 허용하거나 광신 혹은 환희에 젖은 대중은 도처에서, 모든 상황 모든 시기에 행동의 변화 없이 살아갈 위험이 있다. 말하자면 대중은 프로파간다에 약하다.

군중은 대부분 수동적이고 동의 의사를 애매하게 표현한다. 무엇보다 최소한의 비용으로 역사를 경험하는 데 주의를 기울이고, 관객 이외의 다른 역할에는 참여하지 않으려 한다. 마치 옛 경험들이 그들에게 부주의함의 위안과 신중함을 지시한 것처럼, 되도록 정치적 재앙은 피하면서 언제나 일반적인 동의에 참여하고 거기에서 몸을 사리고 있으려 한다.●

이들은 동일한 본능을 고집하며, 권력은 군중 전체를

● 그러나 또한 어떤 사람들은 자신과 동등한 사람을 해치고, 타인의 것을 파괴할 권리를 스스로에게 부여함으로써 인간이라는 틀에서 벗어난다. 또한 자신에게 향하지 않을까 두려워했던 끝없는 악의와 한없는 잔인함을 퍼뜨린다. 이들에게는 이런 일들이 얼마나 큰 기쁨이겠는가? 자신이 공포 그 자체가 되어 공포를 휘두르거나 공포를 위해 봉사하거나 공포를 장려하는 것은 아마도 안전이라는 환상에 도달할 가장 쉬운 방법일 것이다. '좋은 편'에 있다는 것은, 상대방이 나쁜 편일수록 더 안심이 되지 않겠는가? 공포를 행하는 것이 공포로부터 자신을 보호한다는 의미이듯이….

무언가에 홀리기 위해 최선을 다한다. 여기서 권력은 대부분 단순히 현재의 교리를 따르는 자들로, 이 교리를 불가피한 것으로 여기며 군중과 똑같은 마취제에 취하는 데 동의한다. 그래서 공식적으로 보이는 모습 뒤에 근본적이지만 대부분 실체를 알 수 없는 복종의 논리가 작동하고 모든 비극을 촉발한다.

바로 대다수의 무관심이 모든 것을 허용하고 최악의 결과를 초래하며, "정의 대신 동의를 존중하게"[29] 한다. 이 무관심이야말로 폭정이 뿌리내릴 수 있는 토대를 형성하고, 폭정에 맞서지 못하게 한다. 나치즘이 또다시 본래의 형태로 나타나는 일은 없을 것이며, 역사에서 그 어떤 다른 사건으로도 나타나지 않을 것이다. '두 번 다시 안 된다'는 말은 이런 의미에서 승리했다고 볼 수 있다. 히틀러는 죽었고 이제 세계는 늙었다. 그러나 군중의 무관심이나 맹목적 열광이 프로파간다와 공포를 통해 너무나 쉽게 생겨난다는 그 점이 바로 영구적인 위험이 될 수 있다. 이 위험은 어떤 형태로든 위협을 가해 목적을 달성할 것이다. 반복되는 것은 동일한 위협이 아니라 될 대로 되라는 식의 안일한 태도이며, 위협에 보이는 무관심이다. 군중은 이런 무관심한 태도를 통해 역사 속에 표현되고 역사의 일부가 될 수 있었다.

근본적인 어리석음과 원초적 본능에 따르는 인종주의

는 우리를 퇴보하게 만든다. 아마도 방종한 인종주의보다 안일한 태도에 더 걸맞은 것은 없을지 모른다. 이와 관련해 전쟁 중에 유대인 아기들을 색출하고, 유대인 노부인들을 살해하고, 광적인 살육에 드는 자금을 조달하기 위해 실로 어마어마한 에너지가 투입되었단 사실을 생각해야 한다. 이런 행동은 프로파간다를 조장하려는 것도 본보기를 제시할 목적도 아니었던 만큼, 아무 의미 없는 본능의 표출에 불과했다. 반대로 히틀러는 여전히 수용소의 부도덕함과 야만성, 전대미문의 잔혹함과 그 불길한 현실을 숨기는 데 전력을 다했다.• 공포를 더 공포스럽게 만드는 은폐는 끔찍하고 교활했으며, 죽음보다 더 섬뜩한 '기묘한 불안감'을 느끼게 했다. 이 기묘함은 죽음보다 더 나쁜 것, 그리고 수용소의 진실을 말해주는 더 고통스러운 것을 떠올리게 했기 때문이다.

• **하지만 히틀러가 이런 사실을 숨기기는 점점 더 힘들었을 것이다. 유형수들의 운명은 다양한 직업과 얽혀 있었다. 예를 들어 사업가, 수용소 납품업자, 노예의 일손이 필요한 실업가, 공장(일부 공장은 수용소 내에 세워졌다) 노동자는 물론, 철도원, 운전사, 비서, 공무원, 도시와 수용소 인근 시골 주민들이 있었다. 사람들에게 잘 알려져 있는 수용소에 대해서는 입에 올리는 것조차 금지되었다. 아우슈비츠를 지나가는 기차 여행객들은 수용소를 보려고 창가로 모여들었다. "곧 [아우슈비츠의 소각로] 굴뚝을 통과하게 될 거야Tu passeras par la cheminée"라는 표현은 속담처럼 쓰였다(1947년 10월 20일, 뉘른베르크에서 R. 디엘R. Diels과 나치 친위대 페리 브로드Perry Broad의 증언, Léon Poliakov, *Bréviaire de la haine*, Paris, Calmann-Lévy, 1951).**

다비드 루세David Rousset*는 부헨발트 수용소를 떠나며 이렇게 썼다. "보통 사람들은 세상에 불가능한 일은 없다는 것을 모른다."[30] 그러나 제2차 세계대전이 끝나자, 이제 세상에 불가능한 일이 없다는 것을 모르는 사람은 아무도 없었다. 그럼에도 사람들은 현실을 깨닫지는 못했다. 누구나 상황이 위험하게 변하거나 그럴 위험이 있다고 느낄 수밖에 없었다. 이제는 모두가 그렇다는 사실을 잊지 않을 것이다. 누구도 과거의 기준을 되찾고, 그런 위험을 몰랐고 알고 싶지 않았던 사람이 되기를, 그럴 수 있기를 끊임없이 열망할 것이다.

그러나 이 '보통 사람들'은 정말 사실을 알 기회가 전혀 없었을까? 루세에게 '보통 사람'이란 서구인, 그러니까 기준이자 규범이자 인간의 원형인 백인을 대표하지 않았을까? 학살과 수탈과 대량 학살로 아메리카와 아프리카 대륙 및 다른 지역을 우세한 힘으로 정복한 것이 바로 그 보통 사람 아니었는가? 이 보통 사람은 식민지 개척자였고, 20세기 중반에도 양심에 전혀 거리끼는 일 없이 여전히 식민지 개척자이지 않은가? 나치 이데올로기를 뒷받침하고 방종을 촉발한 바로 그 '인간 이하'라는 개념을, 보통 사람

• 1912~1997. 프랑스 작가이자 정치가이며, 레지스탕스로 활동했다. 부헨발트 나치 강제 수용소의 생존자이며, 수용소 생활에 관한 책을 썼다. — 옮긴이

은 다소 위선적으로 과거에 인정했고 여전히 인정하고 있지 않은가? 보통 사람은 열등하다고 선언된 특정 민족을 다른 민족이 지배할 권리를 당연하게 여기지 않는가?

보통 사람에게는 두 세계가 존재했다. 하나는 문명화된 백인의 세계로, 그는 이것을 자신의 세계라고 생각했다. 다른 하나는 '야만적'인 '원주민'의 세계로, 여기서는 모든 범죄, 약탈, 인종 학살이 허용되며 극악무도한 학대가 끊임없이 자행되었다. 이 공간에서 법은 갈가리 찢겨, '문명'의 전유물로 남은 자의적인 관행을 보호하기 위한 법 이외에는 더 이상 존재하지 않았다. 법의 공백, 심지어 법의 부재는 정당성 그 자체이자 규칙이며 증거로 여겨졌다. 이런 상황에서 범죄와 학대는 고려 대상이 아니었다.

민족 전체를 약탈하고 파괴하고 학살하는 행위는 몇 세기에 걸쳐 여러 대륙의 유럽인에 의해, 유럽인을 위해 저질러졌다. 대중은 일말의 가책 없이 이를 승인했고, 이 착취에 찬사를 보냈으며, 한때 그들의 소유욕을 채워준 데 대해 감사했다. 이 사건은 서구인이 스스로 이미지를 부여한 세계에서 자신들의 역할을 전혀 바꾸지 않았고, 자신들을 괴롭히는 것을 관리하고 제거하고 위장하는 능력 덕분에 벌어질 수 있었다.

서구의 존재나 문제 인식, 역사는 흔히 매우 유익하고도 숭고한 것으로 보이지만, 당연히 그것만 가지고 서구를 온전히 정의할 수는 없다. 그렇다면 어떤 대가를 치러야 할까? 혹은 결함이 얼마나 커야 더 극적으로 느껴질까? 민주주의, 사상과 미美의 과학, 관대함이 이 폭정의 대가로 탄생했고, 심지어 정의의 의미는 그 무엇보다도 끊임없이 반박되고 위반되는 것일까? 그 결과 인류는, 한 사람 한 사람이 죽어야 하고, 또한 필연적으로 죽어야 하는 역설적인 삶의 장소에서 만들어진다. 그러나 여기에 첫 번째 모순이자 그 까다로운 파토스가 있다. 우리는 죽기를, 공포스럽게 죽기를 원하지 않는다.

앞선 시기들의 범죄에서 비롯된 20세기의 지정학은 이 범죄가 낳은 결과물의 일부이며, 그것은 눈에 띄지 않은 채 스쳐 지나갔다. 지정학적 기준점을 문제 삼거나 의문이 제기된 적은 없었다. 백인 세계는 원주민 세계를 몰아냈고 대부분 철저히 제거해버렸다. 백인 세계는 원주민 세계를 차지했고, 피부색이 다른 생존 주민들을 노예로 삼았다. 이 역사는 서구 문명의 역사와 공생 관계에 포함되지 않았다. 그러나 유일하게 유효한 참고 자료로 여겨졌고, 그 이야기는 권위를 구축하는 유일한 연대기의 기초가 되었다.

그때부터 이 지역 원주민은 몰상식하다는 이유로 일말의 권리마저 빼앗겼다. 백인은 원주민에게 허용된 모든 자격과 그들의 영토를 마음대로 처분할 수 있었다. 예를 들어 백인은 미국에서처럼 원주민의 땅에 새로운 국가를 건설하거나(지금은 원주민이 거의 사라졌다) 그들의 땅을 식민지화했다. 인종이 다르다고 여겨질 경우, 이들은 적어도 잠재적 위험성과 자폐 성향이 있다고 간주되었고, 아무리 해봐야 억압과 고통을 당할 수밖에 없는 하위 인류에 속했다. 그들을 존중한다는 것은 상상할 수도 없는 일이었다.

법이 존재함을 보여주는 '보통 사람'이란 바로 법에서 제외된 사람들이 겪은 것을 겪지 않은 사람이었다. 법에서 제외된 이들은 법에 권리를 부여하는 문명에 속한다는 표시를 통해 복속시킬 수 있었다. 이 문명에 속해 있으면 법으로부터 버림받은 민족에게 자행되는 폭정의 범위에 들지 않을 수 있었다. 박해를 선동하고 주동한 유럽은 자신은 박해를 피할 수 있을 거라고 생각했다. '모든 것'이 (그곳에서는) '가능하지' 않았다. 아직까지는 그랬다.

유럽 대륙에서, 동유럽뿐 아니라 해방에 능숙하고 가장 세련된 국가들에서, 그리고 무엇보다 독일에서 유럽인이 정통한 법의 개념과 기능을 조직적으로 말살했을 때, 모든 일이 가능해졌다. 따라서 나치는 유럽이 공포를 만들어 내는 능력을 한없이 분출하도록 인도했다. 이후 공포는 스스로를 돌아보고 강박적 환상에 초점을 맞춤으로써 강도가 더 심해졌고 모든 한계를 넘어섰다.

새 질서

그 시대의 정복자와 식민지 개척자는 자신들이 동료 인간이 아니라 기괴하고 불길한 생명체를 상대한다고 가정할 수 있었다. 그렇다고 무엇보다 탐욕에 이끌리고 사냥의 기쁨으로 흥분한 그들의 잔혹성을 결코 정당화할 수는 없다.

여기 20세기 전반의 유럽에서 벌어진 쟁탈전은 남자, 여자, 아이, 노인을 대상으로 삼았다. 이들은 같은 문명에 속해 있고, 역사의 같은 시대를 살아가며, 같은 지역에 거주하는 사람들이었다. 그런 만큼 쟁탈전을 벌이기 전에 더 광적이고 더 급진적이며, 더 공식적으로 더 열심히 그들을 악마화해야 했다. 그들을 악착같이 타락한 자들로(아니, 그렇게 보이도록) 만들어, 나중에 그런 이미지로 묘사해야 했다. 그들을 박해하여 명예를 실추시켜야 그들의 순교에 명분을 제공할 수 있었다. 그것은 신중하고 차갑고 냉정한 야만성이었다. 얼어붙은 야만성. 그 야만성을 단련하는 것 외에 다른 현실적인 목표는 없었다.

나와 가까운 사람들이 다른 종에 속한다는 생각을 스스로도 믿고 남들도 믿게 해야 했다. 그러려면 끊임없이 필사적으로 다른 종에 속한다고 생각하면서, 점점 더 증오를 자극하고 북돋우며 모욕할 방법을 끝없이 생각해내야 했다. 피해자들의 이런 모습을 영원히, 넘치도록 확보하려면 고통과 가혹행위와 냉혈한 학대자의 즐거움을 강화해야 했다. 그래야 명예를 실추당한 피해자들에 의해 이 계획이 정당성을 얻을 수 있었다.

고문을 통해 정복에 성공한 자들의 어리석음과 단순한 금전욕은 더 이상 지난 세기에서와 같은 역할을 하지 않았다. 그 대신 가장 지독하고 가장 끔찍한 사악함이 기승을 부렸다. 그것은 더 이상 투쟁의 불꽃이나 영토의 정복에 관한 것이 아니라, 그 자체로 하나의 목적이었다. 범죄 그 자체 외에는 다른 목적이 없는 가차 없고 영구적이며 근거 없는 하나의 임무에 관한 것이었다. 고문을 통해 정복한 자들의 목적은 땅과 재산을 차지하고 약탈하고 가로채며 가학적 전능함을 누리는 것이었지 전멸시키는 것이 아니었다. 몰살은 덤으로 쾌락을 주는 수단이었다. 나치는 몰살이 목적이었다. 나치에게 몰살은 자율적이고 그 자체로 가치 있는 의식적인 활동이었다. 이런 파렴치한 행동은 전례 없는 일이었다.

재앙이 발생하고 사건의 전모가 밝혀졌다. 그러자 당시 사람들은 모든 조건, 모든 출신, 모든 연령대의 유대인 학대 피해자 가운데 규칙을 가장 잘 지키고 가장 안전해 보였던 많은 시민이 있었다는 사실에 아연실색했다. 이들 중에는 친숙하고 전형적인, 사회의 모범이 되는 유명인들이 있었다. 이들은 의사, 변호사, 교수, 작가, 예술가, 과학자처럼 대개 잘 알려진 자유직업의 소유자였다. 또한 존경받고 인정받았으며 심지어 유명했고, 모두가 사회의 상징이자 엘리트로 인식되던 사람들이었다. 모욕당하고 비천한 신세가 된 이 순교자들은 [집단이 아니라] 개별적으로 누군지 알아볼 수 있는 사람들이었다.

수 세기 동안 한 덩어리로 인식되어온 '이국$_{exotique}$'의 피해자들은 상상력을 거의 자극하지 않았고, 그래서 동물 수준의 무리나 잔인한 원시인, 퇴보한 짐승, '말하는 금수'[31]로 여겨져왔다. 그랬던 유럽인 피해자들은 유사성이나 지위, 그들 중 일부가 맡은 역할 덕분에 익명의 집단 속에서 대상으로 식별될 수 있었고, 서로 동일시할 수 있는 개인들의 집합이 되었다. 상상할 수 없을 만큼 많은 피해자가 있었고, 언급된 것보다도 더 많은 피해자가 있었다. 이들은 개별적으로 구분할 수 있고 이름을 부를 수 있으며, 단순히 피해자 역할에 그치지 않고 각자 특정 범죄에 희생된 피해자로 인식될 수 있었다. 전체적으로 자행된 (또는 정도를 벗어난) 학대의 수준을 이제 주관적으로 인식하는 것이 가능해졌다. 숫자에는 의미가, 모독에는 가시성이 부여되었다.

그들은 순교자와 동일시할 수 있을 만큼 순교자와 유사했고, 망상을 극복한 뒤에 그 유사성을 인정받으면서 비로소 재앙이 정확히 실제 일어난 일임을, 그 재앙의 말로 표현할 수 없는 차원을 모두가 이해할 수 있었다. 빈틈없이 짜여 있는 법망과 신랄한 여론, 즉 정치적인 것le politique(정치la politique와 혼동하지 말 것)을 제외하면 모든 게 '가능'하고 모든 게 허용되는 상황을 절대 막을 수 없었다.

이 법망이 존재하려면 모든 프로파간다를 매번 주의 깊게 식별해 영구적으로 검토하고, 지상낙원에 대한 환상과 이상을 향한 속임수를 포기해야 했다. 무엇보다 존중을 보장하고, (언제나 최악의 근원이 되는) 경멸의 파괴를 막는 데 먼저 겸손하게 주의를 기울이며 끊임없이 경계해야 했다. 이것이 경멸의 본능이며, 특정한 인간 집단의 존재와 실존 자체를 상징적으로 조작하는 능력이다. 또한 뻔뻔스럽게 그 집단의 본질에 대한 모든 가치를 거부하고, 그 집단을 불편하고 불필요하며 해롭고 불길한 존재로 선언하는 능력이다. 이 능력으로 말미암아 유럽인이 같은 유럽 족속에게 이 정도의 공포를 '자행할' 수 있었던 것이다. 근친상간의 공포처럼, 모든 법과 모든 제한이 이전과는 전혀 다른 방식으로 폐기되었다.

역사를 통틀어 유럽인은 확실히 같은 부류의 인간을 이미 공격한 바 있고, 이 지역에서는 분명 박해와 학살이 자주 일어났으며, 같은 지역에 사는 한 주민이 다른 주민에게 그런 일을 벌였다. 그러나 유럽인이 유럽 대륙에서 여러 번 법을 어기긴 했어도 결코 자기 영역을 벗어난 것은 아니었다. 그들은 이런 위반을 알고 있었고 자주 예상했으며, 전시에서와 같이 위반을 허용했다. 또한 그 위반이 매번 일회적이고 임시적으로 발생하며, 특정한 위기 상황에서 행해진다는 것을 알았다. 위기가 아무리 가혹하고 모질고 힘들더라도, 그것이 지나가면 법의 원칙은 다시 살아날 것이었다.

유럽이라는 영역 안에서 가장 멸시받는 부류(빈곤층, 부랑자, 특정 노동자)는 오랫동안 '위험 계층'으로 간주되었고, 사회의 찌꺼기 같은 가장 사악한 사례로 분류되었다. 그럼에도 이들은 이 사회의 일부분을 대표했다. 이들은 공식적으로 법의 테두리를 벗어나지 않았지만, 법의 이런 특성이 오히려 그들을 불리하게 만들었다. 혁명이 일어나거나 정권 장악 이후처럼 법이 수정되는 경우도 있었지만, 법을 거부하거나 법의 본질이 영향을 받는 일은 없었다. 즉 절대적 욕구와 요구, 규칙$_{loi}$에 의해 뒷받침되는 법$_{Droit}$●의 절대적 필요성이 있었기 때문이다. 그러나 나치 정권하에서 질서 자체를 규정하고 규칙을 대신한 것은 법의 거부와 폐지였다. 법은 더 이상 정의를 실현하지 않았고, 오히려 정의의

● **프랑스어에서 'loi'와 'droit'는 둘 다 '법'을 뜻한다. 그중 'droit'는 한 국가에서 시행되는 사법적 규칙 전체를 말하며, 'loi'는 입법기관에서 공포한 일반적이고 구체적인 성문 규칙을 의미한다. 원문에서 저자는 이 둘을 구분해서 쓰고 있으므로, 'droit'는 '법'으로, 'loi'는 '규칙'으로 번역하기로 한다. — 옮긴이**

폐지를 제도화했다.

그러자 이번에는 야만성이, 흔히 야만성의 반대로 여겨지는(우리가 보기에는 그렇지 않지만) 유럽 문명과 즉각 결합했다. 이 일은 상징성을 띤 서구 문명의 씨앗이자 과육 속에서 일어났다. 또한 강제 수용소라는 공포스러운 일은 바로 매우 세련된 경험 속에서 일어났다. 이것은 비극을 넘어, 인간 본성의 한 가지 특성을 드러냈다.

바흐에서 세잔까지, 헤라클레이토스에서 프루스트까지, 조토에서 횔덜린까지, 셰익스피어에서 카프카까지, 현실의 가장 열렬한 시도(가장 숭고하다고 할 의심의 뿌리에서 나온)에 스며든 사상과 충동과 열광은 나치 포르노그래피나 교리로 이어지는 것 같았다. 그러나 적어도 유럽에서는, 자신의 세계가 아닌 다른 모든 유형의 세계, 다른 모든 형태의 미래를 확실하게 차단하기 위해 나치가 사용한 기술과도 이어진 것처럼 보였다.

서구의 합리성은 아주 냉정하고 효율적이며, 이로 말미암아 서구는 다른 문명의 사고방식을 제압할 수 있었다. 합리성조차도 환각을 일으키는 나치의 일탈을 조직적으로 뒷받침했다. 그런데 이것은 한 번의 일탈이었을까 아니면 서구 문화와 합리성 속에 잠재되어 있는 나약한 야만성이 표출된 것이었을까? 억눌리고 억제되고 결코 적나라하게 표현되지 않은 이 정도의 잔인함은 이미 존재하지 않았던가? 그렇게 잔인함은 가면을 쓴 유럽의 따스한 온기에 가려져 알아볼 수 없게 된 것이 아닐까? 모든 것을 예술로 변화시키기 위해 최악의 것까지 전부 흡수하는 법을 아는 재능이 있고, 열정적이고 번식력 강한 나르시시즘에 의해 보존된 유럽. 사랑스럽고 다채롭고 혁신적이며, 영구적인 창조자이자 존재를 인식하는 유럽. 유럽은 자기 자신의 관객이고, 결코 만족하지 않으며, 아무리 깨어 있어도 지칠 줄 모른다. 항상 긴장하며 욕망을 유지하고 만족시키고, 충만함이나 부패 속에서 드러나는 세계의 영혼과 육체를 즐긴다. 유럽은 활기차고 진지하며 음악적이고, 과감하게 의심하고 능숙하게 사악함을 분석한다. 불확실성의 이름으로 지식의 비밀을 탐구하는 데 늘 열정적이고, 언제나 과한 부분의 균형을 맞추는 데 신경을 쓴다.

그러나 장기간 뿌리를 내린 역사적 결과에 따라 가장 잔인하고 가장 명백한 범죄가 지난 세기 동안 저질러졌다. 그 범죄는 문명화된 우아한 삶과 사고의 비약적 발전과 균형을 맞추며 동시에 발생했다. 그동안 유럽인들은 논쟁을 벌이고 사회적 갈등을 겪었으며 양심의 가책도 느꼈다. 지난 세기 동안 고매하고 고결한 위인들은 그들의 동료에 의해, 유럽인의 명령으로, 유럽인을 위해 전 세계에서 희생을 치러야 했다.

서구인들은 타고난 오만함과 근본적 우월성을 확신하며 자신들의 보편적 우세를 정당화했고, 이를 명분으로 자신들이 우월하다고 주장했다. 그들은 살아 있는 많은 이들이 성가시고 중요하지 않으며, 민족 전체가 인간 이하의 무가치함과 해로움을 지녔다고 결정할 권리를 아무 거리낌 없이, 어떤 증거도 없이 스스로에게 부여했다. 이때부터 흔히 해롭고 성가신 존재로 여겨지는 다른 집단을 약탈하고 억압하고 박해하고 제한 없이 죽이는 것이 허용되었다. 그런 일이 필요하다고 판단했고, 더 나아가 그런 일을 요구하게 되었다. 게다가 어떤 면에서 신新다원주의는 강자가 약자를 이기고, 특정 '인종'이 자연적으로 다른 인종보다 우세하므로 약자를 파괴하는 것이 과학적 숙명이라는 생각에 불을 지폈다. 이런 경멸은 나치즘을 위한 것이었다.

유럽인이 아메리칸인디언에게서 땅을 빼앗은 일은 이미 되돌릴 수 없고 지나간 사건으로 여겨진다. 인디언의 땅을 빼앗은 것은 정복도 아니고 침략도 아니며, 살인을 행하면서 넓은 영역을 잔인하게 지배한 것이었다. 사람들은 원래 이 땅에 살던 주민들이 축출된 게 아니라 실종된 것이고, 그들의 절멸이 너무나 아무렇지 않은 일이라고 생각했다. 따라서 이 현상을 판단하는 것은 문제가 되지 않았고, 무의식적으로 배제하는 것이 중요했다.

좋은 유럽인과 나쁜 원주민을 나누어 누구에게 어떤

이름을 붙일지 정하는 문제에서 의혹이 불거졌다. 공식적인 서술이 무엇을 은폐하는지, 누가 더 범죄자로 보이는지 사람들은 의심하기 시작했다. 이때 역사는 과거를 묻어버렸고, 현재 논란이 되는 전설만이 남았다. 사실은 돌이킬 수 없었다. 인종말살은 행해졌다. 사람들은 대재앙이 일어날 것을 알았을까? 영화 〈붉은 피부Peaux-Rouges〉*를 기억한다면, 절망적으로 수세에 몰린 아메리칸인디언들은 최근까지도 여전히 공격적인 범죄자이자 (원래 자기 소유였던 것을 훔치는) 약탈자, 잔인하고 교활하며 난폭해서 절대적으로 억압해야 하는 살인자 취급을 받았다는 것을 알 수 있다.

미국은 아메리칸인디언들을 제거해 그들이 사라진 땅에 아프리카에서 잡아온 흑인을 몰아넣고 그들에게 노예의 지위를 부여했다. 이때 논란이 있었던가? 우리는 노예제도가 폐지된 뒤에도 한 세기가 넘도록 이 흑인들이 세계에서 가장 민주적인 나라로 정의되는 가장 현대적인 나라에서 합법적으로 박해받고 배척받고 멸시당하며, 인간 이하의 대우를 받는 것을 보았다. 20세기 중반까지 유럽을 관통한 식민지 문제는 '문제'로 간주되지 않았고, 간혹 문제로 보는 일이 있기는 했지만 그런 일은 극히 드물었다. 프랑

---

* **영어로는 'red skin'으로, 아메리칸인디언을 가리키는 매우 모욕적인 표현이다. —옮긴이**

스 식민부 장관 폴 레노Paul Reynaud는 1931년 식민지 전시회 개회식에서 "식민지화는 역사의 가장 큰 성취다"라고 선언했다.**32

　서구는 나치의 범죄에 분노하거나 경악하기는커녕 대응할 준비조차 하지 않았으나, 속으로는 능수능란하게 대처했다. 그러면서 이 파렴치한 문제를 눈에 띄지 않게, 전혀 수치심을 느끼지 않고 받아들였다! 경멸을 공식적으로 용인하는 것, 인간 이하라는 개념이나 존중의 거부는 그들에게 익숙한 원칙이자 원인이었다.

　나치의 숨 막히는 혐오와 부인할 수 없는 범죄 속에서 불 보듯 뻔한 재앙이 펼쳐졌다. 그러나 전쟁이 끝나자 나치는 패배했다. 분노의 외침이 일었고, 당시 여론은 충격을 받았으며, '두 번 다시 안 된다!'라는 선언이 터져 나왔다. 이외에 이 재앙은 무엇을 이해하기 위해(바로잡기 위해서란 말은 말자) 벌어졌는가? 반유대주의의 정치적 분석인가? 이 전쟁 동안 무슨 일이 일어났는지 혹은 일어나지 않았는지

**　　뒤늦은 1957년(이스라엘 국가가 인정된 지 9년 뒤) 알베르 멤미Albert Memmi는 《피식민자의 초상, 식민자의 초상Portrait du colonisé, Portrait du colonisateur》에서 식민지화가 종말을 향해 가고 있다는 발언으로 파문을 일으켰다. 1985년에 그의 책을 재출간한 갈리마르 출판사는 서문에서 멤미가 당시 '좌파에서도 망상증 환자' 취급을 받았다고 회상했다. 작가 자신도 스스로의 대담함에 감명을 받아, 이 작품에서 이러한 결론에 도달해야 할 '의무'를 느꼈다고 말했다. "분명히 말하자면 그것은 절대 소망이 아니라 사실의 문제였다."

에 대해 세계는 어떻게 반응했는가? 이 전쟁에 구체적이고 공식적으로 어떻게 반대했는지, 각 나라가 그리고 모든 나라가 함께 생각해보았는가? 회피는 어쩌면 공포 자체보다 훨씬 끔찍하고 이례적으로 극악무도한 일일지 모른다. 무분별함, 아니 어쩌면 포기라고 해야 할, 공모에 가까운 회피를 감지할 수나 있었을까? 아니다. 뉘른베르크 재판에서 반유대주의 범죄가 언급되지 않을 정도로 그런 행동들은 오히려 계속되었다. 페탱 원수 재판에서도 반유대주의 범죄는 언급되지 않았다.

강제 수용소와 그곳에서 벌어진 많은 일들, 대학살과 관련한 문서가 처음 등장한 충격적인 바로 그 순간에 무슨 일이 일어났는가? 사람들은 탄성을 지르며 피상적이고 성급하게 재앙을 물리치려 시도했다. 그러나 그 현상을 근절하려는 목적으로 원인을 찾기 위해 어떤 시도를 했는가? 아무것도 하지 않았다. 사람들은 왜곡된 세상에서 오해를 받고 논의에서 제외되어 지친 생존자들이 대략적으로 파악한 사실 속으로 도피했다. 그 세계에서 사람들은 피로와 고통, 끔찍한 기억과 신중함으로 인해 생존자들을 잊어버렸다.

전쟁의 가장 진부한 측면 외에는 아무 일도 일어나지 않은 것처럼, 삶은 예전처럼 다시 시작되어야 했다. 수치스러운 세상이 사실로 드러났고, 그 세상에 대한 기억은 도저히 참을 수 없고 피할 수 없었다. 사람들은 지금까지 숨겨왔던 이 세상의 치명적인 잠재력을 폭로한 자들을 종종 대립되는 이유들로 피해왔다. 원하든 원하지 않든, 너무도 혐오스러운 사실들이 드러나고 기록되었다. 어둡고 흐릿한 모습들이 수면 위로 나타나자 대지의 모든 영혼이 동요했다. 이제 더는 "인간은 인간에 대해 늑대다"라고 말해서는 안 된다. 이제 이렇게 말해야 한다. "인간은 인간에 대해 인간이다."

수수께끼

우리는 학살에 대해 깊이 논의하지 않았고, 이런 일이 일어난 이유나 원인과 과감하게 대면하려 하지 않은 채 분노했다. 그렇지만 이런 일이 반복되지 않을 거라고 맹세했던들 무슨 소용이 있겠는가? '그들', 그러니까 다른 종에 속한 나치는 또다시 그런 일을 벌어지는 않을 것이다. 당연히 우리는 그들이 같은 실수를 저지르게 놔두지 않을 것이다. "두 번 다시 그런 일은 안 된다!" 그러므로 그 어떤 것과도 비교 불가했던 나치 시대의 공포는 공포 그 자체가 아니고는 되풀이될 수 없는 것으로 간주되었다. 또한 그 공포는 히틀러와 그의 일당과 그의 정권과 함께 사라졌기 때문에 불가능한 가능성으로 여겨졌다. 그래서 우리는 다른 세계로 넘어갈 수 있었다. 그리고 곧 거기에 도달했다.

나치는 유럽을 점령한 것처럼 독일에서도 곳곳에 추종자를 만들었고, 끝을 알 수 없는 추악하고 수치스러운 공간을 구축했다. 그래서 1930년대 및 나치와의 전쟁(그러나 전쟁의 이유가 달랐다) 중에 추종자들은 처음부터 끝까지 재앙으로 향하는 인종차별의 길을 유유자적 돌아다닐 수 있었다. 사람들은 이런 생각을 거의 하지 않았고, 되도록 생각하지 않도록 주의했다. 추종자들은 반대에 부딪히지 않고 모든 금지사항을 위반할 수 있었다. 이런 치욕에 맞선 저항은 개인이나, 작고 비밀스러울 수밖에 없는 비공식 집단에서 비롯되었다. 이 집단의 가치를 헤아릴 수는 없지만, 여기에는 무한한 위험에 뛰어들 준비가 되어 있는 헌신적인 소수의 남성과 (드물게) 여성들이 있었다.

물론 연합국과 그들의 정부도 대살육에 이르는 길이 유감스럽고 비난할 만하다고 생각했다. 그러나 평시라면 외교적 실수에 노출될 정도는 아니었고, 전시라면 즉각 반유대주의로 추정될 여론을 거스를 위험이 훨씬 적었다. 그러나 특히 미국은 이 문제를 심각하게 판단하거나 의문을 제기할 생각을 하지 않았다. 여론은 있는 그대로, 혹은 적어도 정부가 미리 판단한 대로 받아들여졌다. 인종차별적인 퇴역군인 단체나 기타 말 많은 집단들이 내세우는 여론도 마찬가지였다. 어떤 권위도 이들에게 맞서지 않았고, 반대 의견을 주장하지도 않았다. 오히려 사람들은 자유를 사랑하는 한 민족 내의 지배적인 영향력을 존중했다.

미국은 대對 독일 전쟁에 참전해야 할 정당성을 대중에게 설득하고, 실제로 전쟁에 참여했을 때는 애국열을 고조시키는 데 프로파간다를 활용했으나, 그 프로파간다는 별 효과도 없었고 그다지 적절하지도 않았다. 또한 이 프로파간다는 주변 지역에 원래부터 존재했던 반유대주의, 그리고 어떤 구실로 써먹기 좋은 반유대주의에 맞서거나 대응하기는커녕, 반유대주의를 진지하게 살펴보려는 시도조차 하지 않았다. 연합국과 미국의 지도자들은 반유대주의에 맞설 생각을 하긴 했지만, 그들은 1942년에 추방, 학대 및 대량 학살을 폭로하는 유럽발 정보를 접한 뒤 본능적이고 자발적으로 굴복하는 모습을 보였다. 그런데 영국 정부는 대중이 분노하자 즉각 행동에 나섰고, 루스벨트 대통령에게도 최소한 비슷한 조치를 취하라고 압박을 가했다.

1945년 4월, 아이젠하워 장군은 미국인들이 막 해방시킨 부헨발트 수용소를 보고 경악했고, 자신의 군대에게 그곳에 가서 공포의 모습을 똑똑히 보라고 명령했다. "우리는 미국의 병사들이 자신이 무엇을 위해 싸우는지 모른다고 들었습니다. 이제 그들은 적어도 무엇과 싸우고 있는지 알게 될 것입니다."[33] 이것이 검열 없이 공개된 정확한 정보였다면 미국의 병사들과 국민은 사실을 더 빨리 알았을 것이다. 우리가 그 사실의 본질을 물고 늘어져 공개적으로 싸웠다면, 그리고 그 사실을 '고백하는' 것이 불리하다고 판단하지 않았다면 그들은 더 빨리 알 수 있었을 것이다.

드와이트 아이젠하워는 분명 미국 병사들처럼 그리고 이제는 사실을 알게 된 대중처럼, 자신의 삶에서 가장 큰 충격을 경험했다고 선언했다. 그러나 수용소와 거기에 쌓인 시체, 실제로 수용소 생존자들이 발견되었을 때 느낀 놀라움이 잦아들자 충격의 효과는 사라졌다. 그때 느꼈던 감정이 잠잠해지고 분노가 사그라지자 이 문제들은 조용히 지나갔다. 제2차 세계대전 당시와 마찬가지로 이후에도 사람들은 무관심했고, 나아가 상황을 회피하는 데 그쳤다. 결코 언급되지 않은 공통의 의지는 상상할 수 없는 일을 감춰버렸다. 그러자 수용소를 떠올렸을 때 즉각 분노하는 데 반대하는 분위기가 자리 잡았다. 그러나 피해자들은 그 기억을 되살릴 때마다 온몸이 떨리거나 경직되었다. 그 일을 표현할 말은 부족했고 닿을 수 없는 회상의 문턱에서 사라져버렸다. 붕괴된 현실을 회피한 데서 분노가 일었다. 이 분노는 시효가 끝났다고 말하지는 않았어도, 곧 시대착오적이라고 선언될 재앙을 언급하는 것만으로도 압도적인 만족감을 드러냈다. 분노는 잔혹한 행위가 드러났기 때문이 아니라 거의 반사적인 만장일치에 가까운 결정으로부터 터져 나왔다.

"아니야! 아직 안 돼! 그만해! 그렇게는 안 돼!" 이런 이야기는 거의 다뤄지지 않았으나, 이 말은 과거에도 들렸고 지금도 들려오고 있다. 그러나 그것은 정말로 견딜 수 없는 수수께끼였고 지금도 그렇다. 사실 이 수수께끼에 대해서는 전혀 언급이 없었고, 있다 해도 극소수일 뿐이었다. "그만해! 이런 자기만족은 아니야! 이런 마조히즘은 안 돼! 우리는 더 이상 그럴 수 없어. 조용히 해!" 이런 말이 후렴구처럼 반복되었다. 그러나 비극은, 비극의 본질 그 자체인 인종차별로 말미암아 존재할 수 있었던 게 아닐까. 이 인종차별로 인한 결과를 더 이상 왈가왈부하고 싶지는 않지만, 인종차별은 아주 사소한 방식이라도 여전히 만연해 있고 거기서 바로 최악의 결과가 나타난다.

반유대주의의 지지가 얼마나 흔한 일이 될 수 있는지 모르는 사람은 이제 아무도 없다. 그러나 이 사실은 사람들이 알지 못하게 억압되었고, 과거의 공포를 암시하는 징후는 어떻게든 모조리 배제되었으며, 일체의 언급이 차단되었다. 어떤 민족에게든 그런 일이 아주 약하고 보잘것없고 가능한 어떤 형태로 반복되더라도, 사람들은 그 일이 반복되지 않게끔 원천을 차단할 생각은 하지 않았다.

예를 들어 국경 지역에서의 유대인 거부는 대부분 윤색되었고, 좋지 않은 사실들은 삭제되었다. 그러나 유대인 거부는 계속되었고, 사람들은 그들을 보고 뒤로 물러났으며, 그들을 본질적으로 다른 존재로 간주하는 우를 범했다. 그러나 반유대주의는 보다 일반적인 인종차별의 부수적 현상에 지나지 않았다. 인종차별은 식민주의, 아파르트헤이트 및 법적 효력을 지닌 여러 차별 관행에 뿌리를 내리고 공식적으로 인정을 받으며 세력을 떨쳤다. 나치 공포에 거부하는 분위기에도, 이런 차별들은 끄떡없어 보였다. 사람들은 식민주의를 용인하기보다 여전히 권장하고 찬양했다. 유럽의 유대인을 학살한 직전의 과거는 보편적 사건이 아니라, 한 괴물 같은 부류가 어느 지역에서 저지른 여러 혐오스러운 사실들을 모아놓은 것으로 인식되었다. 나치라는 부류가 사라지면 우리는 이런 일들을 잊을 수 있고, 적어도 전력을 다해 잊으리라 생각했다.

사람들은 생존자들이 더 이상 말하고 싶어 하지 않는다고들 했다. 아마도 그 이유는 그들의 이야기를 들어줄 사람이 없었거나, 그들이 말하기를 꺼렸기 때문일 것이다. 사람들은 인간 본성에 대해 너무 잘 알고 있었으면서도 아무 데도 귀를 기울이지 않았다. 프리모 레비Primo Levi*가 아우슈비츠에서 돌아왔을 때의 현실과 거기서 겪은 악몽은 정확히 일치했다. 그는 꿈속에서처럼 귀가 전혀 들리지 않는 상태에서 말할 수 없는 것을 말하려 시도했다.**

하지만 어쩌면 우리는 오히려 지옥에 관한 이 기억에 대해 너무 많은 이야기를 들은 게 아닐까. 혹은 이런 비논리적인 이야기에 스스로 동화될 수 있다는 사실을 깨달으며 어떤 불안감을 느꼈던 게 아닐까. 어쩌면 도달할 수 없는 것에 너무 쉽게 접근할 수 있다는 사실이 드러났을 수도 있다. 무엇보다 문명의 근원이며 가장 세련되고 모범적인 유럽에서, 세계의 바로 이곳에서, 지금까지 상상할 수 없었던 인간의 음울한 가능성에 그토록 쉽게 접근할 수 있다니…. 흥분이 가라앉았을 때, 우리는 너무도 익숙한 공간에서 발생한 이 야만적인 사건이 여전히 이 시대와 너무 가까이에서 일어났다는 사실에 안심할 만큼 무감각하지는 않았다. 우리는 받아들일 수 없는 것을 괜찮다고 생각할 만큼 갇혀 있거나 폐쇄적이지는 않았다. 금지되어야 할 것은 충분히 금지되지 않았다! 현기증! 그것은 확실히 봉인되지 않았고, 그 일에 대한 면역력도 충분히 생기지 않았다. 위험! 듣지 마라. 입을 다물어라. 그러나 침묵은 침묵하지 않으며, 결코 입을 다물지 않는다. 침묵은 최악의 상황

- 1919~1987. 이탈리아의 화학자로, 유대인을 탄압하는 파시스트 정부에 대항해 저항운동을 벌이다 아우슈비츠 수용소에 수감되었다. 전쟁이 끝나고도 오랜 시간 유럽 각지를 떠돌다, 아우슈비츠 수용소의 삶을 기록한 첫 책 《이것이 인간인가 Se Questo e'un Uomo》를 출간했다. 그 후 가족에 대한 죄책감과 수용소에서 겪은 트라우마로 인해 스스로 생을 마감했다. ─ 옮긴이
- •• 그의 책 《이것이 인간인가》는 출간 17년 만에 성공을 거두었다.

을 보호하려는 듯 그 상태를 유지했다.

유대인 가족 전체가 몰살당하지 않았을 경우, 추방자들의 가족은 각자의 정부로부터 그 어떤 개별적인 유감 표명도 듣지 못했다. 죽었는지 살았는지 혹은 아직 존재하는지 모르는 이들(대부분이 그랬다)의 흔적을 찾으려는 노력을 입증하는 어떤 메시지도 듣지 못했다. 잔인한 희망과 불확실한 고통을 끝내줄 발표가 없었으므로 가족들은 더 힘들었다.

이들이 살해당했다는 사실을 확인하거나 인정하는 어떤 추후 발표도 정보도 없었다. 공식적인 애도는 물론이고 다른 형태의 애도도 없었다. 희망을 중단하고, 이들이 죽었다고 판단할 날짜와 시간이 공표된 적이 없었기 때문이다(경우에 따라 나중에 공증인이 상속을 개시할 수 있는 기한만이 명시되었다). 애도를 허용하는 구체적인 신호는 없었다. "울어도 됩니다"라고 말하는 공식적인 목소리도 없었다. 여론을 불편하게 하는 깊이 있는 애도는 불가능했다. 몰살된 추방자들의 가족은 망자의 사망 날짜나 다른 세부사항을 전혀 알지 못하는 경우가 대부분이었다. 공포가 어떤 것이라는 개념만이 널리 퍼졌다. 그러나 국가 및 개인 차원에서 각 사건을 인정하고 알림으로써 사망자들과 그들의 유가족을 사회 조직으로 복귀시키려는 가장 평범하고 기본적인 조치는 취해지지 않았다. 각 가족에게 전하는 메시지도, 어떤 해명이나 최소한의 유감 표명도 없었다. 그들을 보호하지 못한 데 대한 최소한의 책임이 국가에 있음을 알리는 제스처도 없었다. 기념일이나 무덤, 집회도 없었다. 유족은 장례를 치르지 못했고, 대신 기일을 정해놓지 않고 평생 애도했다. 이것은 모호하고 공허한 원시 상태의 무無, 낯섦, 공포였다. 상황이 끝난 뒤에도 태만, 유기, 거리 두기는 여전했다.

사람들은 망자에 대한 존중심이 부족했고, 아무런 인식 없이 이 상황을 받아들였다. 극히 일반적인 이야기도 곳곳에서 즉각 억압당했다. 억압이 침묵을 강요했지만, 사소한 말 한마디나 아주 작은 기억에도 사람들은 질린다며 짜증을 냈다. 그리고 수년간 모두들 침묵하라고만 했다. 수용소에서 돌아온 시몬 베유Simone Veil•는 자신이 그 이야기를 꺼내려 했을 때 사람들이 얼마나 지루해하고 성가시게 생각하는지 알 수 있었다. "생존자가 별로 없었는데도 사람들은 우리의 생존을 중요하게 생각하지 않는 것 같았다."[34] 삶은 다시 시작되었다. 그러나 아무도 하지 않은 질문에 어

• 1927~2017. 프랑스의 법조인이자 정치인. 제2차 세계대전 당시 아우슈비츠, 비르케나우, 베르겐벨젠 수용소에 수감되었다가 살아남았다. 이후 프랑스 정부에서 보건부 장관을 지냈고, 여성 권리를 위해 활동했다. 2000~2007년에 '쇼아(홀로코스트) 추모 재단' 회장을 역임했고, 2018년 팡테옹에 안장되었다. ─ 옮긴이

떻게 답을 한단 말인가?

위기의 시기에 상황을 말로 표현하는 것이 얼마나 필요한 일인지 오늘날 우리는 잘 알고 있다. 특히 훗날, 당시 억눌러야 했던 것을 말로 표현하는 일은 꼭 필요하다. 진행 상황을 파악하려면, 무엇보다 어느 정도 정치적으로 사건을 기록하는 일이 필수적이다. 표현을 억압하는 것은 역사를 왜곡하고, 이후의 역사와 실제로 크게 어긋나며, 사실을 회피하는 것보다 더 역사를 훼손한다. 우리는 인종차별의 환영에서 정말로 시체가 등장하는 것을 두 눈으로 확인하고 싶었을까? 그런데 시체는 환영이 아니라 실제 존재했다.

아마도 어떤 이들은 인종차별과, 차별에서 비롯된 계급과, 오만함이라는 쉽고 간단한 수단들을 포기하고 싶지 않았을 것이다. 이 수단들은 (거짓) 정체성의 기준과 권력 감정의 근원이며, (수많은 지배 본능을 키우고 적개심을 흡수하는) 강박관념을 배제하고 즐기기 위한 구실에서 비롯되었다. 이런 관행은 매우 무감각하게 지속되었고, 이 관행 때문에 발생했으나 또한 이 관행으로 인해 끝난 대재앙에 비하면 무해하게 보였다. 역사의 사건이 그렇듯 주인공과 목격자는 캐스팅에 약간의 변화만 있을 뿐 거의 바뀌지 않은 채 동일하게 유지되었다. 그러나 역사의 흐름이 바뀌어도 인간 자체는 본질적으로 크게 달라지지 않았다. 이 역사가 흘러가고 계속 이어져도 군중은 그대로였다.

제2차 세계대전 이후에는 반유대주의 폭력과 극단적 공격성이 회피되고 억압되었다. 반유대주의 현상은 사라졌고 지금은 약화되고 희미해져 거의 감지할 수 없다. 이 현상은 이제 침묵하거나 속삭이며 수면 아래 잠재되어 있다. 그렇지만 간단히 말해 상습적이고 관례적인 것이 되었다고 해서 반유대주의를 무해하다고 볼 수 있을까? 결국 제도적 인종차별 비슷한 것은 수년간 상식적이고 좋은 것으로 여겨졌다. 유대인을 포함해 거의 모든 서구인이 정치적으로 제도화되고 전통적인 식민지의 인종차별 지지자에 해당할 것이다. 이들은 양심에 거리낄 것이 없었고, 해외 영토와 그곳 주민에 대해 분명하고 유일무이한 진실을 고수한다고 확신했다. 이 진실은 현행 관습과 법, 현지인들의 복종, 자선을 베푼다는 망상에 의해 강화되었고, '문명화라는 사명'은 모범적인 것으로 간주되었다.

이 호의 속에는 여전히 반유대주의적인 '감정'이 맴돌았고, 사람들은 그 감정을 신중하게 유지한다면 전혀 개의치 않을 정도로 너그럽게 그 감정을 잊었다. 이 본능은 지워버리거나 침범할 수 없고 널리 퍼져 있으며, 한마디로 자연스럽고 결과적으로 합법적이었다. 사실 이 본능은 그 현상의 뿌리 깊은 곳에, 아주 깊숙한 곳에 정체되어 있는 것 같았다. 이 얼마나 순진무구한 태도인가.

우리는 바로 이 '감정'과 태도를 그림자에서 오려내고,

관례에서 뿌리 뽑고, 면밀한 분석에 노출시키고 넘겨주어야 했다. 이때 우리는 충격으로 흥분한 상태에서, 아직 가까운 과거를 직시하고 최근의 비극을 정치적으로 바라보며, 탄식하지 않고 정확하게 그 비극을 조사하고 다시 생각했어야 하지 않았을까? 어쩌면 그때 인종차별이 진부하고 하찮은 게 아니란 사실을 발견했어야 하지 않았을까? 인종차별은 아무리 사소해도 매 순간 범죄와 관련되고 범죄를 부른다. 각각의 인종차별은 다른 모든 인종차별을 지지한다.

이런 사실은 정확하게 인식되지 못했다. 한 시대의 삶은 역사와, 역사의 어떤 날들이 상징하는 것과 거의 일치하지 않는다. 나치즘의 폐지는 상습적이고 기계적인 인종차별주의의 폐지를 의미하지 않는다. 인종차별주의의 위세는 여전히 강했고, 너무 평범하고 널리 퍼져 있어 자연스러운 본질처럼 보였다. 또한 아무도 그에 대해 논의하지 않았지만 발 빠르게 확산되었다. 나치 시대는 사라졌고 도를 넘는 행위도 막을 내렸다. 우리는 이제 그런 일을 할 수 있는 사람이 아닌 게 확실해 보였고, 우리가 사는 곳은 예방접종을 해서 면역력이 생긴 영역임이 증명된 듯했다. 그곳에서는 심각한 인종차별이 더 이상 일어날 수 없고, 단연코 도를 넘는 행위도 없었다. 더욱이 그 영역에서는 반유대주의를 따르지만 않는다면 모든 게 명확해 보였다.

그러나 식민 지배와 갖가지 아파르트헤이트는 문제없이 받아들여졌고 지지를 받았다. 또한 식민 지배는 지혜롭고 피할 수 없는 일로 여겨졌다. 본국 시민들은 그렇게 생각했다. 많은 민족이 공식적으로 종속당하고 강대국의 수중에 넘겨졌다. 식민주의는 무대장치의 일부였고, 종속당한 국가에 무대가 마련되기도 했다. 민주주의 국가들은 식민주의 이데올로기를 중시했고 사회주의 국가들도 이 이데올로기에 동조했다. 그리고 여성들은 어디서나 말 한마디 없이 열등한 지위를 받아들였다. 임의적인 계층 구조도 여전히 기승을 부렸다.

구경

이런 식민지 시대의 상황에서, 열등한 민족인 아랍인들이 살고 있는 땅을 사용하면 되겠다는 생각을 유엔이 자연스럽게 받아들였다 해도 그리 놀랍지는 않다. 종주국 입장에서는, 멸시받는 자들이 사는 땅을 다른 멸시받는 자들에게 주는 것보다 더 간단하고 더 자연스러운 일이 어디 있겠는가? 그들끼리 알아서 해결하라는 말이다. 그들이 서로 싸운들 무슨 상관인가! 벌거벗은 여인들이 진흙탕에서 몸싸움을 벌이는 모습을 구경하듯, 사람들은 아랍인과 유대인을 유심히 지켜보았다. 강대국들은 중재자 역할을 했다. 이스라엘은 (비록 변두리에 있긴 하지만) 이 지역에서 안테나 역할을 할 서구 집단의 일원이기 때문에 이점이 있었다. 사람들은 원인 제공자를 우호적으로 제거함으로써 유대인에 대한 후회와 죄책감은 물론 혐오감까지 없애려 했다.

이처럼 종주국들은 60년 전이 아니라 전쟁 직후인 1948년에, 자연스럽게 식민지화할 수 있다고 판단한 민족이 살고 있는 땅을 마음대로 이용하고, 그 땅을 나눠줄 권리를 무리 없이 가지는 것이 정치 윤리에 전적으로 부합한다고 보았다. 즉 아랍 땅의 일부를 유럽에 의해 희생당한 유대인과 시온주의자의 욕망에, 그들의 의지에 내주는 것이 정치 윤리에 부합한다고 본 것이다. 유대인은 팔레스타인을 오로지 그들 조상의 고향이자 피난처이며 자기들의 나라로 정의하기로 결정했다. 그들은 "영국이 영국인의 땅이듯이, 우리는 팔레스타인을 유대인의 나라로 만들 것"이라고 선언했다.

따라서 이 극복할 수 없는 부채의 채무자는 오로지 서구인이었고, 이 부채는 그 원인과 전혀 상관없는 민족을 희생해 줄어든 것처럼 보였다. 무시해도 좋은 존재로 여겨진 아랍 민족은 가장 최근에는 영국의 지배를 받았고, 지금까지 다양한 세력에 속박당해온 가난한 아랍인들이었다.

유엔은 이스라엘 국가를 인정하는 이런 제스처로 서구

가 전쟁의 교훈을 이해했다는 사실을 보여주려 했다. 또한 이제 유대인은 인정받고 있고, 그들을 사랑하고 받아들이기 위한 적극적인 노력이 이루어지고 있음을 보여주려 했다. 유럽이 아닌 다른 곳, 팔레스타인에서….

이로써 서구는 제3자를 통해 그간의 과오를 뉘우치고, 불행한 사건과 원치 않는 이민자로부터 양심과 영토를 둘 다 지키며, 중동 지역으로 나아갈 발판을 마련할 수 있었으니 행운이 아닐 수 없었다. 이렇게 탄생한 이스라엘 국가는 서구 입장에서 유대인을 위한 피난처로서 핵심적인 역할을 맡게 되었다. 최소한의 논리와 최소한의 윤리로 그들은 더 이상 피난처가 필요치 않다고 보았다!

그러나 사실은 그렇지 않았다. 사람들은 나치의 반유대주의를 이론적으로 혐오스러워했지만, 피난처를 찾던 유대인 생존자들은 사람들로부터 격리되었다. 가난한 유대인들에겐 생계수단이 없었다. 그중에서도 앞에서 언급한 수십만 명은 나치 강제 수용소에서 해방되었으나, 독일과 오스트리아의 경우 갇혀 있던 바로 그 수용소에 몇 년간 또다시 계속 머물러야 했던 이들도 있었다. 그들은 다른 곳에서 거부당했다. 민주주의자를 자처하는 이 오만한 나라들은 유대인을 받아들일 수 없었다. 그들 중 누구 하나 유대인을 맞아주지 않았고, 그들의 혼란을 막아주지 않았다. 무엇보다 이민 할당량은 과거와 변함없이 그대로 유지되었다. 이민 할당량을 늘린다는 생각은 감히 할 수 없었다!

이 현상을 외국인 혐오증이라 해야 할까, 반유대주의라 해야 할까? 분명 둘 다일 것이다. 여기에 잔혹 행위를 상징적으로 대표하는 자들이 내가 사는 땅에 물밀 듯이 밀려들어올 거라는 두려움이 더해졌다. 사람들은 이들을 무시할 수 없었기 때문에 잊어버리려고 애쓰면서도, 잔혹한 일을 겪고 그 흔적이 몸에 밴 사람들에게 어렴풋한 원망을 느꼈다. 이 얼마나 아이러니한 일인가! 이스라엘에서도 같은 일이 벌어졌다. 유럽 수용소의 유대인 생존자와 나치즘의 재앙을 면한 이들은 원칙적으로 그들의 나라인 새로운 나라에 도착하자마자 하찮은 대우를 받았다. 유엔이 이스라엘 국가를 인정하는 과정에서 이들의 불행한 처지가 결정적인 역할을 했지만, 이스라엘의 시온주의자들은 바로 그 불행 때문에 이들을 극도로 경멸했다.

시온주의

꿈

시온주의자에게 이스라엘은 피난처가 아니라, 태고의 권리로서 되찾은 조국과 같은 곳이었다. 시온주의자에게 '이스라엘의 땅'이라는 뜻의 '에레츠 이스라엘Eretz Israël'은 늘 수동적으로 고통받아온 피해자 유대인의 시대가 이제 끝났음을 알려주는 증명서와도 같았다. 그들은 피해자라는 진부한 이미지 대신 단호하고 근면하며 타협을 모르는 수호자의 이미지를 내세웠다. 쉽게 공격성을 드러내고 심지어 호전적인 이 수호자는 유럽 유대인의 역사를 상징하는 '비참함'이라는 딱지를 떼버리고 싶어 했다. 시온주의자는 복수를 바라지 않았고, 유대인 피해자가 겪은 비극을 갚아줄 마음도 없었다. 그들은 이 비참한 이미지를 없애기 위해 유럽에서 그들의 자리를 포기했다. 오직 나라를 세우는 것만이 중요했다. 그렇게 한 페이지가 넘어갔다. 그들은 호전적이고 활력이 넘치며 심지가 곧고 억척스러운 일꾼이 되기를 바랐다. 이 일꾼이 내린 유일한 결론은, 유럽의 비극에서 자신은 더 이상 약자나 고통받는 자의 역할을 맡지 않겠다고 거부하는 것이었다. 그들은 고문자들에 맞서 무기를 들고 싸우지 않았다는 이유로 생존자와 몰살당한 사람들을 비난하면서 나치즘의 순교자를 깎아내렸다. 앞서 언급한 것처럼, 이런 비난은 인간이 역사에서 저지르는 절대적 오류, 정치적 오해, 연민의 부족 혹은 현실 감각의 전적인 부재로 이어지는 몰이해에서 비롯되었다.

시온주의자는 '새로운 인간상'을 원했고, 유토피아라고 생각했던 이스라엘 조국이 현실이 되는 것을 목격했다. 이 개척자들 앞에, 수용소와 나치 유럽에서 살아남은 유대인이 지치고 기진맥진한 상태로 도착했다. 그들은 여전히 얼이 빠진 듯했고 현실과 동떨어져 있었으며, 대부분은 이곳과 어울리지 않았다. 그들은 새로운 것이기를 바란 이 나라에서 침묵했지만, 존재만으로도 비인간적이고 케케묵은 이야기를 말하는 것 같았다. 개혁적인 사람들은 이 이야기마저도 지우고 싶어 했고, 그에 대해 너무나 부당한 태도를 보였다. 이제 지나간 일이 되기를 바랐던 이 이야기가 그들의 개인적 기억과 다시 맞물렸기 때문이다. 이 이야기는 전쟁 내내 그들의 무력함과 무관심을 보여주었고 수없이 후회를 불러일으켰다.

그들은 팔레스타인에서 무엇을 했는가? 나치즘의 피해자들이 팔레스타인과 무슨 상관이 있는가? "당신들이 우리에게 전령을 보냈더라면…" 유럽의 유대인들은 이렇게 유감을 표했다. 그리고 이스라엘의 작가이자 영화 제작자인 하임 고리Haïm Gouri는 다음과 같이 회상했다. 당시 유럽의 유대인들은 "이스라엘 땅에서 그들에게 소식을 전해줄 단 한 사람이 필요했다. 단 한 사람이면 충분했는데 그 한 사람은 오지 않았다."

많은 시온주의자들이 유럽의 유대인을 구출하는 것(불가능한 일이었다)보다 이스라엘 건국을 마음속 깊이 우선시했다. 1942년에 다비드 벤구리온*은 이렇게 선언했다. "유럽의 유대주의에 닥친 재앙은 내가 관여할 일이 아니다." 또한 그는 1950년에 '이스라엘 유대인 기구The Jewish Agency for Israel'의 장을 맡았을 때, (1942년 당시를 떠올리며) "국가 조직을 위해 유대 민족 동원을 핵심 강령으로 내세운" 사실을 "실수"로 인정했다.¹

그는 제2차 세계대전 중 유럽의 유대 아동을 이스라엘에 데려오려면 비용이 너무 많이 든다며, 그들을 유럽에서 추방하지 못하게 막을 비현실적이지만 있을 수 있는 가능성에 대해 이렇게 주장했다. "팔레스타인에도 유대인이 있다." 그러나 유대 아동 1,000명을 영국으로 보내는 방안과

---

* 1886~1973. 시온주의 지도자로, 1948년에 이스라엘 국가 설립을 선포했다. 1948~1953년과 1955~1963년에 이스라엘 총리를 역임했다.

그중 절반만 팔레스타인으로 데려와 구출하는 방안 중에서, 그는 절반만 구하되 에레츠 이스라엘을 택하겠다고 말했다. "독일에 있는 모든 유대 아동을 영국에 정착시켜 구하거나 그중 절반만 팔레스타인에 정착시켜 구하는 방법이 가능하다면, 그래도 나는 두 번째 방법을 선택할 것이다."[2] 이에 대해서는 노코멘트하겠다.

수용소 생존자들은 존중을 받았을까? 아니 적어도 그들이 겪은 공포에 대해 보상을 받았을까? 헤아릴 수 없는 내면의 불행을 덜고, 우울하지만 지금 여기 있다는 기적을 기념해주는 선의를 느껴보았을까? 그런 상상을 해보지만, 실상은 전혀 그렇지 않았다. 그들은 정력적인 새 프로젝트에 부적합한 약골이고 겁쟁이였다. 이미 1940년에 모셰 샤레트Moshe Sharett•는 영국의 거부에도 합법적이든 아니든 팔레스타인으로 들어온 유럽 유대인 난민에 대해, 바람직하지 않은 '인적 물자'의 입국을 허용했다며 항의했다.[3] 그러면서 '쓸모 있는 사람'과 '하층민'을 선별하지 않았다고 불만을 토로했다. 전쟁 이전, 즉 나치 시기 초기에 팔레스타인 영국 위임 통치령의 지원을 받은 시온주의자들은 제3제국과 협상에 나설 수 있었다. 한나 아렌트에 따르면[4] 시온

• 1894~1965. 원래 성은 셰르톡Shertok이며, 당시 이스라엘 유대인 기구 정치부 국장이었다. 1948년에 이스라엘 외무부 장관을, 1953년에 총리를 역임했다.

주의자들은 일정 수의 유대인을 수용소에서 빼낼 권한이 있었고, 수용소에 수감된 유대인 가운데 '젊은 유대인 개척자'를 선발할 임무를 맡은 사절을 급히 파견했다. 1943년까지만 해도 이츠하크 그륀바움Itzhak Gruenbaum**은 이스라엘 국가를 건설할 수 있는 유대인 1만 명을 선별해 구출하는 것이 '기껏해야 쓸모없고 짐스러운' 존재가 될 100만 명을 구하는 것보다 더 낫다고 생각하지 않았는가?[5] 한 가지 사실은 분명하다. 다비드 벤구리온이 이스라엘 유대인 기구의 책임자 중 한 명인 그륀바움에게… 유럽 유대인 구출 임무를 맡겼다는 사실이다!

전쟁이 끝난 뒤 아우슈비츠 및 다른 수용소의 생존자들은 부적합한 '인적 물자'로 여겨졌고, 곧 '쓰레기'나 '찌꺼기'로 불리게 되었다. 그륀바움은 "이 사람들은 쓰레기가 되었다"라는 말까지 했다. 그들이 지은 첫 번째 죄는, 시온주의자들이 인력 부족으로 곤욕을 치르고 있을 때 더 빨리 팔레스타인으로 넘어오지 않았다는 것이다.*** 나치가 정권을 잡자 벤구리온은 시온주의에 '풍요로운 힘'의 시기가 오기를, 독일로부터 많은 이민자들이 즉각 도착하기를 바랐다. 그러나 그런 일은 일어나지 않았다.

** 1879~1970. 양차 세계대전 사이 폴란드 유대인들 사이에서 유명한 시온주의 지도자였고 이스라엘 초대 내무부 장관을 역임했다. —옮긴이

설상가상 이 기대는 나치의 대량 학살로 완전히 무너졌다. "국가를 건설할 사람이 한 명도 남지 않을 것이다." 그때 여론이 공식적으로 폐기된 존재라고 여겼던 '나머지 유대인들'이 도착했다. 벤구리온은 "그들은 우리 말을 들으려 하지 않더니, 이제는 죽음으로써 시온주의자의 꿈을 방해했다"고 주장했다.[6]

오랫동안 고대해온 용맹한 개척자들은 어디에 있단 말인가? 유럽 유대인들은 전 세계에 퍼져 있는 적대감과 무관심에 짓눌린 채, 살아남기 위해 애쓰느라 말도 못할 정도로 힘이 다 빠진 상태에서 팔레스타인에 도착했다. 그들

••• 1997년 소설가 로버트 리텔Robert Littel은 이렇게 물었다. "의연하게 학살당한 유대인의 영웅적 행위와 존엄성에 대해 조금이라도 의심했습니까?" 그러자 시몬 페레스Shimon Peres는 이렇게 답했다. "우리는 그들의 삶의 방식에 동의하지 않았기 때문에 죽는 방식에도 동의하지 않았습니다. 우리는 그들이 디아스포라에 머무는 것을 원하지 않았습니다."(Robert Littell, *Conversation avec Shimon Peres*, Paris, Denoël, 1997) 페레스 전 총리는 살해당한 유대인들이 마치 자신들이 죽는 '방식'을 택하기나 한 것처럼, 그들을 죽이는 방식에 '동의하지' 않았다. 그는 감히 사람들이 그들을 죽인 방식이 아니라 그들이 '죽음을 맞이한 방식'을 비난했으나, 무엇보다 그들이 말살당하기 전 '삶의 방식'에 분노했다. 전 총리는 나치즘은 생각하지 않고 자신과 시온주의의 의도에 비협조적인 유대인들을 냉정하게 비판했다. 그는 분명 그들을 탐탁지 않게 생각했다. 그는 그들이 겪어야 했던 공포, 그들이 견뎌야 했던 죽음, 그들을 고문한 정권이 아니라, 말살당하기 이전 '삶의 방식'을 비난했다. 그는 마지막 순간까지 가슴 아프게도, 변변치 못한 유대인들의 삶을 비난했다. 대량학살은 처벌의 논리에 포함되지 않는단 말인가?

은 이미 팔레스타인을 피난처로 생각하고 있던 유대인들이 자신들을 불명예스럽게 생각한다는 사실을 깨달았다. 먼저 팔레스타인에 와 있던 남성과 여성들은 이들을 수치심을 불러일으키는 이민자들과 똑같이 취급했다. 이 여성과 남성들은 자신들이 '새로운' 존재라고 주장했고, 이들이 보기에 디아스포라는 쇠퇴를 상징하고 속죄를 요구했다. 어떤 면에서는, 나치즘이 먹잇감으로 삼은 사람들에게 덧씌운 불명예를 지지하는 이해할 수 없는 일이 벌어졌다. 이스라엘인들은 1961년에 아이히만 재판과 수용소 생존자들의 증언을 듣고 나서야 안타깝게도 이 과거가 실재했음을 깨달았다. 기자 신분으로 이 재판을 취재한 하임 고리는 충격을 받고 당시 이렇게 적었다. "수용소 밖에 있었던 우리는 마음속으로 판단했던 수없이 많은 사람들에게 용서를 구해야 한다. 우리는 우리에게 그럴 권리가 있는지 생각해 보지 않은 채 그들을 판단했다."[7]

사람들은 히틀러 정권의 표적이 된 이들을, 박해받았다는 그 자체로 불명예스럽게 생각했다. 이는 가장 강한 자가 지배하는 법칙의 교리에 굴복하는 태도였다(그 법칙은 유대인을 그토록 오래 괴롭히고 상처를 주고 살해했지만, 살아 있다는 느낌을 포기하게 만들지는 못했다). 디아스포라 유대인의 순교가 유엔으로부터 이스라엘 국가 창설을 얻어내는 데 얼마나 필수적이고 효과적인 밑거름이 되었는지, 사람들은 잊어버렸다. 1948년까지 시온주의자들은 비극적일 만큼 잔인한 분위기에서, 1922년부터 팔레스타인을 지배한 영국 위임 통치령 당국에 복종해야 했다. 하물며 그것이 나치의 굴레에서만큼 비극적이고 잔인했을까. 사람들은 두 상황을 비교할 수 없다는 사실을 잊어버렸다.

1939년부터 6년 동안 독일에 이어 오스트리아에서 유대인이 시련을 겪었다는 사실도 사람들의 기억에서 사라졌다. 히틀러는 유럽의 유대인을 모조리 말살하겠다고 위협했다. 유대인의 상황은 절망적이었고, 세계의 모든 국경은 실제로 그들에게 문을 닫아걸었다. 당시 팔레스타인의 시온주의자들은 그해 영국에서 발표된 백서Livre Blanc의 법령을 따라야 했다. 법령에는 앞으로 5년간 팔레스타인으로 들어오는 유대인 이민자 수를 7만 5,000명으로 제한한다는 조항이 있었는데, 이것이 바로 전쟁과 대량 학살을 불러왔다. 덧붙이자면 입국이 허용된 소수의 이민자 가운데 연합국의 적국에서 온 자들, 말하자면 (곧 거의 전 유럽으로 세력을 확장할) 나치 치하에서 살았거나 거기서 죽어가던 이들은 모조리 잠재적 스파이로 간주되어 거부당했다.

영국이 취한 이런 조치들은 다음 수순을 밟았다. 팔레스타인 내 유대인 이민자 수가 점점 늘어났다. 앞서 언급한 것처럼 팔레스타인을 "영국이 영국인의 나라이듯 유대인의 나라"로 만들려는 속셈을 숨기지 않았던 이들은 팔레스타인 땅을 사들이고 차지했다. 이런 전략이 공공연히 수립되자, 19세기 말부터 아랍인들은 점점 더 뚜렷하고 거세게 우려와 거부를 표시했다. 아랍 국가들이 새로운 대규모 이민에 맞서 전면전에 돌입할 위험이 있었다. 그들은 연합군이 중동에 개입하기 위한 작전을 벌일 때 이를 교란시킬 사건을 일으킬 수도 있었다. 논쟁이 벌어졌다. 그러나 상징적인 의미는 고려하지 않더라도 그렇게 좁은 영토에서 수용 인원을 제한하는 일은 크게 중요하지 않았다. 더구나 모든 나라가 국경을 폐쇄하지 않았다면 수용 인원 제한 같은 일은 벌어지지도 않았을 것이다. 팔레스타인 국경 폐쇄는 유대인에게 다른 출구가 없다는 사실, 세계에는 어떤 출구도 없다는 사실을 부각시켰다. 나치가 점령한 나라들은 대체로 유대인을 냉정하게 거부했고, 다른 서구 국가들은 담담했으며, 대부분은 까다로운 태도를 보였다.

전쟁과 학살이 벌어진 5년 동안 나치는 세력을 확장했고, 극에 달한 히틀러의 범죄는 그 실체를 드러냈다. 모든 나라가 국경을 닫아걸자, 팔레스타인 시온주의자들은 영국의 강압적인 권한과 힘에 굴복하고 그들이 취한 조치에서 벗어날 수 없게 되었다. 상황이 여의치 않으면 팔레스타인이 구원자 역할을 할 수 없을지도 몰랐다. 유럽의 유대인에게는 팔레스타인도 다른 나라와 마찬가지로 들어갈 수 없는 나라가 될 수 있었다.

전쟁이 끝나고 살아남은 사람들은 자신의 생존과 권리의 정당성을 방어하고 증명하기 위해 싸울 힘이 남아 있지 않았다. 모든 나라가 온 세상에서 버림받은 이 사람들을 확실하게 거부했다. 새 나라 이스라엘은 이들을 위해 세워졌지만, 여기서조차 그들은 의무적으로 마지못해 받아들여졌고 대부분이 이들에게 적대적이었다. 민주주의 국가에서라면 연대하는 분위기가 당연했겠지만, 이제 확실히 국경이 닫힐 일 없는 유대인의 조국 이스라엘은 연대를 거부했다. 이런 반응을 보면 "당신이 힘이 있느냐 보잘것없느냐에 따라…"•와 같은 격언이 떠오른다. 이것은 힘의 문제가 아니었다. 그들은 그저 실패한 신세였다.

시온주의자들이 보기에 이 실패에는 변명의 여지가 없었다. 그들의 열정과 선택은 그들이 이용했던 동족의 비극이 아니라, 그들이 갈망했던 호전적인 승리자 쪽으로 향했다.

보통 매우 정확하고 동시에 통찰력 있는 한나 아렌트는 1950년에 시온주의자를 이렇게 표현함으로써 이런 관점에 동참하는 듯했다. 아렌트는 시온주의자를 "전투와 성공적

• **17세기 프랑스 시인이자 우화 작가 장 드 라 퐁텐Jean de la Fontaine이 쓴 《흑사병에 걸린 동물들Les Animaux malades de la peste》에 나오는 구절로, 원래 문장은 다음과 같다. "당신이 힘이 있느냐 보잘것없느냐에 따라/법정의 판결이 당신을 희거나 검게 만들 것이다." 흔히 '유전무죄 무전유죄'의 뜻으로 해석된다. ―옮긴이**

승리로 얻은 새로운 존엄성을 통해 히틀러가 자행한 도륙boucherie의 치욕을 지우려 애쓰는 유럽의 유대인 세대"**로 묘사했다.⁸ 여기서 승리란 당연히 아랍인에 대한 승리였다. 그런데 아랍인들과 벌인 싸움에서 얻은 '명예로운 승리'가 대체 어떻게 유럽에서 겪은 나치의 침략을 지워버린단 말인가? 나치의 침략은 서구 전체의 무관심과 암묵적 용인으로 무장한 유럽인에 의해 자행된 것이 아니던가? 한나 아렌트는 여기서 무엇을 강조하는가? 위력을 보여주려는 것인가? 아니면 유럽의 분쟁을 아랍인에게 떠넘기려는 것인가? 히틀러가 죽어서 더 이상 모욕을 줄 사람이 없어졌을 때, 히틀러 사후 다른 곳에서 벌어진 전투를 통해 히틀러와 그가 준 모욕에 복수할 능력을 증명하려는 것인가? 유럽에 책임을 묻지도 않은 채 유대인이 떠난 사실을 위업으로 미화하려는 것인가?

이 생존자들이 잃어버린 존엄성 가운데 어떤 존엄성을 되찾아야 할 것인가? 그들은 어떤 굴욕에 대해 어떤 복수를 했는가? 피해자가 되었다고 해서 영웅의 자격이 주어지는 것은 아니지만, 그렇다고 존엄을 빼앗긴 패배자의 자격

** 여기서는 '도륙boucherie'이라는 단어가 부적절하다는 점에 유의해야 한다. 나치에 의한 유대인 학살은 '피를 흘리는' 경우가 드물었다. 가스, 굶주림, 고된 노동, 고문을 통한 말살은 피를 보이지 않는 경우가 대부분이었다.

이 주어지는 것은 더더욱 아니다. 생존자들은 본의 아니게 극한을 넘어서는 고통을 경험했고, 지옥에 대한 모든 정의 중에서도 예측할 수 없는 지옥을 지나왔으며, 완전한 파멸에 맞닥뜨렸다. 이것이 그들에게 일종의 존엄성과 한 가지 앎의 형태를 부여하며, 이로 인해 그들은 적어도 존경받을 자격이 있다.

그러나 무엇보다 사람들은 피해자들이 '손에 무기를 들고'(대체 어떤 무기가 있었단 말인가?) 이 '도륙'에 맞서 싸우지 않았고, 싸우지 못했다고 비난하며 모욕했다. 그런 짓을 저지른 자들, 당시 그런 짓을 부추기거나 허용하는 데 열정적이었거나 무관심했던 대중은 모욕당하지 않았다. 팔레스타인의 유대인은 피해자들에게 아무것도 요구하지 않았다. 그런 짓에 동참하지 않았지만 공개적으로나 구체적으로 개입하지도 않은 채 냉정하게, 사정을 알고도 일부러 내버려둔(이것도 일종의 기여라 할 수 있다) 서구사회 정부들에게도 아무것도 요구하지 않았다. '모욕'이 피해자나 생존자에게 해를 입히지 않았다면, 그 이유는 희생자를 포함해 인류 전체가 공공연히 타락했기 때문이다. 그러니 그들이 비난받았다고 말할 수 있을까?

모욕? '모욕'이 문제가 아니다. 겁쟁이들이 만행을 저질렀고 비겁한 국제 세력이 그 만행을 방조했다는 게 문제다. 그것은 피해자들의 비겁함이 아니라 그들의 외로움 solitude

을 드러냈다. 이러한 고립isolement으로부터 전 세계가 보여준 냉소주의를 바탕으로 얼마나 어마어마한 범죄가 자행되었는지가 드러났다. 진짜 범죄자와 공범들은 비무장 상태의 사람들에게 폭력을 행사했는데도 정작 그들을 비난하거나 그들에게 책임을 묻지 못한 채, 대신 무력한 피해자들에게 비난을 돌리고 앙갚음하고 수치심을 준다는 것이 어딘가 이상하지 않은가?

한 새로운 국가의 개척자들이 그 자체로 특수성을 지닌 운명을 분명하게 겪으며 지나온 사람들을 모으고, 인정하고, 존중하면서 이런 반응을 보였다는 점이 이해하기 힘들다. 그리고 개척자들은 이들을 조롱했다.

한 국가가 자신의 영토를 획득했다는 이유로 비극적 과거를 거부하고, 어찌 보면 지나칠 정도로 힘이 넘치고 굴복을 모르는 새로운 국민의 이미지를 갖고 싶어 한다는 건 인간적인, 너무도 인간적인 반응일지 모른다. 너무도 고통스럽고 두려운 과거, 참을 수 없는 기억에서 온갖 반응이 나타났고, 이 과거와 기억 때문에 피해자들은 계속해서 악몽을 꾸었다. 피해자들을 위해 세워진 조국은 여전히 그들에게 적대적이었고, 여기서는 침묵이 최선이었다. 또한 대중은 그들에게 낙인을 찍고, 손가락질하고, 내쫓고 싶어 했다.

피해자들에게 이런 현실은 강제 수용소에 갇혀 고문

을 당하고 몰살당한 시기로 돌아가는 것이나 다름없었다. 동포들에게 모욕을 당하고, 또 모욕을 당했다는 이유로 비난받던 시기로 돌아가는 것이었다. 예를 들어 재난 속에서 의지할 곳 없이 버려진 피해자들은 자신들이 삶을 잃게 되리란 것을 알았기에 나치 당국에 보내는 편지에서 선처를 구하지 않았다. 동포들은 이런 피해자들을 이해하지 못했고, 그들을 비난하고 경멸했다. 피해자들에게 삶은 더없이 소중했고, 그들은 "한 시간의 삶이라도 그것은 여전히 삶이다"라고 말했다.[9] 그들은 삶을 잃어버린 순간에도 여전히 사랑할 용기를 잃지 않았고, 이 상황을 받아들였으며, 죽음을 피할 수 없다는 사실을 알고 있다고 선언했다. 1944년 5월 3일 부다페스트 유대인 의회 의원들은 헝가리 내무부 장관에게 편지를 보냈다. 죽음을 앞둔 이들은 이 죽음의 공포를 조금이나마 덜고자 분명하게 요구하기 위해 편지를 쓴 것이다. 그렇다, 어쩌면 개척자들은 이들에게 이런 요구를 할 자격이 없다고 판단했을지 모른다.[10] "우리가 이번 청문회를 요청한 것은, 채택된 조치에 항의하기 위해서가 아니라 단지 이 조치가 인도적으로 적용되기를 요청하기 위해서라는 말씀을 드리는 바입니다."

이것은 순종인가 금욕주의stoïcisme인가? 그때 누가 그들을 위해, 그들과 함께 직접 나서서 싸웠는가? 이 전쟁의 무시무시한 소용돌이 속에서 그들을 위해 구체적으로 누가 긴급하게 개입했는가? 당시 그들의 동시대인들은 무엇을 했는가? 특히 팔레스타인에 피신해 있던 그들의 친척들은 그들에게 왜 팔레스타인에 있지 않았느냐고 비난하는 것 외에 무엇을 했는가? 이 끔찍한 운명으로 인해 사람들은 수 세기 동안 반복적으로 '이성을 잃었고',[11] 매번 새로 지옥이 생겨났다. 하지만 일부 유대인은 이 끔찍한 운명을 더 이상 치명적인 것으로 받아들이지 않았다. 이들의 필사적인 거부와 놀람을 어떻게 확실히 이해하지 않을 수 있겠는가?

19세기 말에 탄생한 시온주의는 1,500년 동안 다른 사람들이 거주하고 있던 팔레스타인에 유대인을 위한 땅, 즉 '보금자리Foyer'를 요구했고 이어서 한 국가를 요구했다. 시온주의는 신성한 명령을 주장하는 것과 별개로, 자연스럽게 당시의 분위기와 철학, 기존의 식민지 논리를 근거로 삼았다. 식민지 논리는 강대국들이 외국인이 살고 있는 낯선 땅과 그곳 주민들을 마음대로 할 수 있도록 허용하고 이런 분위기를 조장했다. 그러나 역사는 프랑스에서 시작된 주요한 정치적 사건과는 반대 방향으로 흘러갔다. 1791년 프랑스혁명 당시 한 법은 일반법에서 유대인을 배제하는 악의 뿌리를 뽑아버렸다.[12] 이 법으로 유대인은 그 나라 사람들과 마찬가지로 '법적으로 평등하고 가치 있는 인간으로 인정받고 대우받게' 되었다. 정치적 윤리와 하나의 논리로 향하는 길이 열렸고, 이제 이 논리는 극적인 퇴행을 감수하면서 그에 반대하는 사소한 위기나 분쟁으로부터 방어되어야 했다. 그리고 그것은 보편화되어야 했다.

창시자들

이런 관점에서 시온주의는 정복이나 해방의 이야기라기보다는, 테오도어 헤르츨Theodor Herzl*의 정치적 포기와 실망이 반영된 체념과 낙담의 이야기다. 첫 번째 정치적 포기 이후 그는 반유대주의를 기정사실로 받아들였다.

시온주의는 헤르츨 이전에 이미 존재했던 개념이고, 그는 이를 몇 년간 무시해왔다. 그런 면에서 헤르츨을 시온주의의 창시자라고 할 수는 없겠지만, 공식적이고 활동적이고 체계적이며 국제적으로 인정받은 시온주의의 상징이자 매우 독특한 창시자라고 할 수는 있을 것이다.

헤르츨은 몸이 약하고 건강이 좋지 않았으나, 스스로

• 1860년 헝가리의 부유한 부르주아 가문에서 태어나 18세에 빈으로 이주했다. 그가 보기 드물게 솔직하고 자발적으로 날마다 일기를 쓴 덕분에 그의 삶은 매우 상세하게 알려졌다. 출처가 없는 인용문은 모두 그의 일기에서 발췌한 것이다. 헤르츨에 관한 많은 정보들은 에른스트 파벨Ernst Pavel이 쓴 그의 전기 《테오도어 헤르츨, 유배의 미로Theodor Herzl ou le labyrinthe de l'exil》(Paris, Seuil, 1992)에서 가져온 것이다.

를 세계주의자로 생각한 활동적인 사람이었다. 그는 외모가 출중하고 우아하며 매력적이었고, 매우 부유한 부모•• 밑에서 외동아들로 자랐다. 그는 "소중하고 선하신 내 부모님은 내 평생 가장 사랑하는 분들이며, 내가 죽는 순간까지 감사와 가장 따뜻한 사랑을 드려야 할 분들"이라고 말했다. 평생 그는 부모에 대한 애착이 몹시 강해서, 그의 아내 줄리와의 관계가 위태로울 정도였다. "당신 같은 사람 수천 명이 온다 해도… 어머니를 다치게 하느니 당신을 내 집에서 쫓아낼 거야."•••

헤르츨은 법학도이며 소설가였으나, 극작가로서는 대단한 재능도 없고 성공을 거두지도 못했다. 그러나 헤르츨의 숭배자이자 제자였던 슈테판 츠바이크Stefan Zweig에 따르면, 저널리스트로서는 '대중이 선호하는 눈부신 재능'으로 커다란 명성을 얻었다. 헤르츨은 오스트리아 빈 사회에 매우 깊이 동화된 유대인으로, 유대 전통이나 종교에 냉담했고 뿌리 깊은 적대감을 보였다. 헤르츨의 외아들인 한스가 할례를 받지 않았다는 것만 보아도 잘 알 수 있다. 헤르츨은 시온주의의 위대한 선구자가 되었으나, 공공연히 안식일을

•• 아버지 야코프 헤르츨은 자수성가한 사람으로 헝가리은행 은행장으로 은퇴했다.
••• 그러자 줄리도 덤벼들었다. "방금 한 말을 또다시 했다간 당신 얼굴에 침을 뱉고 때려줄 거야."

어기곤 했다. 또한 빈의 가장 영향력 있고 위대한 랍비 모리츠 귀데만을 집에 초대해놓고 가족과 크리스마스트리 주변에 둘러앉아 그를 매우 화나게 한 일도 있었다. 이처럼 그는 일상생활에서 유대인 사회에 자주 충격을 주었다.

지속적인 건강 악화는 그를 이른 죽음으로 이끌었다. 쇠약해진 그는 44세에 세상을 떠났다. 결혼 생활은 처참했고,* 몸이 허약하여 건강 상태는 점점 나빠졌다. 특히 기념비적 프로젝트와 관련하여, 그는 비정상적이라 할 만큼 열정적이고 끊임없이 활동을 펼쳤다. 주로 장거리 여행이 계속되면서 그의 기력은 점차 약해졌다. 또한 열정과 용기만으로 대규모 사업을 사실상 혼자 진행하다 보니 스트레스가 이만저만이 아니었다. 그는 전문 기자로 4년간 파리 특파원으로 활동했고, 빈에서 가장 크고 권위 있는 일간지 《신자유언론Neue Freie Presse》**의 문학부장 등을 병행하면서 스트레스가 심해졌다. 그는 죽는 날까지 《신자유언론》의 두 사주 밑에서 일했다. 이들은 한 국가의 창설을 협상했으나 정작 《신자유언론》은 국가 창설에 관해 언급하기를 거부했다!

- • 헤르츨의 아내 줄리의 고통을 목격한 한 의사의 비밀 보고서에는 이런 기록이 있다. "문제의 핵심은 여성이다. 그들은 끊임없이 불화를 일으켜 여성뿐 아니라 남성 모두를 파괴한다." 줄리는 3년 뒤 39세의 나이로 세상을 떠났다.
- •• 또한 그는 시온주의 신문 《세계Die Welt》를 창간했고 거의 혼자 이끌었다.

헤르츨은 기자라는 직업 덕분에 최고위급 인사들 앞에서 단번에 영향력 있는 인물로 급부상했다. 그럼에도 그는 "치가 떨렸지만 내 아이들의 일용할 양식을 위해 일을 그만둘 수 없었고 《신자유언론》에서 견뎌야" 했다며 불만을 토로했다. 그의 일은 "치욕스런 노역"***이지만 필요했고, 아내의 상당한 지참금과 다른 모든 수입이 그의 대의를 위해 순식간에 사라졌다. 그는 이미 전설적인 영광을 충분히 누렸으나 우울증으로 자주 침잠했고, 죽기 3년 전 41세가 되던 날 이런 글을 적었다. "걸음을 서둘러야 한다. 나를 늙고 지치고 가난하게 만든 이 운동을 시작한 지 곧 6년이 되어간다." 헤르츨이 애초에 세우려던 시온주의는 이런 모습이 아니었다. 그러나 짧은 생애 마지막 9년 동안 시온주의의 창시자가 되고자 했던 그 끈기야말로, 그가 처음에 바랐던 것보다는 덜 귀족적인 길로 그를 이끌었다.

그는 자주 "일에 시달렸고 번민하며 매우 불행해했다." 그러나 유대인이란 조건 때문에 "실제로 영혼 깊은 곳까지 마음이 움직인 것은 아니었고", 정치적으로 반유대주의와

*** 그는 자신이 주관한 제3차 시온주의대회를 마치며 1899년 8월 일기에 이렇게 썼다. "자유를 맛보고 일주일간 주인이 된 뒤에 나는 《신자유언론》의 비천한 노역으로 돌아가야 한다. 거기에서 나는 내 개인적 의견을 가지는 것조차 허락받지 못한다." 1902년 그는 일상적인 일 때문에 영국 식민부 장관 조지프 체임벌린과의 만남을 한 달 연기해야 했다. 그때에도 후회와 해고에 대한 두려움으로 고통스러워하던 그는 신문사 사주들에게 알리지 않은 채 런던으로 떠났다.

싸운 적도 없었다. 오히려 그는 반유대주의를 불가항력적인 기정사실로 받아들이는 방침을 따랐고, 파리에 있을 때는 "반유대주의를 역사적 차원에서 이해하고 심지어 변명하기 시작했다"고 썼다.

1895년 1월, 여전히 파리에 있었던 헤르츨은 드레퓌스 대위가 공개적으로 추락하는 것을 목격했다. "이 사건이 대체 어디서 일어났는가? 프랑스에서 일어났다. 인권선언이 나온 지 100년이 지난, 근대적이고 문명화된 공화국 프랑스에서." 같은 시기 폭력적인 반유대주의 선동가 카를 뤼거 Karl Lueger•가 빈 시장 선거에 출마했다(젊은 시절 히틀러는 뤼거에게 경도되어 훗날 뤼거를 "모든 시대를 통틀어 가장 위대한 독일인 시장"이라고 칭하며 이렇게 덧붙였다. "카를 뤼거 박사가 독일에 살았다면 우리 민족의 위인 반열에 들었을 것이다."[13]).

그때 이후 헤르츨은 해방이 궁극적으로 실패할 것임을 직감하며 이렇게 말했다. "동화assimilation라는 원인도 이제 사라졌다." 그는 반유대주의에 맞서 싸워 봤자 소용없다고

• 1895년에 프란츠 요제프 1세 황제는 카를 뤼거가 지나치게 반유대주의적이라고 판단하여 그의 당선을 인가하지 않았다. 뤼거는 1897년에야 시장이 되었다(1910년까지). 오늘날에도 빈에서 가장 유명한 도로들 중 하나에 '카를 뤼거 링(도로)'이라는 이름이 붙어 있다! 이 도로는 빈 시청사 정원을 따라 뻗어 있다. 1번 도로에는 빈대학교가 있고, 2번 도로에는 유명한 부르크극장이 있다. 그 부근에는 의회가 있다. 히틀러가 본보기로 삼은 인물들 중 하나인 반유대주의 성향의 시장이 이런 명예로운 대접을 받는 것에 누구도 놀라지 않는 것 같다.

마음을 정했다. 반유대주의 주장을 반박하고 그 목표에 반대하며, 알프레드 드레퓌스 지지자들 편에 서서 인종차별의 쇄도를 막아야겠다는 생각은 하지 못했다. 그는 반유대주의 '논리'를 직접 공략해 그 논리에 따랐다. 그가 보기에 '드레퓌스 사건'은 단순한 사건이 아니었다. 그에게 그 사건은 극복할 수 없는 장애물이자 최종적인 결론이며 피할 수 없는 증상을 의미했다. 그에게 그 사건은 자연스러운 포기와 참된 소명을 둘 다 경험할 수 있게 해준 동기였다. 그것은 이 포기에서 비롯된 운동의 리더라는 소명이었다.

헤르츨은 이미 1894년에 《신자유언론》에서 함께 일한 동료였던 루트비히 슈피델Ludwig Speidel에게 이렇게 선언했다. "나는 반유대주의를 이해합니다…. 사실 반유대주의는 유대인 해방의 결과로 나타난 것입니다."** 그러나 반유대주의는 그보다 훨씬 먼저 나타나지 않았는가! 프랑스에서는 헤르츨의 주장이 그가 자주 방문했던 몇몇 살롱에서 활발하게 논의되던 주장과 일치했고, 덕분에 그는 기자로서 인기를 얻었다. 이렇게 그는 파리 생활에 뛰어들었다. 헤

** 프랑스는 1789년 대혁명의 평등주의 정신으로, 프랑스 사회에서 소수를 차지하던 프로테스탄트와 유대인에게 제도상의 평등을 보장했다. 프랑스 사회는 유대인을 이방인이 아니라 국민으로 인정했고, 1791년 가장 먼저 유대인에게 완전한 시민권을 부여했다. 그러나 반유대주의 감정은 사라지지 않았고, 프로이센-프랑스 전쟁의 패배로 치솟은 배타적 민족주의와 더불어 반유대주의는 극단적으로 변모했다. ─옮긴이

르츨은 한 달에 한 번 알퐁스 도데Alphonse Daudet•와 점심식사를 했는데, 도데는 헤르츨에게 반유대주의 감정을 숨기지 않았다. 헤르츨은 이 자리에서 악명 높고 사악한 유대인의 적 에두아르 드뤼몽Édouard Drumont을 만났다. 드뤼몽은 〈유대인의 프랑스La France juive〉라는 팸플릿으로 성공을 거둔 악랄한 작가로, 헤르츨은 "내 개념적 자유의 상당 부분은 드뤼몽에게서 왔다"라며 공감을 표했다.

헤르츨은 반인종주의자가 될 재목은 아니었다. 그렇다면 반유대주의자는 될 수 있었을까? 그에 따르면, 유대인은 오로지 이런 숙명을 피하기를 바랄 수 있을 뿐이다. "나에게는 아들이 하나 있다. 그 아이의 행복을 위해 나는 내일이 아니라 오늘이라도 당장 개종하여, 아이가 되도록 빨리 기독교 공동체에 속하게 하겠다. 그래서 유대인이라는 이유로 내가 당했고 앞으로도 계속 당해야 할 고통과 모욕을 피할 수 있기를 바란다." 그럼에도 그는 "유대인 동료들

• 1840~1897. 프랑스 소설가이자 극작가로 〈별〉, 〈마지막 수업〉 등 서정적인 작품을 남겼다. 그의 반유대주의 성향은 1869년에 발표한 소설집 《풍차방앗간에서 온 편지》의 등장인물인 알제리의 유대 노인에서 나타났다. 1873년에는 크리스마스 이야기 〈살베트와 베르나르두〉에 등장하는 고리대금업자 아우구스투스 칸을 통해, 프랑스 유대인을 부정적으로 묘사했다. 1886년 도데는 나중에 프랑스 반유대주의 전국연맹을 창립하는 에두아르 드뤼몽에게 돈을 빌려주는데, 드뤼몽은 바로 이 돈으로 〈유대인의 프랑스〉를 출판했다. 도데는 에밀 졸라와 친분이 있었으나 드레퓌스 반대파에 섰으며, 드레퓌스 사건이 마무리되기 전에 세상을 떠났다. ─ 옮긴이

이 박해를 받는 한" 그들을 저버릴 생각은 없었다. 헤르츨이 아들 한스가 어른이 되면 "나만큼 믿음이 깊지는 않아도 자신의 믿음을 포기하지 않을 만큼은 자존심이 강하기를" 바란 것처럼 말이다. 그는 바로 이런 딜레마에 맞닥뜨리지 않으려고 다음과 같이 결론 내린다. "유대인 소년들은 생각이 여물기 전에, 그러니까 아무 생각도 할 수 없는 어린 나이에 [기독교] 세례를 받아야 한다. 그들을 다수와 융화시켜야 한다."

따라서 헤르츨은 자신이 목표로 한 사람들의 이탈을 반유대주의에 대한 유일한 해결책으로 제시하기 전에, 오히려 '모든 유대인이 일괄적으로 기독교로 개종'함으로써 그들이 사회에 정착하기를 바랐다. 개종은 복종을 뜻했지만, 창시자 헤르츨은 개종을 스펙터클하고 성대하며 높이 평가할 만한 일로 보았다. 그는 1895년 성령강림 대축일 일기에서, "일요일 정오 대낮에 생테티엔 성당에서 엄숙한 행렬과 종소리가 울려 퍼지는 가운데" 그의 주관하에 치러질 개종을 꿈꾸었다. 35세의 헤르츨은 자신이 "이미 빈 대주교와 이 문제에 대해 이야기를 나누었고 교황과 논의했다고" 생각했다. 매우 진지한 그의 계획은 대부분 이 세상의 위대한 인물들과의 접촉을 꿈꾸는 백일몽에서 생겨난 것으로 보인다.

먼저 나는 차르가 러시아 유대인을 내보낼 수 있도록 그와 협상할 것이다(우리의 보증인 웨일스 공이 나를 소개할 것이다). 그러고 나서 카이저와 협상하고, 그다음 협상 대상은 오스트리아가 될 것이며, 이어서 프랑스와 협상할 것이다. 황실로부터 존중받고 싶다면 가장 등급이 높은 훈장을 받아야 한다. 영국부터 시작하자.

결국 이 상상 속 만남 가운데 상당수는 실제 성사됐다. 예를 들어 1898년 그는 카이저의 중재로* 오스만제국의 압둘하미드 2세(재위 1876~1909)가 땅을 양도하도록 설득하고자 했다. 헤르츨은 매번 떨리는 희망을 안고 엄청난 외교적 노력을 기울였고, 필요한 자금도 투입했다. 그러나 오랫동안 꿈꿔온 최고 정상들과의 회담에서 손톱만 한 결과물조차 한 번도 얻지 못했다. 그러나 헤르츨은 이미 새로운 목표에 도전장을 내밀었고, 실망하더라도 '실력을 보여줬

---

* 헤르츨은 이탈리아 국왕, 교황, 영국 및 러시아 장관들과도 함께했다. 황제 앞에서 헤르츨은 너무 흥분한 나머지 대화 전체를 기억하지(어쩌면 듣지도) 못했다. "전에 황제의 모습을 상상해본 적은 있지만, 황제라는 존재의 호흡이나 삶은 상상해본 적 없다." 그는 "특히 더할 나위 없이 훌륭하고 섬세하기 그지없는 색인 회색" 장갑을 선택한 것에 이보다 더 만족할 수 없었다. 이 만남에서 얻은 것은 없었다. 그럼에도 헤르츨은 이렇게 결론 내렸다. "이 만남은 유대 역사상 길이 남을 것이며, 전 세계 역사에 영향을 미치는 것도 불가능하지는 않을 것이다." 그가 완전히 잘못 생각한 것이었을까?

다'고 확신하며 언제나 곧바로 다시 일어섰다. 실패에 실패를 거듭하면서도 그는 '권력과 군주'에게 강박관념을 보였고, 이것은 일부 그의 본능적 행동이 되었다. 또한 이 정상회담은 그의 명분을 널리 알리고 국제적인 반향을 일으켰으며, 특히 국제외교 분야에서 매우 진지하게 받아들여졌다. 당대의 주권자들 및 여러 권력자들과 친분을 쌓을 수 있다는 헤르츨의 강박적 욕망과 그의 매력은 역사에 실제로 영향을 미쳤다. 이 욕망과 매력이 공식적이고 국제적으로 인정받은 시온주의, 무엇보다 가장 역사적인 시온주의를 존재하게 한 과정을 자극하고 선동했기 때문이다.

집단적 개종을 향한 헤르츨의 꿈은 유대 국가라는 동화 같은 비전으로 이어졌다. 유대인은 아르헨티나, 캐나다, 팔레스타인 그 어디든 상관없이 무엇보다 화려하고 세련된 나라에 정착할 것이다. "우리도 휘황찬란한 무도회, 정장을 입은 신사들, 최신 유행하는 옷으로 치장한 여성들을 갖게 될 것이다." 그는 아주 세부적인 사항까지 준비하여 호화로운 계획을 세웠다. "공무원은 모두 제복을 입어야 하고, 우아하고 용맹스럽되 우스꽝스러워 보여서는 안 된다. 대사제들은 인상적인 예복을 입을 것이다. 우리의 기병대는 노란 바지에 흰색 튜닉을 입고, 장교는 은제 흉갑을 단다." 그가 모델로 삼은 것은 중세 베네치아 공화국이었다.

헤르츨은 "로스차일드 가문이 합류한다면 초대 총독

은 이 가문에서 나올 것"이라고 내다보았다. 그의 아버지는 초대 상원의원이 될 것이다. 그리고 그는 이런 생각을 하며 눈물을 흘렸다. "언젠가 내 아들 한스를 총독으로 임명할 수 있을 것이다. 성전에서, 이 나라 지도자들 앞에서 그를 '각하, 나의 아들'이라고 부를 것이다." 그는 어떤 자리에 누구를 앉힐지도 이미 다 정해놓았다. 친구이자 극작가인 아르투어 슈니츨러Arthur Schnitzler에게는 극장을 약속했고, 또 다른 친구 막스 노르다우Max Nordau•는 "우리 아카데미의 훌륭한 총장이나 교육부 장관에 적임"이라고 생각했다. 그의 정치 강령은 다음과 같았다.

> 유일한 정부 형태는 귀족정이다…. 국가와 국가의 필요에 관한 한, 보통 사람들은 그런 것을 이해할 수 없다. 민중은 교육을 시킬 수 있는, 몸집만 큰 아이들의 집단에 불과하기 때문이다.

이제 행동 개시만 남은 상황이었으나, 9년 뒤 죽음이 그를 막아선다. 그사이 오페레타 같은 환상은 강제로 삭제되었고, 그의 생각은 덜 환상적이고 덜 반동적인 길로 접어들

• 1849~1923. 의사이자 시온주의자로, 유명한 에세이 《타락Dégénérescence》(1892)을 썼으며, 헤르츨과 매우 친했다.

었다. 이제 그것은 노동에 기반한 '모델 국가', '실험 국가'가 되었다. 중산층에 이어 마지막에 도착할 부유한 개척자들을 위해, 가난한 개척자들이 먼저 다져놓은 국가 말이다.

욕망

그러나 헤르츨의 직관에서 나오는 시적 섬광에는 욕망의 힘을 향한 본능에서 비롯된 특정한 환상적 현실주의가 담겨 있었다. 역시 1895년에 그는 미래의 후원자인 히르슈 남작baron de Hirsch에게 이런 편지를 보냈다.

> 우리는 오로지 예측할 수 없는 것에 대해서만 전체 국민, 특히 전 세계에 널리 퍼져 있는 국민들을 위한 정책을 수립할 수 있습니다. 독일제국이 무엇으로 건설되었는지 아십니까? 꿈, 노래, 환상 그리고 검은색, 붉은색, 금색 리본으로 지어졌습니다. 비스마르크는 몽상가들이 심어놓은 나무를 흔들었을 뿐이지요…. 환상적인 것만이 진정 사람들의 마음을 움직입니다…. 이 점을 이해하지 못하는 자는 결코 사람들을 이끌지 못하고, 역사에 어떤 흔적도 남기지 못할 것입니다.

헤르츨은 꿈과 무대 연출의 감각을 지녔고, 환상을 현실로 만들고자 하는 열정을 품고 있었다. 이상하게도 그는 줄곧 《잃어버린 시간을 찾아서》의 블로크˙라는 인물을 떠올렸고,[14] 속물(속물인 사람이 남들의 속물 같은 모습을 보면 스스로도 비웃을 것이다)이라는 예상치 못한 이미지에 반응했다. 그는 무엇보다 자신이 우러러보는(우러러본다는 사실이 유감스럽지만) 권력자들과 담판을 짓고 싶어 했지만, 그들의 경멸을 두려워했다. 또한 그는 때로 황홀경이나 고통스러운 분노, 무력감에 휩싸여, 즉각적이고 공격적이며 대개 아무 근거 없는 오만을 부리는 미숙한 행동을 늘 경계하고 방어했다. 하지만 자기보다 우월하거나 자신을 멸시한다고 생각하는 사람들 그리고 그를 매혹시키는 사람들 앞에서는 과감하게 권위를 세우기도 했다.

재력가이자 자선가인 히르슈 남작도 그중 하나였고, 후원자를 물색할 때도 헤르츨은 그를 가장 먼저 점찍었다. 팔레스타인의 로스차일드 가문처럼 '왕과 장관들의 측근'이었던 히르슈는 당시 아르헨티나의 광활한 땅에서 유대인 정착촌을 운영하며 유대인이 농부로 '새로운 삶을 살게' 되

• **알베르 블로크Albert Bloch는** 마르셀 프루스트가 쓴 《잃어버린 시간을 찾아서À la recherche du temps perdu》의 주인공 '나'의 유대인 친구로, 주인공의 할아버지나 아버지는 블로크가 집에 오는 것을 탐탁지 않게 생각한다. 이해관계에 투철한 출세주의자로 나중에 상류사회에 진출하는 데 성공한다. ― 옮긴이

길 기대했다. 헤르츨은 히르슈에게 정착촌에 대해 부정적인 생각을 전하며, 그에게 자신의 재정 후원자가 될 기회가 있음을 설명하고자 했다. 헤르츨은 히르슈에게 면담을 요청하는 대신, 남작에게 자신을 찾아오라고 요구했다. 결국 히르슈가 이를 받아들였고, 헤르츨은 열심히 22쪽짜리 문서를 작성하며 옷차림에도 신경 썼다. "전날 나는 일부러 새 장갑을 꼈다. 그래서 방금 상점에서 산 새것이 아니라 적당히 사용한 것처럼 보이게 했다. 부자들에게 너무 공손하게 굴면 안 된다." 그리고 그는 이 다짐을 철저히 지켰다.

1895년 6월 2일, 파리에 있는 웅장하고 호화로운 남작의 저택을 보고 '넋이 나간' 그는 남작에게 항의하고 모욕을 퍼부으며… 빈손으로 떠났다. 그리고 남작이 한마디도 못 하게 막고는 자신의 계획이 중단되었다며 불평했다. 이 유치한 장면에서, 오늘날까지 이어지는 역사의 중요한 한 장면이 탄생했다. 헤르츨은 이 실패**로 인해 번민과 굴욕을 느꼈고, 히르슈 남작에게 "걷거나 서 있거나 누워 있을 때, 거리에서나 탁자 앞에서나 밤에"라는 장문의 편지 초안을 썼다. 그는 이 편지를 끝내 보내지 않았고, 대신 이를 바탕으로 로스차일드에게 보내는 청원서를 작성했지만, 이마저

** **이듬해 남작이 사망하자 헤르츨은 "어쩌면 나는 그를 어떻게 다뤄야 했는지 몰랐던 것 같다"라고 시인했다.**

도 그의 서랍 속에 넣어두었다.

그러나 이 문서들은 시온주의의 발흥을 결정지을 《유대 국가L'État des Juifs》*의 바탕이 되었다.

헤르츨은 주모자로서든 피해자로서든, 처음부터 끝까지 허점투성이였고 허세도 심했다.** 그는 엄청난 에너지와 도발적인 소심함, 탁월한 카리스마와 고집스런 즉흥성, 끊임없이 압도되는 고통스런 감수성과 파괴적인 실망, 혈기왕성한 회복과 영웅적 인내심, 기술적 직관과 순진함을 보인 사람이었다. 비록 제대로 해내지는 못했지만, 그는 최소한 자신의 대단한 구상에 생명력을 불어넣는 데는 성공했다. 그가 더 이상 본받지 않을 사건을 본받아 자신의 역할을 정하는 한, 이 구상은 수정되어야 했다.

---

* 당시 이 작품은 L'État juif(유대 국가)라는 제목으로 번역되었다. 이 책에서는 더 정확하고 최근에 나온 번역판인 *L'État des Juifs*(Paris, La Découverte, 2003. 3)을 참고했다. [독일어 원문 제목은 *Der Judenstaat. Versuch einer modernen Lösung der Judenfrage*(유대 국가. 유대인 문제의 현대적 해결 시도)이다. — 옮긴이]

** 헤르츨은 오랜 협상 끝에 압둘하미드 술탄에게 영토를 양도받는 대가로 오스만제국 공채를 인수하겠다고 제안했(지만 소용없었)다. "우리는 튀르키예에 자금 청산에 2,000만 파운드를 들일 것이다." 그는 한 푼도 없었으나 재계의 유대인 거물들에게 기댔고… 이들은 사실 그에게 적대적이었다! 술탄이 이런 계획에 공을 들인 재정가가 누구냐고 물었을 때 그는 "나는 수수께끼로 가득한 침묵을 지켰다"며 뿌듯해했다. 결국 술탄의 손에 놀아난 것은 그였다.

헤르츨은 처음에 로스차일드 가문의 지원과, 그가 끌어들일 모든 주권자들에게 도움을 받아야겠다고 생각했다. 그러나 그를 지지한 것은 결국 그때까지 그와 일면식도 없던 가난하고 박해받는 유대인, 런던의 이스트엔드•••에서 비참하게 살아가는 유대인, 특히 포그롬의 피해자인 동부 게토의 유대인들이었다. 헤르츨은 그의 소설이나 희곡이 아니라 《유대 국가》라는 에세이를 통해 유명해졌다. 이 에세이는 그가 처음에 (잔뜩) 희망을 걸었던 로스차일드 가문이나 재산과 권력으로 명성이 자자한 인사들이 아니라, 여기저기에서 온 수많은 힘없는 유대인들을 열광시키는 데 성공했다. 이미 그에게 확신을 가졌던 이들은 화려하거나 속물적 성격 때문이 아니라, 근엄하고 지적이며 정치적 자질로 인해 뛰어난 이들이었다.

이제 그는 주로 은행, 언론사, 유대민족기금Fonds national juif(대중들의 가입으로 재정을 충당했다)을 설립하는 등 매우 실용적인 방향에서 자신의 꿈에 구체적인 틀과 수단을 마련했다. 그러나 무엇보다도 그는 수많은 지지자들의 응원에 힘입어, 1897년 8월 제1차 세계 시온주의대회를 개최했고 큰 성공을 거두었다. 대회가 끝나고 사흘 뒤 그는 이런

••• **산업혁명 후 공업지대와 항만지구가 형성된 런던 북동부 템스 강 북안의 빈민가를 뜻하며, 런던뿐 아니라 대도시의 빈민가를 속칭 이스트엔드East End라고 부르기도 한다. — 옮긴이**

글을 썼다. "나는 바젤에서 유대 국가를 구상했다. 내가 이 사실을 오늘 공개적으로 말한다면, 대부분 비웃을 것이다. 빠르면 5년, 늦어도 50년 뒤에는 확실히 모두가 인정할 것이다." 우리는 그 일이 51년 뒤인 1948년에 성사되었다는 것을 알고 있다. 그는 이렇게 말했다. "유대 민족을 향해 가장 타락하고 가장 혐오스러운 반유대주의가 맹위를 떨치는 이 시대에, 누더기를 깃발로 바꾸고 질 낮은 사람들을 이 깃발 주위에 모여 있는 민족으로 바꾼다는 건 어쨌든 대단한 일이다."

헤르츨이 '질 낮고', '어리석은' 자들로 본 사람들은 그에게 매우 추상적이고 낯선 존재였다. 그는 마음속으로 전혀 받아들이지 않았던 이들을 이끌어야 했다. "나는 수많은 젊은이, 걸인, 바보들을 지휘한다." 그가 옹호한 것은 이런 사람들이 아니라 '그의' 명분, '그의' 생각, 즉 그의 운명이었다. "이 명분이 나를 사로잡았다." 그러나 그는 그 명분이 옹호하는 사람들과 자신을 혼동하지 않았다. 그는 자신이 이 집단의 일원이라는 것을 유감스럽게 생각했을지도 모른다. 그는 1895년 7월 일기에서 이렇게 고백했다. "내가 무언가가 될 수 있다면 나는 유서 깊은 프러시아 귀족이 되기를 택하겠다."

어쨌든 헤르츨은 인종주의가 사라지거나 약화되는 데는 관심이 없었고, 인종주의를 흔들어보려는 시도조차 하지 않은 채 그저 회피하는 데 급급했다. 그에게 유대인 거부는 자명한 것이었고, 앞서 살펴보았듯이 그는 유대인 거부를 '이해하고 심지어 변호하기까지' 했다. 그는 "유대인 해방의 결과로 유대인이 다른 나라에서 이질적인 집단을 형성하면서 인종주의자의 반유대주의"가 나타났다고 생각했다. 인종주의자들이 얼마나 흡족해했겠는가. 그러므로 그는 "'반유대주의에 대항하는 방어 조직'을 만들려는 시도가 부질없고 쓸모없다"고 확신했다. 그는 반유대주의를 "홍수 같은 자연재해"에 비유하면서 이 자연재해 덕분에 "다윈 방식의 선택 과정이 발생하고" 그래야만 일부 유대인이 적응할 수 있을 거라고 생각했다! 또한 그는 반유대주의가 특수한 교육학의 일부이며, "대중에 의한 집단 교육 운동"을 보여줄 수 있다고 보았다.

반유대주의자들은 헤르츨의 생각이 자신들의 주장을 압축적으로 표현한다고 판단했다. 반유대주의자들은 이 점을 놓치지 않았다. 드뤼몽은 《유대 국가》를 열렬히 찬양했고, 그가 창간한 일간지 《자유 발언La Libre Parole》은 유대인 배척론자들의 성서로 일컬어지며 한결같이 헤르츨을 지지했다. 헤르츨은 자신이 근본적으로 반대하지 않는 한 현상, 분명 유감스럽지만 치명적이라고 생각하는 현상에 대해 논쟁해 봐야 소용없다고 판단했다. 그는 제 갈 길을 갔고, 자신의 계획을 수행했으며, 그 계획을 인정하고 정치적으로 신성화함으로써 그 현상을 무력화하려고 노력했다. 이처럼 헤르츨은 반유대주의에 맞서지 않았고, 오히려 반유대주의에서 출발했다.

헤르츨은 반유대주의에 반대하기는커녕, 최소한의 비용으로 추종자들의 목표를 만족시킬 수 있는 해결책을 모색했다. 즉 집단적이고 대대적으로 유대교를 거부하고, 전 세계 유대인을 가톨릭으로 개종시키는 방안을 제안했다. 그것이 무용한 일임을 깨닫고 다른 방안을 내놨다. 반유대주의자들이 거부하는 유대인을 그가 대신 추방해주겠다고 약속한 것이다. 유대인을 추방할 나라로 캐나다, 아르헨티나, 우간다를 고려했으나 팔레스타인이 선호 대상이 된 적은 거의 없었다.

헤르츨은 메소포타미아와 아나톨리아 지방, 키프로스 공화국과 레바논의 트리폴리, 우간다 및 강대국들이 마음대로 할 수 있고 경우에 따라 시온주의자들이 식민지로 삼을 수 있는 여러 지역과 교섭에 나섰다. 그는 이 나라들을 장난감 다루듯 하며 사실상 농간을 부렸다. 1903년, 조지프 체임벌린은 그에게 친절하게 이렇게 말했다. "여행 중에 내가 당신을 위한 나라를 봐두었지요. 바로 우간다입니다. 나는 '여기가 바로 헤르츨 박사를 위한 나라로구나'라고 생각했지요." 그러나 이 마지막 가능성은 포그롬에 희생된 러시아 유대인을 위해 시급히 피난처를 확보해야 한다고 노심초사하는 사람들과, 예루살렘으로의 귀환을 요구하는 사람들을 갈라놓았다. 후자가 승리했지만, 그렇게 빨리 승리를 얻지는 못했다.

결국 시온주의자 다수가 팔레스타인이라는 독점적 선택지를 포기하지 않았다. 이들에게 피난처라는 개념은 조국이라는 개념과 합쳐져, 어느 하나가 다른 하나의 구실로 얼마나 어떻게 작용할지 결정지을 수 없었다. 실제로 우리는, 유럽 출신의 대규모 유대인 이민자들이 진짜 원하는 것과 그들의 자발적 선택이 상징적인 예루살렘이 아닌 미국으로… 주저 없이 향하는 것을 보았다.

헤르츨은 자신의 국제적 계획을 교묘하게 제시하지 않고도 그의 주장을 높이 평가할 여러 정부에 자신의 명분을 내세울 수 있었다. 그들의 나라에서 유대인을 몰아내고, 이 천덕꾸러기들의 이주 가능성을 전면 차단하고, '혁명적 해결책'에서 그들을 제거하는 자신의 능력을 강조함으로써 가능한 일이었다. 그는 여러 정부들의 빈정거림이나 모욕을 받지 않을 수 없었다. 따라서 헤르츨은 자신을 지지하는 사람들과 러시아 시온주의자들이 분노했음에도, 1903년 러시아에서 뱌체슬라프 플레베Vyatcheslav Plehve를 만났다. 플레베는 차르제국의 저명한 정치인이자 광적인 반유대주의자로, 몇 달 전 일어난 최악의 포그롬 중 하나에 책임이 있었다. 알렉산드르 3세가 암살된 뒤 며칠간 지속된 이 키시너우 포그롬은 일련의 끔찍한 학살 사건 중 최초의 사건이었다.* 내무부 장관 플레베는 "귀환 없는 이주를 진심으로 지지한다"고 말하면서 자신이 "항상 시온주의 편이었다"고 덧붙였다. 헤르츨은 플레베의 동료이자 재무부 장관 세르게이 비테Sergei Witte에게 '격려'를 요청했는데, 그는 곧바로 이렇게 반박했다. "그러나 우리는 유대인에게 국외 이주를 장려하고 있습니다. 예를 들면 냅다 걷어차주는 것이지요."

오랫동안 철저한 반유대주의자였던 게르망트 대공**도 "유대인들을 모두 예루살렘으로 보내야 한다고 항상 주장하지"¹⁵ 않았던가?

헤르츨은 국외 이주가 "반유대주의 국가의 중산층에 벌써 신선한 공기를 불어넣는 효과를 보이고 있다"고 거듭

• 키시너우는 오늘날 몰도바공화국 수도로, 당시에는 러시아제국에 속했다. 이곳에서 1903년과 1905년 두 차례 반유대주의 학살이 벌어졌다. 1903년 4월의 제1차 포그롬 당시 50명 가까운 유대인이 사망했고, 많은 이들이 부상을 입고 가옥이 파괴되었다. 이 사건을 계기로 러시아 유대인들이 받는 박해가 전 세계적으로 공론화되었다. 한편 알렉산드르 3세가 암살된 뒤 포그롬이 며칠간 지속되었다는 본문 내용은 오류로 보인다. 알렉산드르 3세는 1894년 열차사고 후유증으로 사망했고, 암살당한 것은 알렉산드르 2세로 그는 1881년에 사망했다. — 옮긴이

•• 마르셀 프루스트의 《잃어버린 시간을 찾아서》에 나오는 질베르 드 게르망트 Gilbert de Geurmantes를 가리킨다. 게르망트 대공은 반유대주의자이자 열렬한 드레퓌스 반대파이지만, 나중에 드레퓌스의 유죄에 의문을 품고 자신의 잘못을 깨닫는다. — 옮긴이

주장했다. 즉 유대인 동포들의 존재가 그들을 질식시키고 있다는 데 동의한 셈이다. 더욱이 그는 이 배척받는 자들이 해방되어 서구를 떠나기만 하면, 그래서 동양에 자리 잡기만 하면, 그들은 유용한 존재가 될 수 있고 새로운 서구인이 될 수 있다고 보았다. 그럼으로써 "유럽 입장에서는 아시아에 대항하는 보루 역할을 할 수 있을 것이다. 우리는 야만에 맞서는 현대 문명의 진취적인 파수꾼이 될 것"이라고 주장했다.

헤르츨은 '현대 문명'의 특정한 야만성을 피할 피난처를 구한다는 생각은 아예 하지도 못했다. 그만큼 그는 현대 문명을 불가피한 것으로 보았고, 그 계층 구조에 집착했다. 또한 그만큼 그는 근본적으로 서구인이었다. 테오도어 헤르츨이 오로지 카이저를 다시 만날 목적으로 평생 단 한 번 예루살렘에 갔을 때, 그 더럽고 헐벗은 도시를 마주한 그는 솔직하게 이렇게 외쳤다. "먼 훗날 내가 너를 기억할 때, 오 예루살렘이여, 거기에 기쁨은 없을 것이다!"•••

이렇듯, 공식적인 시온주의 창시자인 헤르츨은 모순과

••• **그러나 그는 예루살렘으로 돌아온다. 1949년 8월 16일 이스라엘 의회 크네세트는 테오도어 헤르츨의 시신을 그의 '소중하고 선하시며 가장 사랑했던 부모님'의 시신과 함께 빈에서 이스라엘로 옮기겠다고 발표했다. 국장이 치러진 뒤 그는 예루살렘 인근에 안장되었으며, 이곳은 이후 '헤르츨 산'으로 불리게 된다.**

역설, 내면의 불안으로 가득 찬 인물이었다. 그는 유대인이라는 정체성을 벗고 싶어 했고, 적어도 자신이 속한 빈과 파리의 세련된 지식인 사회에서, 자신이 지배하는 사람들과는 다른 존재가 되고자 했다. 그는 일종의 왕으로 군림하려 했고, 실제 때때로 '헤르츨 전하'라고도 불렸다. 그는 유대인 대중과 섞이지 않으려 했고, 그들을 오로지 '다시 태어나야 할' 존재로 여겼다. 그는 유대인을 반유대주의자들로부터 구하려 했지만, 정작 반유대주의자들과 더 친밀감을 느꼈다. 그는 그들을 만족시키는 방식으로 유대인 문제를 해결하고자 했다. 반유대주의자들이 차마 공개적으로 요구하지 못했지만, 대부분이 내심 바라던 바를 그가 직접 주장한 것이다. 결국 유대인의 이주와 망명, 유대인이 사라지는 것이 그의 계획이 되었다.*

프루스트와 같은 시대를 살았던 헤르츨(프루스트보다 열한 살 위였다)은 블로크와 질베르 드 게르망트**를 떠올리게 하지만 유대인인 스완***과도 약간 닮지 않았는가? 자신이 병으로 죽어간다는 것을 알았던 스완은 드레퓌스 사건이 일어나자 친구들에게 언제나 "우선 그 사람들 모두가 사실은 유대인 반대파"라고 말했다. 그리고 스완은 "논란의 여지가 있는 이유를 대기보다는, 우리가 어쩌지 못하는 선입관이나 편견이 상대방에게 있다고 가정하는" 편을 선호하며 그들과 거리를 두기로 했다. 스완은 사교계 인사이자 심

미주의자이며 조키 클럽Jockey club**** 회원이었고, 포부르

• 헤르츨이 사망한 뒤 그의 가족은 기구한 운명을 겪었다. 그의 아내 줄리와 아이들은 무일푼이 되어 궁핍한 처지를 감당할 수 없었다. 줄리는 얼마간 보조금을 타내기 위해 자신이 증오했던 시온주의 운동을 열성적으로 지지한다고 주장했다. 그녀는 요양소 여러 곳을 전전하다 남편이 사망한 지 3년 뒤 39세의 나이로 세상을 떠났다.

헤르츨이 사망할 당시 14세였던 장녀 폴리나는 얼마 안 있어 남녀 문제로 수차례 추문을 일으켰다. 그 시대는 그녀를 '색정광'으로 묘사했다. 폴리나는 정신병원을 수없이 드나들었다. 결혼생활은 1년간 지속되었다. 몇 년간 종적을 감추었다가 병이 들고 모르핀에 중독되어 다시 나타났는데, 보르도 부근에서 부랑자로 체포되었다. 그녀는 몇 달 뒤 보르도에서 사망했고, 그녀의 동생 한스는 절망했다. 향년 40세였다.

한스는 (그의 아버지가 사망한) 13세부터 영국에서 살았다. 시온주의 보호자들이 그에게 할례를 시켰을 때 그는 15세였다! 케임브리지에서 뛰어난 성적을 거둔 그는 철학 박사 학위를 취득한 뒤 제1차 세계대전 때 영국군으로 복무했다. 그는 밀교에 매료되었고 수도자가 되고자 했으며, 융과 프로이트에게 자문을 구했다. 그는 침례교, 가톨릭, 개신교, 유니테리언, 퀘이커교로 연달아 개종한 뒤에야 시나고그로 돌아갔다. 폴리나의 장례를 치르기 몇 시간 전, 그는 자신의 부주의로 폴리나가 죽었다며 자책하다 보르도의 한 호텔에서 스스로 생을 마감했다. 그의 나이 39세였다.

막내딸 트루드(마르가레테)는 조울증을 앓았고, 역시 정신병원에 자주 수용되었다. 그녀는 자신이 아버지 뒤를 이어 시온주의 운동을 이끌 수 있다고 생각했고, 아버지처럼 여러 군주와 권력자들에게 편지를 썼다. 트루드는 1942년 정신병자로 추방되어 테레지엔슈타트 강제 수용소에서 사망했다.

트루드는 리하르트 노이만Richard Neuman과 결혼했고 할아버지를 닮아 잘생긴 아들 스테판 테오도어를 낳았다. 그는 케임브리지에서 수학한 뒤 제2차 세계대전 때 영국군 대위로 참전했다. 1945년에 그는 이스라엘로 가서 열렬히 환영받았으나, 그곳에 정착하지는 않았다. 1946년에 워싱턴의 커먼웰스 과학사무소에 자리를 얻었고, 두 달 뒤 매사추세츠 애비뉴 다리에서 투신자살했다. 헤르츨의 손자이자 유일한 후손은 28세였다.(출처: Ernst Pavel, *op. cit*)

생제르맹의 보배 같은 존재였다. 또한 그는 유대주의에 무심할 뿐 아니라 이방인이었고, 게르망트 공작은 "이 모든 것에도 스완이 은혜를 저버리고 드레퓌스파가 되었다"라고 말했다. 자신의 엘리트적 운명을 홀로 완수한 스완은 "괴롭힘에 시달리며 지쳐버린 짐승처럼, 이런 박해를 증오하고 조상들의 종교적인 품으로 돌아가고 있었다."

테오도어 헤르츨이나 샤를 스완보다 더 현실적인 마르셀 프루스트는 《잃어버린 시간을 찾아서》라는 소우주에서 당시 사회의 동요를 포착한다. 그는 게르망트 가문이 드레퓌스파로 태도를 바꾸게 된 이야기를 들려준다. 특히 게르망트 대공은 죽음이 가까워진 스완에게 이 사실을 털어놓지만, 대공부인에게는 지금껏 자신의 태도 변화를 숨겨왔기 때문에 감히 말하지 못한다.[16]

이 시대는 이러한 인식, 인식의 변화와 대립, 갑작스러운 충동과 분석에 정확히 부합하는 시대였기 때문이다. 그중에서도 특히 만천하에 드러난 반유대주의의 거부를 겨

•• 136쪽 두 번째 각주 참고. — 옮긴이
••• 《잃어버린 시간을 찾아서》의 등장인물 샤를 스완Charels Swann은 유대인으로, 드레퓌스 사건을 계기로 자신의 "찬미와 경멸의 온갖 기준을 드레퓌스주의라는 새로운 기준에 맞춰 재정립"한다. — 옮긴이
•••• 영국 상류층에서 경마와 승마를 즐기던 사교 클럽. 영국 이외의 국가에서도 점차 비슷한 클럽들이 생겨났다. 파리 조키 클럽은 1833년에 설립되었고 폐쇄적 성격이 강했다. — 옮긴이

냉한 정치 활동에 적합한 시대였다. 드레퓌스 사건이 잠재적인 증오를 드러냈다면, 그것은 증오의 표출에 대한 본능적이고 의식적이며 자발적인 반대를 드러내는 한에서만 잠재적이었다. 이 시대는 모든 정보가 서유럽에서 낱낱이 드러나는 결정적 순간이었다. 서유럽에서는 확실히 격정적인 분위기에서 모든 의견이 명확하게 표명되고 측정되었으며, 이런 과정을 거쳐 의견이 바뀌기도 했다.

결국 승리한 것은 알프레드 드레퓌스에 맞서 동맹을 맺은 모든 공식적 세력의 연합이 아니라 드레퓌스 대위의 지지자들이었다. 그러나 이 사실은 자주 망각된다. 드레퓌스 지지자들은 유대인이든 아니든 고집이 세고 가진 게 별로 없었으며 무엇보다 수적으로 열세였다. 하지만 고난의 시기에도 그들은 전능한 무리를 물리쳤다. 지배층에서 비롯된 가장 교활한 반역에 맞서 버티고 그것을 좌절시킨 것은 무엇보다 프랑스의 특정 여론이었다(물론 드레퓌스라는 인물 자체와 그의 위엄을 잊어서는 안 된다). 처음에 소수에 불과했던 이 여론은 점차 진실에 감명을 받고 불의에 분노했다.

승리는 너무 느린 속도로 얻어졌지만, 그 느린 속도는 모든 기회가 적에게 있는 것처럼 보이는 순간이라도 인내하는 것이 얼마나 중요한지 잘 보여주었다. 승리를 추구한다는 건 생각할 수도 없었고, 투쟁은 너무나 헛된 일로 여겨져 시도할 수 없었다. 그러나 패배할지언정 어떤 투쟁이나 저항도 결코 헛되지 않다. 따라서 굴복할 여지는 없었고 오히려 굳건히 버텨야 했다. 프랑스는 최악의 위기에서 전복되지 않았다. 이 영역에서 적법성은 전복을 금지했다. 이 사실을 의식하고, 가장 교활하고 과장된 불한당에 맞서 이 적법성을 결코 포기하지 않고 옹호해야 했다. 패배의 위험이 있고 그럴 가능성이 있더라도 그에 영향을 받지 않고 저항해야 했다. 드레퓌스 사건은 굴복해서는 안 된다는 당위성을 입증했다. 프랑스로부터 멀리 떨어진 곳에서 이 사실을 눈여겨본 이가 있었으니, 드레퓌스 사건은 유대인의 용기를 꺾거나 프랑스를 좌절시키기는커녕 한 리투아니아 유대인의 사기를 북돋웠다. "보잘것없는 한 유대인 대위의 운명으로 인해 분열되는 나라가 바로 우리가 서둘러 가야 할 나라다." 그리고 에마뉘엘 레비나스Emmanuel Levinas의 아버지는 프랑스로 이주했다.[17]

헤르츨은 유대인에게 적대적인 운동과, 드레퓌스 사건을 통해 초반에 승리를 거둔 운동만을 고려했다. 그는 이 사건을 빠른 시일 내에 극복하기는 어렵다고 판단하여 포기했고, 이 운동이 목표로 한 사람들을 (그의 지시에 따라) 탈출시키려는 노력만 했다. 그의 수법은 잘 알려져 있다. 헤르츨은 반유대주의자들이 유대인에게 제기한 바로 그 문제들(따라서 정보는 유대인에게 불리할 수밖에 없었다)에 대처하는 시늉을 하면서, 반유대주의자의 주장을 고려하고 그 주장을 통합함으로써 그들의 적대감에 대응했다. 헤르츨 자신이 요구한 유대인 퇴출이 목표인 상황에서, 반유대주의자들의 적대감은 타협 불가능하고 무엇보다 정당한 근거가 되었다(헤르츨은 그 정당성을 이해한다고 쓴 바 있다). 그는 유대인이 머물러야 할 자리가 다른 곳…에 있다는 사실이 중요하다는 그들의 견해에 동의했다!

그러나 헤르츨이 믿었(고 이후 다른 이들이 믿었)듯이 중요한 것은 정신 상태나 유전, 비합리적인 감상적 문제가 아니라 정치적 문제였다. 그는 제2차 세계대전 이후에도 실제로 제기된 적 없었던 이 문제들을 끊임없이 다시 거론해야 했다. 그의 계획의 성격상 테오도어 헤르츨은 인종주의 이데올로기에 반대하는 투쟁, 정치적 설득 작업, 정치적 거부 및 정치적 비판에 대한 가능성을 포기했다. 특히 서유럽에서는 결과야 어떻든 이런 일들이 필수적이었다. 이것은 유대인의 운명만이 아니라, 전 세계 차원의 정치적 운명, 일반적 윤리의 미래, 개인과 개인 생명의 합법성과 관련한 문제였다.

반유대주의는 사적인 문제가 아니고, 유대인과 다른 사람들 사이의 공동체적 문제는 (특히) 더더욱 아니었다. 모든 인종차별주의와 마찬가지로 반유대주의는 인류에 대해 (어쩌면 여기서는 반유대주의자에 대해 먼저) 의문을 제기하고 위태롭게 한다. 테오도어 헤르츨이 주도하지 않은 투쟁의 쟁점은 당시 문명의 패러다임으로 여겨져온 식민주의와 아파르트헤이트에 대한 비난을 보류한 것임을 기억해야 한다.

헤르츨은 반유대주의에 동의하고 순응하려는 그의 고정관념과 연결된 모든 외교적 수락과 타협에 대해, 자신이 더 이상 반대자가 아니라 잠재적 동반자로 생각한 사람들(그의 계획은 이들의 욕구나 거부에서 비롯된 것이었다)에 맞서거나 반대하거나 싸울 생각을 단 한 번도 하지 않았다. 이런 의미에서 그는 패배주의자나 다름없었다. 바로 이 패배주의로부터, 요컨대 부정적인 요소에서 출발한 명분을 향한 그의 열정이 탄생한 것이다! 그는 가장 긍정적인 결단력으로, 그리고 장기적으로는 매우 효율적으로 이 요소들을 끈질기게 옹호했다. 그 결과 이스라엘 국가는 마치 존재할 권리를 반박할 수 없다는 듯, 오늘날 엄연히 존재하고 있다.

그러나 유대인이든 아니든 모든 사람이 헤르츨의 길을 따르고, 그의 태도를 선택하고, 같은 확신을 경험하고, 똑같이 포기하기로 했다면, 알프레드 드레퓌스는 석방되지도, 무죄를 선고받지도, 복권되지도 않았을 것이다. 이 파렴치한 사건은 사실상 유예되었지만 지지자들은 굴하지 않았다. 그들은 이 파렴치한 사건에 분명하게 저항했고, 대부분은 반유대주의에 저항했다. 어떤 지지자들은 드레퓌스 대위의 부당한 운명을 결정하고 그로 인해 생겨난 불의에 특히 그리고 유일하게 반대했다.

이 저항은 법의 편에서 이루어졌고, 도발과 인종차별적 관용을 용인하지 않고 단 한 번도 정치적 해이를 보이지 않은 사람들 덕분에 논쟁에서 이길 수 있었다.

모순

아무리 강조해도 지나치지 않지만, 반유대주의는 법으로 제도화되지 않았다. 프랑스 유대인 해방은 한 세기 전 이루어졌고, 서유럽 국가에서는 자유, 인간의 보편성과 인간 권리의 원칙이 확산되었다. 사실에 기록된 것처럼 이 원칙은 반대자들의 저지와 제동에도 발전을 멈추지 않았다. 이 길을 가려면 지속적인 뒷받침이 필요하겠지만, 현재 이 길은 자리를 잡았고 올바른 정치를 통해 미래를 약속했다. 그러나 여기에는 빈틈없는 경계가 필요하다. 이 중대한 진보는 공격받을 수밖에 없기 때문에 방어를 게을리하면 안 된다. 진보의 적들은 평온의 시기에도 오랫동안 굴하지 않고 그 길을 저지했다. 그러나 수많은 장애물과 위기와 실망에도, 심지어 비극에도, 최악의 비극에도 흔들리며 버티더라도, 좌절을 겪어야 할 것은 바로 진보의 적들이다. 정치와 역사는 모든 안정성을 무시하고 지속성을 결코 보장하지 않으나, 패배는 몰락을 의미하지 않으며 몰락이 결론을 의미하지 않는다는 사실을 잊지 말아야 한다. 우리는 이긴 적도 없지만, 결코 완전히 진 적도 없다.

프랑스, 독일, 영국 및 역내 다른 나라들에서 유대인은 공식적으로 "다른 이들과 마찬가지로 같은 조건에 있는 시민"이었다.[18] 역사는 이 방향으로 나아갔고 확립되었으며, 이 방향을 두려워하고 인식할수록 더 격렬하게 거부하는 사람들의 히스테릭한 반응을 불러일으켰다. 중대한 전환점이 생겨나고 있었다. 행동하고 설득하며 꿈꾸는 헤르츨의 에너지와 남다른 능력이 존중을 바탕으로 한 역사의 기수를 이 방향으로 유지하고 강화하는 데 먼저 이용되지 못했다니 참으로 애석하다.

서유럽에서 얻은 이 자유와 평등은 귀한 실마리이자 그 자체로 권리이며, 유대인이든 아니든 모두가 그 정신을 주장할 수 있는 능력을 의미했다. 자유와 평등을 포기하고, 적들의 반동적 주장에 귀 기울이고 흡수하며, 거기서 멈추고, 이에 반응하지 않거나 오히려 반대로 적들의 비위를 맞추는 것은, 반동분자들의 지배를 인정하고 야만성에 반대하는 새로운 저항을 저버리는 것이 아니었을까? 동유럽의 포그롬과 서유럽에서 공식적으로 달성한 평등을 결합시킬 필요가 있었을까? 이후에 벌어진 일들이 그럴 필요성을 확증해주더라도(그러나 이후의 일들은 당시 어떤 입장을 취했느냐에 따라서도 달라질 것이다), 법적으로 확립된 자유, 정의, 존중(이런 가치가 여전히 부인되고 불법적으로 위반되는데도)이 아니라, 포그롬을 결정적인 것으로, 요컨대 전형적인 것으로 간주해야 했을까?

제1차 시온주의대회는 결론적으로 다음과 같이 선언했다. "시온주의는 법이 보장하는, 유대민족을 위한 보금자리를 만드는 것이 목표다." 이 선언은 의미가 있고, 그 의미는 매우 감동적이다. 그러나 '보금자리'가 어디든 모든 유대인에게 보장되는 '법'을 목표로 하는 것이 가능하지 않았겠는가? 유대인은 각자가 살고 있는 나라에서 대개 시민 신분이지 않았는가?

유대인은 싸잡아 이민족 취급을 당했고, 인종차별주의 집단이 주장하는 유대인의 외국인 신분을 영속화하는 계획, 해방*을 통해 얻은 품위를 부인하는 계획에 모든 유대

---

* '해방émancipation'이라는 용어는 일종의 관용을 의미하는 것처럼 보일 수 있다. 이 관용은 지금까지는 평범했던 한 상황을 종식시키고, 해방될 자격이 있을 만큼 충분히 성숙해졌다고 인정되는 개인의 평등과 자유를 앞으로는 허용하겠다는 것을 의미한다. 베르나르 라자르Bernard Lazare가 1901년에 쓴 다음 글을 생각해보자. "100년 동안 유대인은 가난한 자의 상황에 처해 있었고, 사람들은 그들에게 호의를 베풀었다. 유대인은 사람들이 아무것도 주지 않았다는 사실, 사람들이 잔인하게 빼앗은 것, 즉 자신의 인권을 되찾은 것일 뿐이란 사실을 깨닫지 못한다."(Jean-Denis Bredin, *Bernard Lazard, le premier des dreyfusards*, Paris, Éd. de Fallois, 1992에서 재인용) 사실 해방된 것은 유대인만이 아니라 모든 프랑스인이었다. 유대인이건 아니건 모두가 함께 정치적 해방과 민주주의에 도달한 것이었다.

인을 포함시켰다. 이것은 주요 국가들에서 유대인과 관련되고 유대인을 차별하는 모든 법률, 모든 특수한 상황을 정확히 제거하는 법률을 경시하는 것이 아니었는가? 이것은 어떤 면에서 유대인들이 그들의 실질적 권리를 포기도록 유도하는 행위가 아니었는가?

물론 동유럽에서는 그들의 피해자를 거부에서, 게토 내 감금과 극심한 빈곤에서, 구걸할 수밖에 없게 만드는 끝없는 굶주림에서 비롯된 영원한 적개심과 포그롬의 공포에서 빼내는 것이 급선무였다. 분노와 살인의 먹잇감이 된 이 주민들은 자신들이 뿌리 내린 적들의 땅에서 당연히 도망치고 싶어 했다. 적들은 고대의 기원을 따르는 편을 선호하면서 이 뿌리를 잔인하게 거부하고 제외시키려 애썼다.

그러나 다른 환경에서라면 대부분 그들 대대로 살아온 이 땅, 무엇보다 자신들이 태어난 나라이며, 조상들과 원칙적으로는 후손들의 땅을 형성한 이 땅에서 계속 살기를 더 원하지 않았을까? 그들의 신분에 불행이 내재되어 있지만, 많은 이들이 분명 이 땅에 소속감을 느꼈다. 배제, 감금, 지속적인 증오, 위험, 결핍, 끝없는 위협, 학살로 인해 이 공동체는 스스로 물러날 수밖에 없었다.

여기에서 가혹한 쾌락에 몰두하는 유대인 사상의 경향이 생겨났다. 유대인 사상은 그들 종교의 엄격함과 준엄한

광채뿐 아니라, 그 종교에 이질적이고 파괴적인 선택의 에너지에도 몰두한다. 또한 혁명적 입장에 도달하는 사회에 대한 철저한 성찰에 몰두한다.

동유럽 유대인을 포그롬에서 빨리 구해내야 한다는 생각은 나태한 정치적 리듬이나 역사의 느린 속도와는 대체로 맞지 않았다. 그렇더라도 꼭 시온주의적 조건들을 통해야만 했을까? '내년에는 예루살렘에' 있게 될 것이라는 열정적이고 의식적인 약속이 수 세기 동안 확실히 반복되어 왔다. 그러나 해마다 그 말을 했던 국외 이주자들은 대거 미국으로 향했고, 서유럽으로는 그보다 적은 수가 이동했으며, 선택권이 있을 경우 팔레스타인으로 향하는 이들은 거의 없었다.

수치를 보면 알 수 있다. 1881~1914년에 유럽 유대인 275만 명이 미국으로 이주했고, 10만 명이 영국으로 향했다. 이주민 중 단 1%만이 팔레스타인을 택했다. 이들은 팔레스타인을 택해야 할 이유가 분명했던 개척자들이었다. 시온주의자들의 가장 큰 문제는 팔레스타인으로 들어오는 이주민 수가 턱없이 부족하고, 성서의 땅으로 '귀환'하는 과업에서 구체적 추진력이 부재하다는 것이었다. 나치즘이 태동하던 시기에조차, 앞서 살펴본 것처럼 다비드 벤구리온은 성서의 땅에 크게 기대를 걸고 있었다. 1935년에 디아스포라 유대인 중 3%만이 '에레츠 이스라엘'이라 불리는 땅에 가기로 선택했다. 이스라엘에 대한 열망은 신성한 명령이었고 동시에 민간전승에 속했다. 그러나 그것이 현실적인 선택으로 이어지지는 않았다.

팔레스타인으로 과감하게 넘어와 정착한 인원이 극소수에 불과하다는 것을 보면 알 수 있다. 그러나 이들이 얼마나 강하게 정착을 원하고 기대했는지, 적어도 이론적으로는 전 세계 다른 수많은 유대인이 얼마나 정착에 동의했는지를 고려해야 한다. 테오도어 헤르츨의 실현 불가능한 유토피아는 이 확고한 열정으로 말미암아 수십 년간 지지를 받고 현실로 이루어질 수 있었다. 그럼에도 당시 이 유토피아의 실현은 아직 감지할 수 없는 시대착오적 성격을 띠게 되었다. 그것은 지금까지 서구 강대국이 식민지화한 나라들이 점진적으로 획득하게 될 주권의 결과물이었다.

헤르츨의 시대와 마찬가지로 시온주의 프로젝트에는 어떤 철학, 식민주의적 관례, 요컨대 어떤 이데올로기가 있었고, 이는 당시 당연하고 항구적인 것처럼 보였다. 인종차별은 역사 속에 내재된 것처럼 관습과 사고방식 속에 깊이 뿌리내려 매우 보편화되었다. 식민 체제에 대한 (일반적) 집착은 이러한 인종차별을 완전히 습관화하고 암묵적으로 동의하게 만들었다. 이로 말미암아 반유대주의의 형태를 띠고 자연스러운 것으로 간주된 어떤 현상에 맞서는 것을 틀림없이 포기하게 만들었다. 물론 시온주의는 일반적으로 사회주의적이기를 원했다. 그러나 미국에서 흑인에 대한 치욕스러운 대우와 민주주의가 나란히 존재하는 것처럼, 사회주의는 식민주의와 관련된 양심에 전혀 제약을 가하지 않았다.

(이 책에서 분석하지는 않겠지만) 특정 맥락이나 지점에서 기류가 은밀하게 바뀌었다. 예를 들어 1947년 8월 15일 인도 독립 선언(영국 왕실은 인도제국을 포기했다)은 1948년 5월 14일 이스라엘 국가 선포보다 9개월 앞서 이루어졌다. 영국이 수에즈 운하(조지 커즌 경은 '제국의 요충지'라고 표현했다) 동쪽 진입로인 팔레스타인에 대한 위임 통치권 상실을 받아들인 한 가지 이유는 이 지역에 관심이 현저히 낮아졌기 때문이었다. 이제 이 지역은 인도로 가는 노선에서 더 이상 전략적 역할을 수행할 수 없고 중요도도 떨어졌다.

식민지 시대가 내리막길을 걷기 시작했다. 이와 더불어 역설적으로 팔레스타인의 아랍 민족은 식민지 성격이 영속화되는 새로운 상황에 맞닥뜨렸다. 아랍인들의 생각과는 무관하게, 서구 열강의 결정에 따라 그들의 국토와 조국의 상당 부분이 또 다른 소수민족의 나라, 조국, 국가가 되었다.

이스라엘 민족과 국가라는 존재를 이제 와 되돌릴 수

없다. 그 사실을 의심하거나 문제 삼자는 것이 아니다. 그러나 이스라엘 국가가 어떤 조건에서 만들어졌는지, 당시 팔레스타인의 아랍인(즉 오늘날의 팔레스타인인)이나 이스라엘에 남은 아랍인들의 의견은 어땠는지 반드시 정확히 짚고 넘어가자는 것이다. 이스라엘 국가의 기원을 인식하고 논의하고 그 어느 때보다 숙고해야 하지만, 이런 일은 과거에도 또 지금도 행해진 바 없다. 그러나 숙고하는 작업을 한다고 해서 이스라엘이 해를 입지는 않을 것이다. 오늘날 이스라엘은 (팔레스타인인의 권리와 마찬가지로) 분명한 권리를 가지지만, 권리에는 한계가 있으며 모든 권리를 가지는 것은 아니다. 위반도 마찬가지다. 돌이킬 수 없다고 해서 반드시 비난할 수 없다는 말은 아니다. 또한 한 국가 정책의 옳고 그름이 논쟁이나 심지어 비난의 대상이 되는 것은 모든 국가의 속성이다.

이스라엘의 존재는 팔레스타인이라는 존재와 마찬가지로 신성하고 번복할 수 없으며, 그 권리는 양도할 수 없는 승인받은 한 성인 국가의 권리다. 흔히 어린이나 아마추어에게 맹목적인 관용과 너그러움을 베풀 듯 성인에게도 그렇게 해주기를 요구한다면, 모든 상황에서 무조건 그가 옳다고 하는 것처럼 그를 존중하는 마음이 없는 것과 같다.

이스라엘이 내세우는 정책이 타당한가 아닌가는 존재의 불가침성과 아무 관련이 없다. 이스라엘 정책과 정부에 대한 비판 가능성은 이스라엘을 지우고 억압하고 위협하려는 것이 아니다. 오히려 이 나라를 진지하게 여긴다면 지금도 종종 그 존재를 의심스러워하는 것이 응당 이스라엘을 진짜 국가로 대하는 태도일 것이다. 따라서 어떤 나라도 요구할 수 없는 영구적 승인을 모두로부터 기대하게 된다. 이스라엘 정책을 거의 비판하지 않으면서 이스라엘 국민과 다른 나라에 거주하는 많은 유대인이 그토록 오랫동안 유대인에게 가해진 모욕을 인식할 수 있었을까? 아니면 비판하지 않음으로써 모욕에 대응하지 않았던 걸까?

그러나 무엇보다 '새로운 역사가들'에게서 흔히 건국신화, 정치, 정신뿐 아니라 지도자들의 이데올로기에 반하는 자유로운 담론을 듣고 그런 담론이 성립될 수 있는 곳은 바로 이스라엘 민주주의 내에서이다. 그러나 이 담론은 그들의 조국에 꼭 필요한 바람직하고 확실한 영속성을 단 한 순간도 문제 삼지 않는다. 오히려 국가의 구조를 보다 견고하게 하고 평화에 다다를 수 있기를 원한다.

테오도어 헤르츨은 이스라엘에 거주한 적이 없지만, 그의 어떤 특성이 이스라엘이라는 나라에 스며든 것처럼 보인다. 그는 오로지 오스만제국 치하에서만 이 나라에 은밀하게 접근했고, 당시에는 그곳을 좋아하지 않았으며, 말년에야 우간다를 선호하는 쪽에 동의했다. 제에브 자보틴스키 Ze'ev Jabotinsky•는 헤르츨의 오랜 지지자였으면서도 그의 이런 특성을 지적했다. "그의 목표를 비판하거나 그가 취한 몇 가지 조치를 비난하기만 하는 사람은 시온주의뿐 아니라 유대민족 전체에 대한 적으로 간주되었다."[19] 오늘날 이스라엘 정부 정책에 동조하지 않는 모든 대화 상대자는 대개 반유대주의자라고 비난받으며, 상대가 유대인이라면 '자기혐오'의 피해자라고 손가락질 받는다. 이는 다른 나라들과 마찬가지로 정치와 행동을 신성화하지 않는 나라로서 이스라엘이 온전히 존재할 권리를 부정하는 것과 같다.

비극

국가로서의 속성과 막강한 군사력을 보유하고 있음에도 배제 증후군에 시달리는 이스라엘은 정식으로 인정받는 나라, 명백한 국가라는 근본적인 확신이 언제나 부족했다(지금도 여전히 부족하다). 그 자리에 있는 것은 국가로서 이스라엘이 아니라, 오랜 세월 비난받고 기댈 곳도 무기도 조직도 없이 박해받은 유대인 자체로 인식되는 듯하다. 이는 오

- 1880~1940. 오데사에서 태어난 제에브 블라디미르 자보틴스키는 우파 중에서도 극우파 시온주의의 위대한 지도자였다. 그는 이스라엘 우파 정당 리쿠드 Likoud를 이끌었고, 예지력이 돋보이는 제목의 저서 《철벽La Muraille de fer》(vol. 2 des Œuvres complètes, Jérusalem, Ari-Jabotinski)의 저자이기도 하다.

늘날 중동과 동일시되는 유럽에 희생된 유대인의 역사와 맞물린다. 그러나 실제로 이스라엘은 중동에서 공식 권력을 갖는다. 따라서 이스라엘에 대한 정치적 비판이나 정부의 특정 정책을 반대하면 무턱대고 반유대주의라고 오인받는 일이 생긴다. 그러나 이스라엘 정부는 '유대인 전체'가 아니라, 이스라엘 국가의 유대인 및 아랍인 시민을 대표하며, 타국의 유대인 시민은 대표하지 않는다.

반유대주의를 드러내는 표현이나 시위는 일절 허용되지 않았고 범죄와 결부되었다. 그러나 어떤 정책에 대한 상황적 비판, 다른 모든 나라의 정책과 관련해 인정된 비판은 이 질서에 속하지 않으며, 오히려 한 나라의 속성, 그 나라가 책임지는 공간에 대한 분명하고 민주적인 인식에 속한다. 장 다니엘Jean Daniel은 "내 생각에 아우슈비츠의 메시지에 충실하지 않은 사람들은 […] 야만성과 불행을 구분하지 못한다. 야만성은, 그들이 그저 태어났기 때문에 그리고 존재했기 때문에 야만성의 피해자가 된 것이다. 불행은, 그들이 주권을 갖고 자유롭게 행한 일로 인해 불행에 맞닥뜨린 것이다. 2,000년 만에 처음으로 이스라엘인은 그들의 국가적 운명의 주인이 되었다"라고 오해를 설명한다.[20]

이스라엘은 정당한 권리를 가진 나라다. 이스라엘 국가 실현의 현실성에 대한 우려와 무너진 자신감을 위로하듯 이스라엘을 대하는 것은 그 나라를 의심하는 처사다. 그러나 그것은 두려움 때문이기도 하다. 적대적인 한 지역에 세워진 그렇게 작은 국가가 정당화되는 데 대한 두려움이다. 이스라엘은 같은 공기와 풍경, 같은 기후와 시간을 공유하게 될 원주민과 이스라엘 국민 사이에 발생할 수 있는 모든 혼란을 두려워하여, 늘 이 지역에서 분리되기를 바라는 듯했다. 그러나 이스라엘은 스스로를 보호하기 위해 이스라엘에 온 사람들의 문명을 유일한 모델로 삼았다. 사실 그것은 그들 자신의 문명이었다. 그런데 중동에서는 근본적인 화해는 전혀 시도된 적이 없는 것 같다. 우리는 모세 다얀Moshe Dayan• 장군이 1956년에 기습적 보고에서 밝힌 이 말을 늘 고수해왔다. "우리는 아랍인의 땅을 빼앗았기 때문에 언제나 그들과 싸워야 할 것이다."[21]

장군 자신의 이 보고에 따라, 왜 이스라엘인이 이 땅에 도착하여 그곳에서 그들의 역할을 수행하는 것이 옳았다고 확신하는가? 왜 (처음부터) 다얀의 의견을 고려하지 않았고, 왜 이 문제에 대해 아랍인들과 논의하지 않았는가? 물론 쉬운 일은 아니었겠지만, 그들은 왜 침묵이나 암묵적인 발언을 택하게 되었을까? 의견을 교류할 때 왜 팔레스

• 1915~1981. 이스라엘의 정치가이자 군인으로 이스라엘 건국의 국민적 영웅이다. 1948년 팔레스타인 전쟁에서 예루살렘전선 사령관을, 1956년 수에즈 전쟁에서 시나이반도전선 사령관을 맡았다. 1967년 중동전쟁이 임박했을 때 그는 국방부 장관에 취임하여 단기간에 압도적 승리를 거두었다. — 옮긴이

타인의 관점은 포함시키지 않았고, 당시 이스라엘의 관점도 개진하지 않았는가? 시온주의자 그리고 이스라엘인은 그들의 적들에게 상황의 명백한 불가피성을 위반하라고, 그렇게 하라고 촉구함으로써, 과거의 고난과 욕망과 최근의 역사와 인간성 속에서와 같은 모습을 왜 아랍인들과 팔레스타인들에게 보여주려 노력하지 않았는가? 다른 방법으로는 접근할 수 없는 타협만을 받아들이는 대신, 자신을 이해시키려는 노력이 가치 있다고 말하고 듣고 판단하려는 것이었을까. 어쩌면 이것이 이 기획의 식민지적 성격과 명확히 구분되는 지점이었을 것이다.

이 기획은 식민지 개척자들이 여차하면 돌아갈 주요 도시나 본국이 없는 식민지가 될 것이기 때문에, 기이한 종류의 신新식민지적 기획이 아닐 수 없다. 주요 도시와 식민지화된 지역들은 동일한 영역을 형성할 것이다. 이 공간이 그 자체로 주요 도시가 되어, 식민지 개척자들은 더 이상 외국으로 남은 지역으로 이주하지 않을 것이다. 그들은 공식적으로 그들의 영토가 된 지역에 소속되고, 그곳으로 물러날 수 있는, 근본이 되는 모태의 땅 없이 완전하고 유일하게 그 지역에 속하게 될 것이다. 그들의 유일한 보금자리는 다수의 인구가 정복한 이곳이 될 것이므로 그들 자신의 불안은 고조될 것이다.

여기서 문제는 부와 확장을 추구하는 권력의 분출이 아니라, 서구의 가난한(그래서 재정적 지원을 받는) 이들 전체다. 어디서나 궁지에 몰리는 이 집단은 새로운 운명과 새로운 정체성, 새로운 지위, 조국을 만들어냈다. 서구는 '원주민'을 희생시켜 생색을 내며 이 모든 것을 베풀었다. 서구는 자신들의 국토를 포함하지 않을뿐더러 제외하는 '반성'으로서 마음의 짐을 덜 수 있다고 생각하며 기뻐했다.

여기서부터, 이 감춰진 근원으로부터 비극적 사건이 시작되었다. 이 비극 속에서는 모두가 옳고, 마키아벨리즘이 득세하되 발붙일 곳을 찾지 못하며, 말하지 않은 것과 발설이 금지된 것만이 영향을 미칠 수 있었다.

시온주의 선구자들에게 중요한 것은 조상의 땅으로 돌아간다는 엄청난 사실의 증거뿐이었다는 점은 새삼 거론할 필요도 없다. 또한 그들에게는 수천 년 전 로마인에 의해 쫓겨나 그 이후 다시는 돌아오지 못한 유대인의 땅에 역사적 권리를 부여받았다는 대담한 확신만이 중요했다. 그것은 전설적인 질서에 대한 인상적인 주장이다. 그러나 고대의 시간과 국경에 따라 지정학을 재구성하는 것이 일반적이고 관습적인 일이 된다면 어떨까?

그러나 위로와 위안, 한 가지 해결책에 대한 희망과 매력이 불러일으키는 평화와 믿음, 힘과 확고한 확신의 감정을 받아들이지 않기란 어려운 일이다. 그 해결책은 그들의 요구를 뒷받침한 매우 오래된 불의와 무한한 고통을 종식시킬 수 있고, 그렇게 표출된 이상(과 그 이상에서 비롯되는 고정관념)을 품지 않게 해줄 수 있기 때문이다.

이스라엘-팔레스타인의 비극적 사건에 대해서는 각 당사자들의 진지하고 근거가 충분하며 정당한 감정을 이해해야 한다. 둘 중 누구도 실질적으로 그들이 서로 싸우게 된 위험의 원인이 아니다. 또한 겉보기와 다르게 둘 중 누구도 문제 해결의 열쇠가 될 수 없을 뿐 아니라 열쇠를 갖고 있지도 않은 과정에 말려들었다.

그럼에도 호주 영토에서 원주민이 주권을 회복하거나, 백인들이 아메리칸인디언 생존자들에게 뉴욕, 시카고, 워싱턴 혹은 몬트리올의 땅을 반환한다는 생각은, 누구도 그런 계획은 고사하고 제안조차 하지 않았을 거라는 점을 인정해야 한다. 이 땅에 대한 아메리칸인디언의 권리는 수천 년을 거슬러 올라가며, 그들의 종교와 문명은 거기서 시작되었고 수천 년에 걸쳐 퍼져나갔다. 반대로 유대인의 운명을 잔혹하게 방해하고 절대적으로 황폐하게 하며, 유대인의 권리를 자의적으로 갑자기 철회한 것은 시온주의자들이 팔레스타인과 관련하여 언급한 성서적 시간을 고려할 때 최근의 일이다. 서구인들이 볼 때 사람들은 역사를 인정하는 부류와 그런 역사는 없다고 보는 부류로 갈라졌다. 그러나 시온주의자들이 주장하는 히브리 민족의 역사만큼 상징적이고 사실로 입증되었으며 본질적이고 매력적인 역사는 없다.

강대국들이 보기에는 자신들과 자신들의 나라로부터 천민 취급을 받던 바로 그 유대인이, 멀리서 보면 '원주민'보다 우월한 서구인이자 백인이 되었으며, 이로 말미암아 이들에 대한 자연권의 소유자가 된 것이다. 막스 노르다우에 따르면, 시온주의는 그 자신이 속해 있던 서구와 밀접하게 연결되어 있는 만큼 더더욱 "유럽의 도덕적 한계를 유프라테스까지 확장"하려고 했다.

따라서 유럽의 유대인 학살을 향한 거부와 성서에 초점을 맞춘 시온주의 계획에서 아랍인들은 고려 대상이 아니었다. 일깨워진 희망은 너무 강해서 눈이 멀 지경이었다. 그 결과 새 이주민들은 이곳에 도착하자마자 아랍인을 보지 못했거나, 보지 못했다고 믿었거나, 그렇다고 확신할 정도로 그들의 존재를 무의식적으로 배제했다. 심지어 매우 훌륭하고 효과적이지만 가장 부정확하게 거듭 이렇게 표현할 정도였다. "땅 없는 민족을 위한, 민족 없는 땅."•

서구는 원주민을 변덕스러운 시선으로 바라보았고, 원주민에게는 전형적인 '불가시성'이 작용했다! 원주민은 다

• **영국의 저명한 유대인 사상가이자 시온주의 활동가인 작가 이스라엘 쟁윌 Israël Zangwill이 한 말로 알려져 있으나, 친시온주의 자선가인 섀프츠베리 경이 쟁윌보다 먼저 쓴 표현이기도 하다.**

시 한 번 어디에서도 환영받지 못하는, 애들 말로 '깍두기' 신세였다. 원주민은 무대에서 단역을 맡았지만, 이 찜찜한 모습을 은폐하는 데 관심이 있는 서구 관찰자들의 정신적 풍경 속에는 들어오지 않았다. 그러나 팔레스타인은 지도에 국가로 표시되지는 않아도 엄연히 사람이 살고 있으며, 팔레스타인이라는 이름으로 융합된 민족이 존재하는 곳이다. 토머스. E. 로렌스Thomas Edward Lawrence**는 1917년 마크 사이크스Mark Sykes***에게 보낸 서한에 이렇게 썼다. "당신은 아랍인들이 나쁜 땅에도 얼마나 집착하는지 아실 겁니다."22

이츠하크 엡스타인Yitzhak Epstein은 1886년 팔레스타인에 정착한 러시아 출신 유대인 작가로, 로렌스와 사이크스가 서한을 주고받기 10년 전인 1907년에 이렇게 말했다.

> 우리는 우리 조국과 관련된 모든 것에 관심이 있습니다. 그와 관련된 모든 문제를 조사하고 논의합니다. 우리는 그곳에서 행한 모든 일을 치하합니다. 우리가 잊

** 1888~1935. 영국의 군인이자 고고학자로 아라비아 민족운동을 도왔다. 그의 일대기는 영화 〈아라비아의 로렌스Lawrence of Arabia〉로도 만들어졌다. ― 옮긴이

*** 1879~1919. 영국 여행가이자 보수당 정치인. 제1차 세계대전 당시 중동 관련 외교 고문으로, 오스만제국 분할을 위한 협정에서 영국 측 대표로 나섰다(사이크스-피코 협정). 1917년 밸푸어 선언에서도 핵심적인 역할을 맡았다. ― 옮긴이

은 세부사항은 단 한 가지입니다. 우리가 사랑하는 이 땅에 몇 세기 전부터 살아왔고 그곳을 떠날 생각이 전혀 없는 한 온전한 민족이 있었다는 사실입니다.[23]

이 시기 팔레스타인은 특히 시온주의자들이 꿈꾸고 이상화한 곳이었다. 이때에는 실제로 이곳을 여행하는 이들이 드물었고, 이 지역에 대해 보도하는 언론도 거의 없었다. 이런 현실을 똑똑히 목격한 새 이주민들은 자신들이 의식적으로 부정하고 무시하려 했던 현실을 똑똑히 마주하면서 아연실색했다. 그들은 이제 그 현실을 받아들일 수밖에 없었기 때문이다. 헤르츨은 환상을 정치적 노정이자 역사의 원동력으로 묘사했으며, 이러한 공백에 대해 "우리가 너무 많은 지식을 갖고 있으면 꿈을 꿀 수 없다"고 생각했다.[24] 시몬 페레스는 헤르츨의 생각에 동참했다. 열정이 종종 현실을 창조한다는 것은 정말 사실이다.

1911년에 기자 요세프 루리아Yosef Luria는 시온주의 연맹 관보 〈하 홀란Ha Holan〉에 다음과 같은 글을 기고했다.

팔레스타인에서 일했던 수년간 우리는 이 나라에 아랍인들이 있었다는 사실을 까맣게 잊고 있었다. 우리는 불과 몇 년 전에야 그들을 '발견'했다. 이곳에 우리 국가를 건설하는 것에 적대적인 모든 유럽 국가에는 관심을 기울였으나, 이 나라에 살고 있고 애착이 있는 사람들에게는 그렇지 않았다. 마치 그들이 존재하지 않는 것처럼 말이다.[25]

식민지화가 보편화된 이 시기에는 전형적인 일이었다. 이미 1897년에 모셰 샤레트가 이 사실을 일깨워주지 않았던가. "우리는 우리가 비어 있는 땅에 온 것이 아니라, 이미 한 국민이 살고 있고 자기들만의 언어와 야만적 문화에 의해 지배되는 한 나라를 빼앗기 위해 온 것임을 잊었다."[26]

엘리제르 벤예후다Eliezer Ben Yehuda는 의미심장한 제목의 《가로지른 꿈Rêve traversé》과 최초의 《현대 히브리어 사전Dictionnaire de l'hébreu moderne》을 저술한 작가다. 1881년 그가 팔레스타인에 도착하자마자 눈에 띈 것은 (몹시 실망스럽게도) 자신을 야파Jaffa*로 데려가줄 배에 점점 더 많은 아랍인들이 오르는 장면이었다.

장식이 풍부한 전통 의상을 입은 호리호리하고 건장한 남성들은 모두가 기쁘고 즐거워 보였고, 농담을 하거나 즐기면서 좋은 시간을 보냈다. [...] 내 앞에 마치 위협

---

* 예루살렘에서 약 60km 떨어진 곳에 위치한 도시로, 현재는 텔아비브에 속한다. ─ 옮긴이

적인 벽이 버티고 선 듯 참담함이 내 영혼을 가득 채웠다. 내 조상과 그들의 후손인 내 땅에서 스스로를 시민으로 느끼는 것은 그들 같았고, 나는 이방인으로, 이방의 땅과 이방 민족의 아들로 돌아온 기분이었다. 나는 내 아버지들의 땅에서 정치적 권리도 시민권도 없었다. 여기서 나는 이방인이자 이민자였다.[…] 이 나라의 시민은 바로 여기에 살고 있는 그들이었다.[27]

하지만 벤예후다는 이런 상황에 굴하지 않았다.

아랍인의 존재를 의식하고 있던 아하드 하암Ahad Haam•은 1891년 초에 다음과 같이 우려를 표명했다. "언젠가 우리 민족이 팔레스타인에서 점점 발전하여 토착 원주민을 몰아낼 정도가 된다면, 원주민들이 자기들을 쫓아내지 못하게 막더라도 큰 저항은 할 수 없을 것이다." 개척자들이 아랍인들에게 하는 행동을 우려한 그는 때로 "이런 게 메시아라면 오시더라도 이 모든 일에서 제게는 상관 마시기를!"이라고 외치기도 했다.[28]

이스라엘 쟁월은 이렇게 말했다. 아랍의 존재(엡스타인은 아랍이 "잊힌 게 아니라 시온주의자들이 숨긴 것"이라 말했다)

• 1856~1927. 본명은 아셸 히르슈 긴스베르그. 러시아 키예프 출신으로, 헤르출의 정치적 시오니즘을 비판하며 유대민족의 정신적·문화적 중심으로서 팔레스타인 건설을 주장했다. —옮긴이

는 일단 '발견'되고 고려되면, "시온주의가 감히 외면하고 거의 맞닥뜨리고 싶어 하지 않는 문제가 되었다. 즉 아랍의 팔레스타인에는 이미 사람이 살고 있었다는 것이다."[29]

분명하고 무미건조한 현실은 위대한 꿈을 방해했다. 이 현실은 소설가이자 언론인인 요세프 브레너Yosef Brenner를 뒤흔들어놓았다. 훗날 아랍 봉기 중 야파 인근에서 암살당한 그는 한 소설에서 한 인물을 통해 자신의 경험을 보여준다. 이 인물은 팔레스타인을 "까마득히 텅 빈 들판으로 에워싸여, 그 들판을 가꾸러 와주기를 우리가 기다리는 교양 있는 유대인이 거주하는 유일한 도시"로 상상한다. 그런 뒤 그는 "이미 아랍인의 것인" 이 나라를 발견하고, "다른 삶을 원하며 이곳에 도착해 […] 자신이 잘못된 꿈을 꾸었다는 사실을 깨닫는, 지적이고 불행한 한 유대인이 겪은 고통"을 이야기한다.[30]

그러나 어떤 희생을 치르더라도 꿈의 목표와 의미는 유지되어야 했다. 열성적인 시온주의 사상가인 모셰 릴리엔블룸Moshe Lilienblum은 흔들리지도 낙담하지도 않았다. "우리 조상의 땅이 다른 민족을 선택했을까? 이 땅에 아랍인들이 살고 있는가? 그래서 뭐 어떻다는 말인가! 우리가 이 땅을 그들에게서 조금씩 사들이면 되지 않는가?"[31] 이것은 바로 매우 합법적으로, 지극히 공정한 가격으로, 물론 여전히 애매하게 많은 아랍인들을 불안하게 하며 이루어질 일이었다. 아랍인들은 스스로 함정에 빠져 자신들의 땅을 양도했다. 예루살렘 주재 독일 영사 하인리히 볼프Heinrich Wolff는 이 민족주의자들에 대해 이렇게 언급했다. 그들은 "환한 데서는 유대인 이민을 비난했으나, 어둠 속에서는 유대인에게 자신들의 땅을 팔았다."[32] 이 일은 많은 아랍 동족을 실망시키지 않을 수 없었다. 그 후 아랍 민족 내에 반란 정신이 싹트기 시작했다. 이 정신은 처음에는 본능적이었으나 점차 뚜렷해졌고, 조직되는 데도 오랜 시간이 걸리지 않았다. 물론 거기에는 적들이 보여준 계획된 에너지도 없었고, 그들의 전략적 재능도 없었다. 하나의 프로젝트에서 나오는 열정도 없었다. 아랍인에게 시온주의 개척자들에게서 볼 수 있는 추진력은 없었고, 그들은 그저 방어 자세를 취할 뿐이었다.

함정

압도적 다수의 아랍 인구를 전복시키기 위한 강도 높은 유대인 이민의 필요성과 관련하여, 팔레스타인 땅을 확보하는 것은 오랜 시간 준비해온 시온주의 계획의 근간이었다. 1895년 6월 12일, 헤르츨은 일기에서 다음과 같이 예상했다.

우리는 조심스럽게 땅을 수용해야 한다. 또한 이곳 주민들이 우리 땅에서 일자리를 찾지 않도록, 옮겨 갈 나라에 일자리를 마련해줌으로써 국경 너머로 이들을 유인하도록 애써야 한다.[…] 가난한 자들을 수용하고 이주시키는 일은 신중하고 통찰력 있게 수행해야 한다.

'추방expulsion'이나 '양도transfer'를 뜻하는 '토지 수용expropriation' 및 '이주déplacement' 같은 수많은 완곡한 표현들은 늘 그렇듯 가장 빈곤한 사람들을 겨냥한 말이었다. 1895년 이제 막 걸음마 단계에 있던 최초의 유대인 식민지 건설은 히르슈 남작이나 로스차일드 남작 등 자선가들에 의해 사적인 방식으로 진행되었다. 이 시기 헤르츨은 아직 시온주의를 주창하기 전이었고, 그는 팔레스타인에 가본 적도 없었고 팔레스타인에 대해 아는 것도 거의 없었다. 그럼에도 그는 팔레스타인을 이미 '우리나라'로 생각했다!

1878년 아하드 하암은 15년 전부터 실제 이렇게 주장했다. "이 나라가 강력한 국가가 되거나 인구수가 많아지기 전에 아랍인의 적대감을 불러일으키지 않고 속임수를 쓴다면 우리는 이 나라를 쉽게 차지할 것이다."[33] 한편 이미 1년 전 팔레스타인으로 이주해 1882년에는 '현장에' 있었던 엘리제르 벤예후다는 실망감을 극복하고, 빈에 머물고 있는 그의 형에게 다음과 같은 편지를 썼다. "이제 중요한 건 조금씩 비밀리에 이 나라를 정복하는 거야. 우리는 은밀하고 신중해야만 그 일을 해낼 수 있어. 우리는 말없는 스파이처럼 행동하면서 이 땅을 사고, 사고, 또 사야 해." 같은 해 빌나에 있는 한 친구에게 보낸 편지에서도 그는 이렇게 주장했다. "오늘날 [팔레스타인에는] 별로 위압적이지 않은 아랍인 50만 명밖에 없어서 우리가 그 나라를 쉽게 차지할 거야. 그 나라가 가장 강력한 국가가 되거나 인구수가 많아지기 전에 아랍인의 적대감을 불러일으키지 않고 속임수를 쓴다면 말이지."[34]

22년 뒤인 1904년, 러시아 출신의 초창기 시온주의 지도자인 메나헴 우시시킨Menahem Ussishkin은 다른 사람들과 함께 한결같이 이렇게 주장했다.

> 우리가 이 땅의 소유주가 아니라면, 팔레스타인은 절대 유대인의 땅이 되지 않을 것이다.[…] 우리는 반드시 현 소유주로부터 이 땅을 빼앗아야 한다. 현재로서는 현 소유주의 동의를 얻어 이 땅을 돈을 주고 사는 수밖에 다른 방법이 없다. 토지 매입은 우리의 구호 중 하나가 되어야 한다.[35]

그리고 토지 매입은 이미 구호가 되었다.

앞서 설명한 것처럼 처음부터 그리고 실제 이주가 시

작되기 전부터 시온주의자들의 의지는 완강했다. 이 의지는 매우 단호하고 지속적이고 동일하며 결코 약해지지 않았다. 이것이 시온주의자들의 힘이었다. 유대인의 존재와 이런 의지는 하나가 되었고, 서구에 머물고 있던 동조자와 후원자들의 지지를 통해 이어졌다. 어떤 예고나 공식적인 징후 없이 이 상황에 맞닥뜨린 아랍인들은 급작스럽게 무력화되었다. 그 이유는 그들이 자신들을 겨냥한 계획의 본질과 위력은 물론 그 존재조차 곧바로 확실하게 인식할 능력이 없었기 때문이다. 즉각적이지만 느리고 침착한 작업 뒤에, 눈에 띄지 않지만 매우 효과적인 이 계획의 규모 뒤에, 토지 대장을 거머쥔 자들이 바라는 중대한 결과가 도사리고 있다는 사실을 그들은 보지 못했다.

1943년 1월 이츠하크 그륀바움은 아랍 땅 매입에 쓸 유대민족기금 일부를 유럽의 유대인 구출에 쓰는 데 반대했는데, 이 정도로 정복자들은 무자비한 모습을 보였다. "시온주의가 우선이다.[…] 유럽의 유대인을 돕기 위해 유대인 기구에 총 30만 파운드 또는 10만 파운드를 지급하도록 요청한다는 건 어림도 없는 일이다. 그리고 나는 그런 요구가 반유대주의 행위라고 믿는다."

방어적인 입장을 취하던 아랍인들은 함정에 빠졌다. 적대적이지만 상대적으로 소극적이었던 그들은 이 묘한 상황에서 속수무책이었다. 즉 새 이주자들은 자기들도 힘이 약하면서, 양쪽 다 동일한 지배 세력에 종속되어 있는 상황에서 아랍인의 약점을 공격한 것이다. 시온주의자들은 역사에 거의 존재하지 않았던 이유로, 어떤 의미에서 혹은 그들이 생각하는 의미에서 궁지에 몰린 상태였기 때문이다. 따라서 그들은 여전히 환상에 사로잡혀 아랍인이 거주하고 있는 땅, 유대인과 아랍인 모두에 대해 주도권을 쥐고 있던 오스만제국과 영국에 예속된 땅에 그들의 국가를 건설하는 데 혈안이 되어 있었다. 유대인과 아랍인 둘 중 누구도 정치권력을 갖고 있지 않았고, 둘 다 허가 없이는 그 무엇도 제정하거나 거부할 수 없었다. 영국은 툭하면 위임 통치 기간에 양쪽에서 서로 모순되는 약속을 함으로써 두 세력을 달래려고 시도했다.

약 15세기 동안 원래부터 팔레스타인에 거주하던 아랍인들은 그 수가 압도적으로 많았음에도 방어적이었고, 이런 자세를 취한다는 것은 있을 수 없는, 예상 밖의 일이었다. 아랍인들은 즉흥적으로 대처해야 했다. 어쨌든 당시 그들은 위협의 심각성과 규모를 모호하고 불분명하게 인식하고 있었다. 아랍인들의 반응은 몇 차례의 봉기로 나타나는데, 이는 일시적이고 산발적이며 비조직적이고 응집력 없는 공격이었다. 1917년 밸푸어 선언* 이후 1920년대 무렵까지 전반적으로 아랍인들은 팔레스타인 밖에서 살던 사람들(이들은 주로 흩어져 살았고, 설상가상 이러한 분리에 집착했

다) 중에 가장 막강한 힘을 지닌 자들을 바라지도 않았고 이들을 알려고 하지도 않았으며, 이들과 논의할 준비도 전혀 되어 있지 않았다. 사실 처음부터 끝까지 그들은 자신들의 목표를 달성하려는 시온주의자들만큼 스스로를 방어할 능력이 없었고 그럴 동기도 없음을 보여주었다. 어쩌면 그들은 이 프로젝트의 주체가 아니었고 실제로 주체로서 고려되지도 않았다. 또한 현재의 사건과 현실적으로 동시대에 머물지 않았고, 그들이 아직 인식하지 못하고 있는 것과 다소 괴리된 상태였다.

아랍인과 유대인은 모든 결정권을 쥐고 있는 서구 세력을 상대했다. 그러나 서구에서 왔고 말하자면 서구에 속해 있던 시온주의자들은 서구권에 익숙했다. 아랍인과 달리 유대인은 그들의 견해, 논리, 고도화, 사고방식, 문화를 공유했으며, 서구의 이러한 산물은 유대인의 것이기도 했다. 팔레스타인의 현재 상황은 이런 수많은 방식에서 비롯되었다. 방어적이었지만 긍정적인 동기가 없었던 아랍인에게는 자신들의 본향이었던 곳에 대한 현실적인 목적이 없었고, 공통의 목표도 점유 계획도 없었다. 이런 팔레스타인의 아랍인이 어떻게 시온주의자와 동일한 확신과 역동성으로

- 1917년 11월 2일, 영국 외무부 장관 밸푸어 경은 로스차일드 경에게 다음과 같은 편지를 보냈다. "폐하의 정부는 팔레스타인에 유대인을 위한 민족국가 수립을 긍정적으로 검토하고 있습니다."

그들에게 맞설 수 있었겠는가? 시온주의자의 역동성은 영구적이고 의식적이며 계획된 것이었고, 거기에는 유토피아의 힘이 작용했다. 또한 그 역동성은 단일하고 구체적이며, 고정관념과 지속적인 의지와 흥분되는 미래를 향한 비전이 깃든 목표에 초점을 맞추었다. 그 미래는 사실적인 고통과 말로 표현할 수 없는 기나긴 시련에서 비롯된 지나친 격정에 사로잡혀 있었다. 하지만 팔레스타인 원주민들은 그 고통과 시련에 아무 죄가 없는데도 속죄를 강요받았다.

문제가 된 팔레스타인 땅 대부분은 당시 대지주 소유였다. 즉 대개 같은 대륙의 다른 곳, 그러니까 유럽의 더 부유한 나라나 유럽에 살고 있는 부유한 아랍인의 소유였다. 이 땅을 경작하는 것은 가난한 농부들과 자작농이었다. 이 중에는 쫓겨난다는 것은 상상도 해본 적 없는 소작농, 농촌 일꾼, 날품팔이꾼이 있었다. 또한 일부는 새로운 시온주의 소유주에게 고용되거나, 이 지역에서 보통 하는 대로 같은 장소, 같은 조건에서 계속해서 새 소유주를 위해 일하며 살아갔다. 자신들의 땅을 양도한 소지주들은 그 자리에서 소작인으로서 구매자를 대신해 땅을 일구게 될 거라고 확신했다. 토지 소유권이 서구의 방식을 따르지 않는 이곳에서는 이런 관습을 따르기 때문이다. 소작농이 경작하는 땅은 그의 영구적이고 최종적인 거주지가 되었다. 소유주가 바뀌어도 소작농의 지위나 그들의 고용 조건은 달라지지 않았다. 이츠하크 엡스타인에 따르면 팔레스타인에서 "소작농은 자신이 임대한 땅의 임시 거주자가 아니다. 그는 그곳에서 영구적으로 거주하며 자신의 거주지를 옮기지 않았다. 이 나라 관습에 따르면 땅은 한 소유주에서 다른 소유주로 넘어가지만 소작농은 그대로 그곳에 머물렀다. 반대로 우리가 이 땅을 획득하면, 우리는 이전 소유주를 쫓아낼 것이다."[36] 또한 그들은 아랍 농업 노동자들의 일자리를 축소시키고 나중에는 아예 없애버렸다.

그러나 여론의 주장과 달리 이 가난한 농부들은 노련한 경작자였다. 팔레스타인에서 몇 달을 체류한 뒤 아하드 하암은 1891년에 이렇게 선언했다. "외국에 머무는 사람이라면 에레츠 이스라엘이 오늘날 완전히 황폐한 땅이고 문화가 없는 사막이라고 생각하기 쉽다.[…] 그러나 절대 그렇지 않다. 이 나라 전역에서 경작되지 않은 들판을 찾기는 어렵다. 경작되지 않은 곳은 […] 모래언덕과 바위산뿐이다."[37] 한편 이츠하크 엡스타인은 이렇게 주장한다. "마을을 둘러싼 언덕 사면까지도 경작되어 있으며, […] 가난한 농부들은 산의 작은 땅 한 뙈기라도 놀리지 않고 바위 사이사이에 씨를 뿌린다."[38]

초기에는 훨씬 능숙하고 매우 저렴한 아랍인 노동력이 사실상 유지되었고, 과거보다 더 높은 임금을 받기도 했다.

그러나 20세기 초 제2차 알라야alyah*부터 유대인 노동자는 노동시장 내 경쟁으로 인해 정착민들에 의해 (거의 항상 보상금을 받고) 퇴출된 아랍인보다 조직적으로 선호되었다. 이는 원주민에게 의존하지 않고 원주민을 그들의 땅과 떼어놓는 작업에 착수하기 위한 전략적 우려 때문이기도 했다. 여기에는 다소 역설적인 정치적 이유도 있었다. 시온주의자는 대부분 사회주의자였고, 아랍인을 그렇게 낮은 비용으로 고용하는 것이 착취라고 판단하여… 더 이상 그들을 고용하지 않았다! 개척자들은 대체로 이 방면에 소질이 없었고, 농사에 문외한이고 농사는커녕 땅에 대해서도 전혀 모르는 초보에 불과했다. 어떤 이들은 생활 여건이 매우 열악하고 극도로 금욕적인 생활을 하더라도, 또한 대부분이 늪과 열병에 시달릴 운명이었음에도 투철한 신념으로 악착같이 이런 상황에 저항했다. 이들은 아랍인보다 높은 임금을 받았지만, 특히 서구와 비교하면 여전히 비참한 수준이었다. 그들은 끝없이 실망에 맞섰다. 그러나 제2차 알라야로 이스라엘에 들어온 이민자 대다수가 저항하지 않고 원래 살던 곳으로 돌아가거나 미국으로 발길을 돌릴 정도로 상황이 좋지 않았다. 동시에 점점 더 많은 자작농이

* **알라야(또는 알리야)는 이스라엘로 돌아가는 이주 물결을 지칭하는 용어로, 말 그대로 [유대인의 거룩한 도시 예루살렘을 향해] '올라가는 행위'를 뜻한다.**

일자리를 잃고 그들의 땅에서 떠나야 했고, 가난한 상태에서 그보다 더 비참한 상태에 빠졌다. 또한 자기 소유의 땅에서 떠나, 대개 도시 주변에 집중적으로 모여 있는 극빈자들 속으로 어쩔 수 없이 들어가야 했다.

이 문제는 원주민에게 경제적 측면뿐 아니라 삶에 본질적으로 영향을 미쳤다. 자작농은 찢어지게 가난했고, 그런 만큼 더욱더 땅과 밀착될 수밖에 없었으며, 자신의 환경에 굳건히 뿌리를 내리고 있었다. 사람은 상황이 궁핍할수록 자신이 거주하는 곳, 자신의 가족과 딛고 사는 땅이 더 중요해진다. 원주민은 그 무엇도 소유하거나 바라지 않는다. 그는 자신이 정착해 사는 곳과의 관계를 끊을 수단도, 보상은커녕 그것을 대체할 수단도 없다. 그가 경험적 지식과 노하우를 이용할 수 있는 곳은 세상에서 오로지 이 공간뿐이다. 그에게 익숙한 이곳의 땅과 기후가 만족스러운 결과를 가져다주지 않더라도, 그의 노동, 이웃, 신념을 포함한 관습과 융화된 모습은 그의 유일한 재산이자 기준이며 실체를 대표한다. 이는 본질적으로 그에게 속하며, 그것이 없으면 그는 여전히 박탈된 상태일 것이다. 그러나 그는 심각한 빈곤에 처해 있어서 소유권을 빼앗기고 소외되며 분리되고, 결국에는 분명 쇠퇴할 수밖에 없을 것이다. 여기서는 땅과 관련된 보수적 개념이 아니라 선택권이 없다는 게 문제다. 이 아랍 농민들에겐 새로운 선택권이 없었고, 그래서 그들은 그들에게 가능한 유일한 삶의 방식, 즉 오랜 시간에 걸쳐 확립된 삶의 방식마저 빼앗겼다.

아랍 농민들은 자주 마을을 떠나야 했고, 나중에는 더 극적인 상황에서 떠나야 했다. 그중 일부 마을은 훗날 파괴되었다고 알려졌다. 1948년에 그곳을 점령한 이스라엘 정부는 그중 한 마을에 대해 다음과 같은 기록을 남겼다.

우리가 판단할 수 있는 범위 내에서, 경작 가능한 토지 면적은 수백 헥타르에 달할 정도로 상당하다. 그 땅은 수년 동안 마을 주민들이 경작해왔다. 미래의 식민지 개척자들에게 생계를 보장해줄 과실수와 올리브 과수원이 가옥 주변을 둘러싸고 있다. […] 건물들은 대체로 튼튼하게 지어져서 별도로 다른 작업을 할 필요가 없다. 집집마다 식수로 사용 가능한 우물이 있고, 가까이에 예루살렘의 주요 송수관이 있어 추가로 물을 공급받을 수 있다. 현대식 위생 시설은 없지만 설치하면 된다. 마을에는 공동 건물, 학교, 여러 기관들이 입주해 있는 공공건물 등이 있다.

이 마을은 바로 데이르 야신Deir Yassin으로, 우리는 그 마을의 어두운 역사에 대해 알고 있다. 정부는 이곳에 다음과 같은 것을 설치할 계획이었다.

첫째, 0.5헥타르의 부지에 채소밭과 과수원이 있는 가족 경영 농장. 각 정착민은 여기에다 닭 500~1,000마리를 키울 것이다. 둘째, 마을 중심에는 지역과 예루살렘 주민을 위해 일할 장인들의 작업장과 자재 창고가 있다. 두 집단의 정착민은 약 150~200가구 혹은 가족 경영 농장 50개로 이루어지며, 나머지는 일반 주택에 거주한다.[39]

사실

팔레스타인은 처음에 오스만제국의 영토였다가 영국의 위임 통치를 받았고, 많은 이들은 이런 팔레스타인이 당시 국가의 형태를 갖추지 못했고 그곳의 거주민도 국민 수준은 아니었다고 주장했다. 하지만 이 주장은 틀렸다. 아랍인들은 수 세기 동안 그곳에서 살아왔고, 아랍인들에게 이곳은 실질적인 의미에서, 또한 용어로 보나 본능적인 감정의 측면에서 상당히 중요한 의미를 지니는, 사실상 그들의 조국이기 때문이다. 이 조국은 그들에게 숨 쉬는 것과 마찬가지로 근본적인 존재이므로 국가國歌나 국기, 헌법은 물론 구체적인 명칭도 필요하지 않았다.

1907년 무렵 이츠하크 엡스타인은 다음 사실을 이해하고 있었고, 일부 시온주의자들도 마찬가지였다.

> 이 세상 모든 사람들처럼 아랍인도 자신의 조국에 깊은 애정을 갖고 있고 매우 강한 유대감을 느낀다. 문명화되지 않은 상태일수록, 세상을 보는 관점이 좁을수록, 그들이 자신의 조국과 땅에 갖는 유대감은 더 강해진다. […] 그들은 온갖 관계와, 조상의 무덤이 상징하는 특히 귀한 관계를 통해 고향과 연결되어 있다.[40]

그러나 이 아랍인들은 다른 민족이 '침략(그들이 이렇게 표현했다)'해 들어오는 것을 목격했다. 이 민족은 19세기 후반부터 20세기 중반까지 팔레스타인에 다소 기만적으로 영향력을 확대해나갔으며, 팔레스타인과 그 주민에 대한 통제력을 확보하려는 의도가 다분했다. 팔레스타인 주민은 몹시 가난하고 자율성이 거의 없었음에도 시온주의자들이 빼앗은 것, 그들이 추구했던 것의 원래 주인이었다. 이 주민들은 전통적으로 안정적인 땅에서 살아왔고, 그들이 숨 쉬는 공기를 두고 경쟁을 벌이지는 않았다.

시온주의자들은 이런 공생을 이룩하고자 했으나 주권은 자기들이 갖기를 원했다. 시온주의자들은 조국의 가치에 대해 매우 심오하고 집요하며 고통스러운 인식을 지니고 있었다. 그럼에도 자신들이 우월하고 지혜로우며 비할 데 없는 지식을 가졌다고 확신하는 선량한 서구인으로서 시온주의자들은 처음에는 아랍의 저항에 분노했다. 그리고 이 '원주민'들에게 공감하지 않았다. 시온주의자들은 원주민들이 자신들을 열정적으로 따라주지 않고, 성서의 명령에 대한 자신들의 요구에 응하지 않는다는 사실에 놀랐다. 또한 원주민들이 러시아 포그롬의 잔혹함에 맞서 자신들을 보호하고, 유럽에서 유럽의 유대인에게 유럽인이 자행한 공포를 보상해주기 위해 희생하지 않는다는 데에 놀랐다. 요컨대 시온주의자들은 자신들이 이해받지 못한다는 사실을 받아들이지 못했다. 또한 그들을 이해해야 하는 문제가 아닌 상황에서도, 본질적으로 열등한 민족이 교양 있는 서구인에 대한 확신에 복종하지 않는다는 사실을 받아들이지 못했다.

동시에 그들은 (존재하지 않기를 바랐고 또한 존재하지 않는다는 환상에 빠져 있었던) 이 아랍인들이 신속하게 '그들의 이익을 위해' 팔레스타인에 있는 그들의 자리를 포기하고, 더 진보한 주인에게 의존하며 행복해할 거라고 진심으로 확신했다. 그들은 유럽 문화 즉 완전히 서구적인 현대성을 통해 그리고 유대민족기금의 자금을 받아, 낙후된 땅에 표준적 문명을 도입함으로써 생겨날 필수적인 이익을 아랍인들이 곧 납득할 것으로 기대했다.

일단 원주민을 고려해야 했던 시온주의자들은 이 중동

으로의 이주가 그들에게 선교의 가치가 있다고 확신했다. 당시 유럽에서 우파는 물론 좌파까지, 전형적인 식민지 증후군이 규범으로 통했다는 사실을 잊지 말아야 한다. 노예가 된 사람들과 함께 번영하겠다는 약속을 위해 주어지는 넉넉한 구호 기금을 확보하는 것보다 더 좋은 소식이 어디 있겠는가. 배은망덕한 이 사람들은 안타깝게도 자신의 이익 앞에 너무도 자주 눈이 먼 모습을 드러냈다.

그러나 유대인 정착민들 역시 속으로는 또다시 아무도 원치 않는 소수자가 된다는 악몽 같은 기분을 느꼈다. 항상 소수의 식민지 개척자들이 합병된 나라를 점령한 것이 사실이라면, 그 뒤에는 전권을 갖고 그 전권을 대표하는 본국이 있었다. 이 대표자들은 정체성과 민족성과 우월성을 인정받았기 때문에, 전략적으로 착취하고 이용하려는 단 한 가지 목표를 위해 자신들이 지배하는 국가들에서 정체성이나 민족성을 구축해야 할 이유가 없었다.

반면 시온주의자들의 목표는 본국의 이익을 위해 추가적인 부와 권력을 획득하는 것이 아니었다. 일단 조상으로부터 물려받았다고 주장하는 곳에 나라를 세우고, 그럼으로써 민족성을 획득하는 것이 목표였다. 시온주의자들은 이스라엘이 된 팔레스타인만이 자신들에게 이런 지위를 부여할 수 있다고 보았다. 이스라엘이 된 팔레스타인은 몇몇 강대국의 부속물 역할을 하지 않고, 그 자체로 그들의 첫 번째 나라, 즉 주권을 가진 국가가 될 것이었다. 총체적이고 융합적인 이 투자 프로젝트에 대해 원주민은 기생충이나 경쟁자, 그리고 역설적으로 침입자 같은 태도를 보였다. 전통적인 식민지 정착민에게 원주민은 문양에 그려진 존재처럼, 무한한 이용을 보장하는 인간 집단으로 이루어진 잉여 가치로 보였을 것이다. 이번에는 이 민족을 착취하는 것을 넘어, 그들을 대체하고 그 자리를 차지하는 것이 문제였다.

아랍인들 가운데 가장 정치색이 짙은 이들은 여기에 속지 않았다. 그들은 당면 문제를 인식하고 스스로에게 경고하고자 했다. 이를 테면 1914년 익명으로 발간된 '팔레스타인인에게 전하는 일반적 호소'에서 다음과 같이 요청했다.

> 여러분의 땅을 귀하게 여겨 물건 팔 듯 팔지 말 것이며, […] 여러분의 조상이 여러분에게 유산으로 남겨준 이 나라를 적어도 여러분의 자녀들에게 물려주어야 합니다. […] 여러분은 여러분의 나라가 자기들 것이라고 우기며 여러분을 내쫓으러 온 시온주의자들의 노예와 하인이 되기를 바라는 것입니까?[41]

실제로 시온주의의 역학은 이 방향으로 나아갔다. 1897년 바젤에서 열린 제1차 시온주의대회에서 팔레스타인에 '유대 민족의 본향'을 세우겠다는 결론이 도출되었다. 또한 영국인들이 1917년 작성한 밸푸어 선언은 이번에도 팔레스타인에서 이 소박한 '민족적 본향'을 유대인들에게 제공할 수 있기를 바란다고 언급했다. 이처럼 비록 선언문이나 공식 문서에는 신중하고 조심스러운 계획이라고만 언급되어 있지만, 그들의 목표는 오로지 유대인 국가의 건설이었다. 그러나 "영국이 영국인의 것이듯 팔레스타인도 유대인의 나라로 만들겠다"는 개척자들의 목표가 나돌던 상황에서 과연 이것이 사람들의 눈을 속일 수 있었을까?

1936년에 팔레스타인의 아랍인을 인식한 것이 다비드 벤구리온이었다는 사실은 다소 뜻밖이다.

> 그들[아랍인들]은 대단히 규모가 큰 이민을 보고 있다. […] 그들은 유대인이 경제적 지위를 강화하는 모습을 보고 있다. […] 그들은 알짜배기 땅이 우리 손에 넘어오는 것을 보고 있다. […] 그들은 영국이 시온주의와 영국 자신을 동일시하는 것을 본다…. 그들은 영토의 상실을 두려워하지 않지만, 아랍 민족의 조국을 잃는 것은 두려워한다. 다른 이들이 자신들의 조국을 유대인의 나라로 만들어버리려 하기 때문이다.[42]

모셰 샤레트는 "유대인이 이 나라에 들어온다면 상처 입지 않을 아랍인은 한 명도 없을 것"이라고 생각했다. 벤 구리온이 내린 결론은 더 솔직하고 현실적이다. "근본적인 갈등이 문제다. […] 양측 모두 팔레스타인을 원한다."[43]

1937년 윌리엄 로버트 필William Robert Peel 경이 의장을 맡은 영국 왕립 필 위원회는 팔레스타인 분할을 제안했다. 이때 시온주의자들은 아랍인이 격렬하게 거부한 것을 서둘러 받아들였다. 그런데 이 분할 제안은 아랍인에게 유리해 보였다. 시온주의자들은 영토의 20%만을 차지했기 때문이다. 아랍인, 즉 팔레스타인인은 이 사례에서 서투르고 열의가 없으며 무책임하게 고집을 부린다는 비난을 받았고, 이후에는 이와 유사한 다른 경우에서도 비슷한 평가를 받았다. 그 이유는, 우리는 기정사실로 판단했으나 아랍인들에게는 그렇지 않은 사실을 출발점으로 삼았기 때문이다. 반면 이 사실은 그들의 본질적인 관심사를 나타냈으나 전혀 논의되지 않았다. 아랍인들은 명백히 자신들의 땅에 대해 시온주의자들의 권리를 원칙으로 삼아야 할 이유가 없었고, 오히려 아랍인들의 목적은 그 권리를 거부하는 것이었다! 그러나 그들의 거부권은 인정할 수 없는 것으로 여겨졌다. 그들이 옳든 그르든, 누구도 그들의 정당성이나 사전에 무효화된 그들의 거부를 논의할 계획은 없었다. 그들의 견해는 깨끗이 무시되었다. 끝을 알 수 없는 이 깊은 골은 모든 실질적 교류와 협상을 계속해서 왜곡했다.

아랍인들이 거부한 분할 원칙은 논의할 여지도 없는 기정사실로 간주되었기 때문에, 애초에 아랍인들이 취한 입장의 근거 자체가 거부당한 것이었다. 아랍의 동조가 의미한 바는, 벤구리온이 자신에게 명백히 불리한 바로 그 제안들에 얼마나 도취되어 있었는지로 가늠해볼 수 있다. "정말 허무맹랑한 꿈에서조차 상상할 수 없었던 기회다."[44] 그런데도 아랍인들은 적으로 하여금 자신들의 거부를 정당화시켰다! 그러나 외무부 동양부서 외교관 조지 렌들 George Rendel 경은 이렇게 생각했다. "유대인은 뛰어난 수완으로 자신의 패를 보여주었다." 반면 아랍인들은 "너무 서툴러서 나는 유대인 첩자들이 아랍 진영에서 활동하는 건 아닌지 하는 생각도 종종 들었다."[45]

그런데 아랍인들이 많은 점에서 실제로 허술한 면이 있었다 해도, 렌들은 벤구리온처럼 그들도 통찰력이 있다는 것을 인정할 수 있었을 것이다. 필 위원회가 시온주의자들에게 유리한 상황에 진입할 기회를 제공함으로써 그들의 입장을 지지했기 때문이다. 시온주의 지도자를 열광시킨 이런 분위기는, 반대 대의를 가진 당파를 사로잡을 만한 점이 전혀 없었다. 문제는 분할 비율이 아니라 분할 원칙 자체에 있었기 때문이다.

따라서 시온주의자들의 생각은 틀리지 않았다(아랍인

들의 생각도 틀리지 않았으나, 생각의 방향이 정반대였다). 매우 자연스럽게 그들은 필 위원회의 입장을 '뛰어난 수완으로' 치하했다! (훗날 이스라엘 초대 대통령이 되는) 하임 바이츠만 Chaïm Weizmann은 이렇게 평가했다. "이 제안이 손바닥만 한 면적을 넘지 않는다 해도 유대인들이 이 제안을 받아들이지 않는 것은 미친 짓일 것이다."[46] 한편 이 첫 번째 분할 제안에 대해 벤구리온은 1937년 10월 5일 그의 아들 아모스에게 이런 편지를 보냈다.

> 이건 끝이 아니라 시작이야. […] 영토는 그 자체로 중요할 뿐 아니라 […] 권력의 획득을 의미한다. 이 권력 덕분에 팔레스타인 전체*를 더 쉽게 손에 넣을 수 있게 될 것이다. 작더라도 한 국가를 세우는 것은 나라 전체를 회복하려는 우리의 역사적 노력에 대단히 큰 도움이 될 것이고, 지렛대 역할을 할 것이다.**[47]

필 위원회는 아랍 인구 일부를 다른 땅으로 이주시키라고 권고했는데, 이는 시온주의자들이 감히 구체적으로 생각해본 적 없는 일이었다. 다비드 벤구리온은 이번에도 아들에게 이렇게 썼다.

- **저자의 강조.**

우리는 아랍인들을 쫓아내고 싶었던 게 아니야. 하지만 영국이 우리에게 약속된 영토의 일부를 그들에게 내주었기 때문에, 우리 영토에 사는 사람들을 아랍 지역으로 이동시키는 것은 정의일 뿐이다.

이 이주 계획은 공식적으로 표명된 적은 없으나 헤르츨이 처음 생각했고 시온주의자들이 종종 고려했는데, 필 위원회는 이 계획을 자발적으로 선호했다. 벤구리온은 자국민이 아닌 영국인들이 제안한 이 가능성에 기뻐하며 1937년 7월 12일 일기에 이렇게 털어놓았다. "아랍인들의 강제 이주는 […] 유대인이 주권을 갖고 있던 시대, 즉 제1, 2성전 시대에도 갖지 못했던 것을 우리에게 가져다주었다. 정말 허무맹랑한 꿈에서조차 우리는 감히 그런 기회를 바랄 수 없었을 것이다."[48] 8월에 그는 취리히에서 열린 제20차 시온주의대회에서 이렇게 선언했다. "이주는 […] 전

•• **고딕체는 저자의 강조.** 이 편지를 보내고 10년 뒤인 1947년 11월 28일, 유엔이 팔레스타인의 공식 분할과 관련해 투표를 실시했고, 그날 그가 그토록 꿈꿔온 일, 그토록 많은 사람들과 수없이 싸워온 일이 승인을 받았다. 다비드 벤구리온도 승리를 쟁취하고 이틀 뒤 일기에, 환희에 찬 군중의 소리를 들으며 상반된 기분이 들었다고 썼다. "기쁨과 슬픔과 뒤섞였다. 기쁨은 다른 사람들이 마침내 우리를 국가로 인정했기 때문에, 슬픔은 우리가 나라의 절반인 유다와 사마리아를 잃은 데다 우리나라에 40만 명의 아랍인이 있기 때문에 느껴졌다."(Benny Moris, *Victims…, op.cit.*)

세계 식민지화 계획의 실현을 가능케 할 것입니다." 이듬해 유대인 기구 지도자 회합에서 그는 다음과 같은 사실을 확인했다. "강제 이주로 우리는 광대한 지역을 얻게 될 것이다. 나는 강제 이주에 찬성하며 이와 관련해 부도덕한 점은 전혀 찾을 수 없다."[49] 독일 출신의 주요 시온주의 지도자 아르투어 루핀Arthur Rupin은 당시 이렇게 주장했다. "나는 개인의 이주를 믿지 않고, 마을 전체의 이주를 믿는다."[50] 필 위원회는 후속 조치를 취하지 않았으나, 1944년 벤구리온은 "도덕적으로도 […] 정치적으로도" 이주 원칙을 거부하지 않았다는 점을 다시 한 번 확인했다.[51]

갈등

왜 아랍인들은 위협을 직감하고 두려워하면서도 그 위협을 외교적으로 수용할 수밖에 없었는가? 아랍인들이 자신들에게 영향을 주기는커녕 오히려 자신들을 비난하는 주장에 굴복하지 않은 것은, 그들이 고집이 세고 순진해서였는가? 아니면 아랍인들은 벤구리온의 말마따나 "팔레스타인 전 지역을 차지하려는" 시온주의자들의 목표를 꿰뚫어 보고, 분명히 궁지에 몰려 있었지만 그 목표에 저항했는가?

아랍인들은 자신들이 이미 적대적인 강대국들에게 패배했다고 생각해야 했을까? 그리고 자신들이 원칙 자체를 거부한 분할, 시온주의자들에게 "모든 것을 되찾아"주고 아랍인들은 빼앗기기를 거부한 그 분할에 참여해야 했을까?

그러나 아랍인들의 입장은 전혀 고려되지 않았다. 그들은 강요에 복종하지 않으려 했으나 저항은 받아들여지지 않았고, 그들의 역사적 의미를 전혀 다른 방향으로 흘러가게 했다.

상황은 교착 상태에 빠졌다. 시온주의자들은 유대인들이 자신들이 생각하는 유일한 해결책을 원하는 것은 물론 반드시 그 길을 따라야 한다고 생각했다. 그 해결책은 (유대인이 속한) 서구의 적대적 태도에 대한 유일한 피난처이기도 했다. 시온주의자들은 이것이 그들의 명백한 존엄성과 완전한 정체성을 향한 유일한 길이라고 생각했다. 반면 팔레스타인의 아랍인들은 언뜻 유대인 이민자들에게 억압당하고 있는 것처럼 보였다. 그러나 이 억압은 본래 유럽에 존재했던 오랜 반유대주의와 악의, 심지어 대량 학살과 연결되는 것이었다.

갈등의 근본 원인은 증오보다는 경멸이다. 많은 서구인이 유대인을 대하는 태도는 비극적 경멸이다. (유대인을 포함한) 서구인은 팔레스타인과 같은 위임 통치령의 원주민도 경멸했다. 한편 아랍인도 유대인을 경멸했다. "아랍의 무슬

림은 다른 무슬림보다는 유대인을 덜 미워하지만, 이 세상 그 누구보다 유대인을 경멸한다." 이 경멸은 서구 강대국들이 유럽에서 유대인을 박해하거나 박해를 방관하는 결과로 이어졌다. 서구 강대국들은 갑자기 유대인의 보호자로 나섰지만 이미 늦은 일이었다.

그러나 시온주의 운동 초기부터 유대인과 아랍인은 동일한 외세, 즉 오스만제국과 영국의 위임 통치를 받았다. 유대인은 팔레스타인 원주민과 마찬가지로 억압받고 배척당했으며, 수모와 모욕을 겪었다. 또한 유대인은 국제사회에서 아랍인보다 결코 우위에 있지 않았다. 그런 만큼 팔레스타인 원주민으로서는 강대국의 강요로 이런 굴종을 받아들여야 한다는 것이 더 수치스럽고 견디기 힘든 일이었다.

지금은 고인이 된 테오도어 헤르츨이 압둘하미드 2세 술탄을 방문했을 때(이 방문은 아무 성과도 거두지 못했다), 술탄이 이렇게 물었다. "그 똑똑하다는 유럽인들이 내치고 추방한 이들을 왜 우리가 받아들여야 하는가?"[52]

팔레스타인의 아랍인은 시온주의자가 구상한 시나리오에서 처음부터 단역이나 보조 출연자 같은 축소된 역할을 맡았다. 그들은 유럽인이 지은 과거의 죄를 대신 짊어져야 했다. 팔레스타인의 아랍인은 이 시나리오에 따르는 대신 대부분 분노했다. 그런데도 그들에겐 유럽이 저지른 죄를 속죄할 의무를 순순히 따를 것이란 기대가 모아졌다. 착한 원주민이라면 오로지 지배자의 걱정과 관심과 명령만을 따르고, 자기 자신은 잊은 채 지배자의 통제 아래 살아가는 세련된 하인으로서 강대국을 어떻게 대해야 하는지 알고 있어야 하지 않겠는가?

그러나 이스라엘 국가 건설은 적어도 시온주의자의 열정과 인내심만큼이나 강대국들의 결정에 의한 결과였다. 그러니 이미 식민 지배하에 있는 팔레스타인 원주민이 왜 이스라엘 국가 건설에 반대하겠는가? 자국 영토에 외국의 주권국가가 건설된다면 원주민은 당연히 이에 동의하지 않겠는가? 강대국들은 자기들이 유대인에게 팔레스타인 일부를 차지하도록 허용해준 관대함을 원주민이 당연히 감사하게 받아들여야 한다고 생각했다. 나아가 원주민이 팔레스타인 일부를 유대인에게 양보하는 것은 세심한 배려라고 생각했다.

그리고 마지막으로 이 아랍인들도 인정이란 게 있지 않겠는가? 그들도 유럽인이 유대인에게 가한 고통을 비통해하지 않겠는가? 그들은 유대인이 이렇게 고통을 겪었기 때문에(이것은 사실이다) 보상을 받아야 하고 서구는 그런 보상을 할 여력이 없다(이것은 거짓이다)는 것을 이해하지 못했을까? 아랍인은 그 정도로 동정심이 부족했을까? 또한 그토록 야만적이었을까? 그리고 아랍인이 정말로 그렇게 야만적이라면, '사막을 번영시켜'줄 문명화된 유럽인을 받아들이는 것이 자신들에게 얼마나 큰 이익이 될지 깨닫지 못했을까?

팔레스타인에는 탈무드를 연구하는 매우 종교적이고 박식하며 신앙심 깊은 토착 유대인이 늘 소수 존재했다. 이들은 가난하게 살았고, 유대인 디아스포라의 도움은 거의 받지 않았다. 또한 아랍인의 지속적인 경멸에 대해 스스로를 낮추었고, 강렬하고 깊은 묵상 외에 무언가를 발전시킬 만한 능력은 전혀 없었다. 따라서 유대인 개척자들이 결단력 있고, 적어도 스스로에 대해 주인으로서 행동하는 모습을 보고 아랍인은 놀라고 당황했다. 유대인 개척자들은 주인이 되려는 계획을 숨기지 않았다. 아랍인들은 이 계획을 새로운 지배가 아니라 일종의 찬탈로 인식했다.

특히 19세기 후반부터 서구의 신념에 따라 시온주의자들은 비서구 국가이자 이미 (자신들처럼 그리고 자신들과 같은) 지배를 받는 국가에 (자신들이 차지할 수 있고 그럴 수 있도록 승인 받은) 나라를 세울 계획이었다. 우리는 시온주의자들이 인도가 해방된 지 1년도 채 안 된 1948년에 국가 건설이라는 목표를 이루었음을 알고 있다. 시온주의자들의 방식은 곧 어느 민족도 더 이상 지지하지 않게 될, 세계 곳곳에서 점진적으로 폐지될 바로 그 시점에 등장했다. 앞서 살펴본 것처럼 그들의 계획은 즉시 시대에 뒤떨어졌다는 평가를 받게 될 것이었다.

그러한 정치적 급변과 이미 태동하고 있던 민족 해방은 당시 시대정신의 흐름이었고, 무의식적이긴 하지만 의심의 여지없이 이미 시대정신에 영향을 미치고 있었다. 또한 세계 역사에서 식민지 시대는 끝을 향해 가고 있었다. 그러므로 유대인 이민자들이 용기와 결단력을 가지고 지지 세력을 앞세워 추진력 있게 성공을 거두었음에도, 우리는 아랍인이 유대인 이민자들의 현실적 약점을 직관적으로 파악하고 그들의 역설적 상황을 인식하고 있었음을 상상할 수 있다. 아랍인은 유대인 이민자들의 약점이 얼마나 큰 위험을 의미하는지 이해했다. 그 약점 때문에 시온주의자들은 팔레스타인에 영구적으로 의존하게 되었고, 팔레스타인을 떠나려 하지도 떠날 수도 없었다.

다른 식민 세력과 달리, 이 개척자들, 즉 유럽의 난민들에게는 팔레스타인을 떠날지 말지 결정할 수 있는 나라가 없었기 때문에 그들 자체로 국가를 구성해야 했다. 당시 아랍인들은 다른 땅도 다른 나라도 다른 고향도 없는 이 개척자들, 이 난민들이 팔레스타인에 필사적으로 뿌리내릴 것임을 본능적으로 직감할 수 있었다. 유럽은 유대인들에게 범죄를 저지른 뒤 그들을 내쫓았고 소외된 존재로만 인식했기에, 유대인들은 자신들이 떠나온 세계에 애도를 표한 뒤 승리자인 양 팔레스타인에 자리를 잡았다. 따라서 유대인이란 존재는 팔레스타인의 일부 아랍인이 20세기 초부터 주장해온 독립에 다가가는 데 걸림돌이 되었다. 식민 지배를 받던 다른 민족은 독립을 이루고 점차 주권을 되찾았으나, 유대인은 아랍인에게서 주권을 빼앗고 독립을 이루지 못하게 막았다. 유대인은 식민 지배를 받던 나라들이 곧 자연스럽게 맞이할 독립의 운명을 아랍인이 맞이하지 못하게 방해하고, 이러한 역사적 흐름에서 벗어나게 하여 아랍인을 다른 역사로 끌고 들어갔다.

이 역사는 아이러니하게도 지리적으로 협소하지만 갈등이 전면적으로 확산되어 있는 지역에서, 수십 년에 걸쳐 해소되지 못한 채 미적거렸고 지금도 미적거리고 있다. 이 지역에서 역사는 점점 더 비참해져만 가는 재난영화의 똑같은 시나리오를 연속해서 끊임없이 보여준다. 이 영화는 겉보기에 결론이 불가능하고 쉼 없이 연장되며 결코 결말에 이르지 못한다. 왜냐하면 이 역사는 고대의 역사가 아니라 최근의 역사, 여기서 서둘러 결론을 짓고자 했던 유럽의 공포의 역사에서 비롯된 또 다른 역사의 후유증을 나타내기 때문이다.

하지만 여기, 중동에서 역사는 아무 의미 없이 흘러갔다. 이 프로젝트[시온주의 운동]는 장소[팔레스타인]와 등장인물[유대인과 아랍인]을 잘못 선정했다. 돈키호테는 가상의 적인 풍차와 대적했지만, 시온주의자들은 살아 있는 사람들을 상대해야 했다. 팔레스타인에 뿌리를 내리고 현재 살고 있는 이 아랍 민족은 더 낮은 수준에서, 또 다른 맥락에서 인종차별의 대상이었기 때문에 서구의 인종차별 문제를 책임질 수 없었다. 아랍 민족은 비유대인 서구 세력이 최근의 재난에 실제로 연루되어 있으면서 유럽과는 무관한 일이라며 책임을 회피한다고 주장했다. 팔레스타인에서는 다른 이들에게 아무 근거 없이 책임을 강요하면서, 사실상 유럽 국가에는 아무도 책임도 묻지 않았다. 아랍 민족은 실질적으로 아무도 책임을 지지 않았기 때문에, 유대인 피해자들이 팔레스타인에 책임을 물을 수 없다고 주장했다.

따라서 유대인은 인위적인 배경에서 상황에 맞지 않게 잘못된 방식으로 자기 역할을 했다. 그 역할은 오해 속에서 예기치 못한 비극을 낳았고, 우리는 그 비극의 원인을 망각했거나 잘못 이해했다. 그러나 이 문제가 시작된 원인과 갈등을 피하거나 숨기지 않고, 그것을 인정하고 이해하는 것에서 출발하여, 무엇보다 그리고 매번 문제의 근본 원인으로 돌아가야 결국 해결책을 찾을 수 있다. 그래야만 이스라엘 국가라는 존재의 불가역성과 팔레스타인 사람들의 신성한 권리를 인정하는 진정한 협상에 착수할 수 있다.

이 갈등의 원인은 지금껏 숨겨져왔지만, 팔레스타인의

아랍인과 팔레스타인 사람들의 기억 속에 여전히 깊이 뿌리 박혀 있다. 그로 인한 상처는 수십 년 동안 지속적으로 고통을 주었지만, 바로 이 상처에서 출발하여 상처를 인정하고 세심하게 살펴야 한다. 우리는 매번 그런 상처가 존재할 이유가 없다는 증거를 찾는 대신, 그 상처에 대해 논의했어야 하고 오늘날에서도 여전히 논의해야 한다.

한편으로 우리는 역사의 다른 측면을 잊곤 한다. 전쟁이 끝난 뒤 얼마나 많은 유럽 유대인이 사회적으로나 재정적으로 취약한 상태였는지, 그들이 얼마나 수치스러운 상황에서 권리를 회복하지도 인정받지도 못했는지 우리는 잊곤 한다. 그러나 유대인은 서구사회에서라면, 또한 민주주의 사회에서라면 누구나 누리는 모든 권리를 당연히 누렸어야 했다. 그들이 속한 그리고 그들이 책임져야 했던 그들의 문명 속에서, 다른 모든 남녀 시민과 동등한 권리를 누렸어야 했다. 그러나 그들을 목표로 문명 파괴가 자행되었다. 우리는 수 세기에 걸친 그들의 오랜 기억, 죽음에 이를 만큼 정의를 부정당한 그 고통의 기억을 설명할 단어가 없다는 것을 알고 있다. 그러나 그 기억은 그들의 생명력, 결코 잃지 않은 삶의 감각, 인내력을 보여주었다. 그렇다면 이것을 부활이라 말할 수 있지 않을까? 또한 그 기억은 극도로 절망적이고 절대적인 인종차별에 대한 무지와 어리석음을 증명했다. 이 무지와 어리석음은 아무것도 들리지 않고 아무것도 기록될 수 없는 구렁텅이를 만들었다.

비극과 배신이 반복되고 수많은 희망이 짓밟혀 잔해만 남았다면, 그리고 최근에 공포를 마주한 경험이 있다면, 그런 자에게 자기 영토를 갖고 싶은 열망이 생기는 것은 분명 타당한 일이다. 유대인은 자신이 받은 모욕과 정치적으로 무관하고 이미 주인이 있는 나라에서 자신의 권리를 행사하기 전에 생각했어야 했다. 유럽의 유대인 각자가 모든 민주주의자들이 했던 투쟁과 연결되는 투쟁으로써, 유대인의 고향인 유럽에서 제한 없이, 거리낌 없이, 아무런 유보 없이 보장받을 권리를 먼저 선택했다면, 자기 영토를 갖고 싶다는 그들의 열망은 더 큰 의미를 가졌을 것이다.

유대인이 능욕당한 바로 그곳에서 그의 권리가 즉시 회복되었다면 어땠을까. 이것이 유대인에게 너무 고통스러운 일이라면, 그 고통에 책임이 있는 유럽 가운데 유대인 스스로 선택한 나라에서 권리를 확립할 수 있었다면 어땠을까. 그러나 기대와 달리 전쟁 직후 유대인 이민 할당량은 기존 수준을 유지했고, 강제 이주자들은 난민 수용소에 머물러야 했으며, 포그롬이 발생하기도 했다. 난민 수용소를 벗어난 유대인 난민을 태운 선박에 닥친 비극은 말할 것도 없다. 이 선박들은 어디에도 정박할 수 없었고 심지어 침몰되는 일도 있었다.

당시뿐 아니라 그 뒤로도 오랫동안 미국에서는, 겉보기에 사소한 차별이 사적 영역에서 지속되었다는 사실을 잊어서는 안 된다. 여러 배제 조치 중에서도 예를 들어 미국 유대인은 특정 호텔 투숙하거나 특정 스포츠 시설을 이용할 수 없었고, 대학에서는 유대인 학생수를 제한했다. 그러나 이런 차별 방식에서 중요하지 않거나 무해하지 않은 것은 없었다.*

인종차별에 대한 지속적이며 시급한 경계는 유대인만을 위한 것이 아니며, 유대인만의 문제도 아니다. 인종차별적 질서는 아무리 미세한 흔적이라도 거부해야 한다.** 잠재적 인종차별의 피해자는 그가 누구이건 모든 피해자를 사전에 보호하려는 끈질긴 경계가 시급하며, 그것은 결국 잠재적 가해자를 예방적으로 보호하는 것이다. 전쟁 이후 보호해야 할 대상은 나치 공포에서 살아남은 사람들만이 아니라, 악의적인 충동을 지닌 인류 전체였다.

다시 말하지만, 20세기에 벌어진 광기는 유대인의 역사가 아니라 반유대주의의 역사, 유럽 유대인의 역사가 아

---

* **예를 들어 1936년 미국의 한 언론인이 제3제국의 스포츠클럽에서 독일 유대인 출입을 금지한 것을 비판하자, 베를린 올림픽 독일 조직위원회 위원장 테오도어 레발트Theodor Lewald는 이렇게 응수했다. "클럽에는 회원을 선택할 권리가 없습니까? 뉴욕 육상클럽에 유대인 회원이 있습니까? 나는 확실히 아니라고 말씀드릴 수 있습니다."(Arthur Morse, *op.cit*)**

니라 유럽 반유대주의자의 역사에서 비롯되었다. 그것은 유럽의 성격을 지닌 정치적 이데올로기를 명분으로 유럽인에게 자행된 유럽의 야만 행위의 역사였다. 유럽은 경이로운 문화적 업적과 학문적 성취, 끝없는 탐구라는 위대함을 지녔음에도 이런 끔찍한 짓을 저질렀다. 유럽은 죄를 짓지 않을 수 있을 만큼 이성적이었지만, 죄를 짓지 않을 수 있었음에도 저질렀기 때문에 그 죄는 더 무거울 수밖에 없었다.

•• 집시들도 집단 학살과 가스실의 피해자였는데, 전쟁이 끝난 후 이들은 어떻게 되었는가? 집시 생존자들은 여전히 사회에서 불편한 존재로 여겨졌고, 차별이나 억압적인 법적 조치의 대상이 되었다. 예를 들어 독일에서 '여행자' 즉 집시를 대상으로 한 법은 더 이상 '인종'을 언급하지 않았기 때문에 옳은 법으로 받아들여졌다[집시 문제는 인종차별이 아닌, 사회적·법적 문제로 다루어져 집시에 대한 차별은 불법이 아니었다는 뜻이다—옮긴이]. 집시들도 강제 수용소의 피해자로서 당연히 법적 보상을 받을 권리가 있었지만, 그들은 아예 보상을 받지 못하거나 뒤늦게 받았다. 예를 들어 강제 불임 수술은, 그것이 그들의 노동력에 영향을 미치지 않았다는 이유로 보상에서 제외되었다. 생존자들은 종종 공식적으로 선천적인 사회 부적응자로 간주되어 체포당했다. 그들이 나치 수용소에 수감된 것은 경찰이 취한 평범한 조치였고, 나아가 나치 정권 이전의 법률에 따라 이루어진 조치로 간주되었다(Guenter Lewy, *La Persécution des Tzignaes par les nazis*, Paris, Les Belles Lettres, 2003). 오늘날까지도 오랜 편견에서 비롯된 일반적인 적대감은 명백하고 적극적이며 비타협적인 인종차별로 나타나고 있다. 이것이 집시들을 유럽 전역에서 법적으로 배제하고 빈곤과 경멸로 몰아넣었다는 사실을 우리는 잘 알고 있다.

쇼아

히브리어 '쇼아Shoah'(홀로코스트라는 뜻)는 매우 아름다운 단어다(이런 점에서 금세기 가장 위대한 작품 중 하나인 클로드 란츠만 감독의 영화 제목이 〈쇼아〉인 점은 매우 적절하다). 공포의 다양성을 하나의 소리에 응축시킨 '쇼아'를 보편적인 표현으로 사용할 때, 공포의 시간을 유대인에게 국한하여 그것이 유대인만의 역사이고 숙명이라고 하는 우를 범할 수 있다. 즉 범죄와 범죄자가 거의 초자연적인 저주에 따라, 미리 계획된 피할 수 없는 운명으로서 필연적이고 예고된 역할을 수행한다고 보는 것이다.

쇼아는 가해자보다 피해자에 초점을 맞춘다. 또한 서구적 맥락에, 계몽주의와 관련된다고 추정되는 영역에, 유럽 땅에 뿌리를 둔 인종차별적 재난의 유럽적·현대적·정치적 성격을 지워버린다. 이로 인한 괴리는 대량 학살의 대상인 유대인도, 그것을 저지른 자들도 속하지 않는 히브리 시대의 성서적 관점과 틀, 버전으로 이어진다. 그것은 유럽이라는 지리적 공간에서 취해진 활동, 견해, 결정, 당대의 정치적 주도권과 관련된 것이었다. 이것은 구체적이고 명확한 시점에 나치가 착수한 작전이었으며, 여러 유럽 국가의 시민들 및 정부가 이에 동참했다. 이들은 자신들의 동포인 유럽의 유대인에 맞서 연합한 사람들이었다. 그러나 이는 본질적으로 유대인과 관련된 현상이거나, 고대의 운명fatums 과 연결지어 미리 결정된 사건이 아니었다.

우리가 '쇼아'라고 부르는 것은 피해자에 의해서만 규정되는 것이 아니다. 쇼아라는 용어가 은폐하거나 축소하는 주동자와 실행자의 잔혹함에 의해서도 동일하게 규정된다. 그럼에도 늘 그렇듯 이 용어를 조직적으로 사용한다면, 최악의 경우 유럽 언어에 속하는 것을 히브리어로 전가하게 된다. 사람들은 이 언어들[유럽의 언어]로 계획하고 생각하고 말하고 듣고 소리쳤으며, 이디시어를 포함한 이 언어들로 학살을 저지르고 경험했다.

히브리어는 숭고하지만 전혀 중립적이지 않은 언어다. 히브리어는 최근의 비극적인 과거를 즉시 다른 곳으로 옮기고, 이를 상징적으로 중동에 이식한다. 또한 상징적으로, 히브리어는 중동에 즉시 과거를 자리 잡게 하고, 유럽에서 과거를 제거한다. 그리하여 진짜 책임자의 존재 자체와 책임 소재의 명확한 지시를 약화시키고 지워버린다.

거듭 말하지만 '쇼아'는 아름답고 효과가 분명한 용어다. 그럼에도 이 용어는 쇼아가 가리키는 사건을 정확한 맥락이나 물리적 현실, 견딜 수 없을 만큼 끔찍한 구체적 사실로부터, 그 사건의 무의미함과 그 무의미함의 의미로부터 벗어나게 만드는 것은 아닌가? 이로 인해 사건의 가능한 분석이 방해를 받고 저지될 위험이 있다. 따라서 그 사건을 분석해야만 통제할 수 있고, 그래야 어쩌면 미래에 그 사건을 극복할 수 있다.

무한한 울림을 지닌 '쇼아'라는 단어는, 거듭 밝혔듯이 사건에 엄격히 유대적인 성격과 극히 성서적인 색채를 부여한다. 이 사건은 현대 서구의 책임 아래 의도적으로, 그리고 현대 서구의 규모와 시기에 벌어진 끔찍한 사건이며, 여기에는 인류 전체가 포함된다. 이렇게 '쇼아'는 사람들이 겪은 비극을 가리키고 기록하며 그 비극이 예정된 일인 것처럼 보이게 만들지만, 이 사건을 지속시킨 원인을 가린다. 즉 법과 존중을 의식적으로 제거하고, 법과 존중의 부재가 실행되도록 모든 것을 허용하여 결국 정치를 정치적으로 파괴한다. 그리하여 정치가 존중의 개념을 보호하면서 적어도 '극악무도함'이라는 범주 안에 가두어놓아야 할 것이 폭발하기에 이르렀다.

이스라엘 국가의 창설은 국가와 시민과 그들의 지위를 존중해달라고 요구했으나, 변화된 것은 유대성$_{judaïté}$이었지 반유대주의가 사라진 것은 아니었다.

우리는 반유대주의의 대상이 된 유대인들이 떠나는 모습을 목격했을 뿐, 그들을 목표로 한 행위가 사라지거나 이를 가능하게 한 상황이 철저히 바뀌는 것을 목격하지는 못했다. 이런 맥락에서 다수의 유대인이 유럽을 떠나는 상징적 행위는 서구에 대한 모든 희망을 의식적으로 포기하겠다는 그들의 결단으로 보였다. 버려진 것은 서구였고 거기에는 합당한 이유가 있었으며, 서구는 버려진 상태 그대로 방치되었다.

새로운 전망과, 독창적이고 긍정적이며 고양된 목적에 부응하는 정당한 반응은 바로 국가 건설이었다. 이것은 어떤 아름다움을 지닌 계획이었다. 그러나 그로 인해 서구의 반유대주의는 확고하게 뿌리를 내렸고, 반유대주의를 뿌리 뽑기보다는 최소한으로 피하려는 분위기가 자리 잡았다. 반유대주의는 되돌릴 수 없는 것으로 받아들여졌고, (18세기 말) 프랑스와 서유럽에서 모든 법적 차별의 철폐를 주도한 민주적 열망은 무시되었다. 이 유럽은 가장 범죄적인 시간들로만 기억되었다.

민주주의가 (그 어떤 조건에서!) 비록 침해당하고 짓밟히고 패배했을지라도, 그리고 민주주의가 그런 수모를 겪었기 때문에 오히려 더, 민주주의를 향한 이 열망은 기준으로서 민주주의가 확립한 것을 유지해야 하지 않겠는가? 민주주의의 근본 조건을 보호하는 것, 그리고 민주주의가 이미 성취된 것처럼 보이더라도 끊임없이 민주주의를 향해 나아가는 것이 실현 가능한지 증명하는 일이 남아 있다. 문제는 신뢰를 회복하는 것이 아니라, 그 신뢰를 정당화할 근거를 확립하는 것이다.

시온주의는 다른 방향을 제시했고 어떤 측면에서 그

방향은 긍정적이었다. 그러나 시온주의는 반유대주의와 거리를 두면서도 반유대주의가 존재한다는 사실에 달리 맞서지 않았고, 반유대주의를 몰아내려 하지 않았다. 또한 반유대주의를 진지하게 판단하거나 철저하게 분석하지도 않았다. 이는 반유대주의라는 사실을 그대로 놔둔 채 '유대인 문제'를 다른 데로 옮기는 것에 불과했다.

그러나 사라져야 할 것은 '유대인 문제'였다. 유대성이 아니라 그것이 '문제'로 제기된다는 사실이 사라져야 했다. 유대인이라는 것은 어디에서나 중요한 가치를 지녀야 하지만, 그 가치는 유대인 각자가 자신에게 부여하는 것 외에 다른 중요성을 가져서는 안 된다. 또한 유대인이란 것이 더 이상 '문제'가 아니라(긍정적인 고정관념을 제공하는 이례적인 일anomalie은 더욱 아니라), 다른 많은 표준들 가운데 하나로 여겨져야 했다.

그러나 이 선택의 자유는 다른 데 소속되거나 아무 데도 소속되지 않을 자유도 포함한다. 이 선택은 본질적이지만 사적 영역에 속하며, 공공의 관점이나 개인의 지위에서도 모두 동등하게 고려되어야 한다. 유럽, 특히 프랑스 법은 이 선택을 수용했고 제도화했다. 물론 법은 왜곡된 적이 있고, 또 이 영역에서는 법이 필요하다. 그러나 이 법을 뒷받침하려면 여론의 힘과 매우 명확히 표명된 집단적 확신의 힘이 필수적이다. 따라서 과거 문명의 붕괴를 초래한 바로 그 요소들이 지금의 문명에 자리 잡지 않도록 세심하게 주의를 기울이고, 모두가 참여하여 철저한 감시를 게을리해서는 안 된다.

시온주의는 유럽을 떠나기 위한 특정 수단 외에 다른 어떤 설명도 유럽에 요구하지 않았다. 그리고 수 세기 동안 유럽에 존재했던 거부와 반유대주의 박해를 허용한 행위가 종식되었음을 상징하기를 거부했다. 대신 단순히 거기서 등을 돌리는 데 그쳤다. 외국으로의 이주는 당연한 일로 볼 수 있지만, 이것은 서양의 그리고 계몽주의의 다른 측면을 거부하는 것이었다. 서양의 계몽주의는 다른 곳에서는 결코 행해진 적 없는 것처럼 정의를 향한 길에 착수했고 그 길을 확립했기 때문이다.

그 길은 대체로 거칠었고 히틀러에 의해 고난의 길이 되었으나, 언제나 재건되어야 하고 모든 이에게 꼭 필요하며 역사에 이로운 유일한 길이었다. 1791년 법에 따라, 유대인의 차별적 지위는 그들의 문화와 종교를 침해하는 일 없이 사라졌다. 빈에서, 예를 들어 파리와 다른 곳에서 이 법이 어떤 눈부신 결과를 거두었는지는 잘 알려져 있다.

20세기에 갑자기 법이 폐지되는 비극이 발생한 것을, 이 문명에 내재된 자연스럽고 불가피한 일로 보아야 할까? 자유와 유대인의 평등, 유대인을 민주주의와 시민사회로 편입시킨 진보는 변덕에 불과하고, 호의적이긴 하지만 일관성 없는 무가치한 일회성 사건일 뿐일까? 그들이 나치즘의 지옥 같은 시간에 먹힌 것은 [유대인의 평등과 권리 확대 같은] 그런 경향이 현실에 맞지 않고 인류에게도 적합하지 않았다는 것을 입증하는 역할을 했는가? 물론 나치의 극단적 행위도 적합하지 않았지만, 무해해 보이는 인종차별적 성향에 대한 관용, 그중에서도 가장 절제된 관용만이 적합했는가?

아니면 이제 더 큰 힘과 끈기와 확신, 그리고 무엇보다 경계심을 갖고, 인종차별적 굴레로부터 문명을 해방시키려는 계획, 사실상 문명의 생존과 발전에 필수적인 이 계획을 재개하고 이어갈 수 있을까? 인류의 지속적이고 열정적이며 특별한 노력은 스스로를 '본능적 인간'과 인간의 기계적 행동automatisme, 고대로부터 이어져온 원초적 성향들, 비인간적 '순진함'과 구별하기 위한 것이 아니었을까? 아니면 반대로(그럴 만한 이유가 있어서) 인류는 서구와 그 역사에 대해 절망해야만 했을까?

그러나 왜 절망해야 하는가? 인종차별의 악순환에 굴복하거나 그 악순환에 내포된 지옥에 떨어지길 끊임없이 거부하고, 이제부터 유럽, 그토록 많은 실패를 겪은 유럽을 지키겠다고 결정하면 되지 않는가? 유럽은 예리하고 미묘한 차이nuance를 지니며 아름다움의 고통을 품고 있다. 유럽은 의심과 지식, 심연을 들여다보는 시선mises en abyme●과

통찰력을 갖고 있다. 유럽과 유럽의 마력이 지닌 이 모든 능력은 아무리 이야기해도 모자랄 것이다. 법도 마찬가지다. 하지만 유럽은 이 법을 매우 능숙하게 폐지했고, 그 순간부터 최악보다 더 나쁜 상황으로 추락했다.

이 최후의 유럽으로부터 자신을 보호하려면 천사 같은 환영을 전면 재검토하고, 낙원이라는 무모한 희망을 포기하며, 어떤 예언도 듣지 않고, 무엇보다 최악의 상황을 영구적으로 막는 데 전념해야 했다. 이것은 결코 사소한 일이 아니다. 모든 사람이 법을 누릴 권리를 확립하려는, 결국에는 겸손하고 지극히 논리적인 시도인데 왜 이런 시도를 포기하겠는가? 이 목표가 최우선 과제였고, 나치 시대 이후 이 사실이 입증된 듯했다.

하지만 정말 엄청난 인내가 필요했다! 그 자리에서 저항하고 버티는 것 외에 다른 방법을 선택하지 않고, 불의가 판치는 곳에서 그래야 했던 것처럼 결국 불의에 동의하는 것이 더 쉬웠을지 모른다. 이 저항 운동들은 겉으로는 미래도 희망도 없고 너무 동떨어져 보였으며, 처음부터 이미 실패가 예고된 것이었다. 그러나 이 운동들은 예상치 못한 짧

- **그림 속 그림, 이야기 속 이야기처럼 서사의 복합적 의미 효과를 만들어내는 격자 구조 기법. 또는 아빔, 즉 심연이나 무한반복 속에 놓인다는 뜻도 있다. 예를 들어 마주보는 거울 속에서 동일한 이미지가 무한히 반복되는 양태를 생각해볼 수 있다. ─옮긴이**

은 시간 안에 전 세계 식민주의와 미국에서의 흑인 차별, 남아프리카공화국의 아파르트헤이트 같은 불의의 적어도 법적인(이것은 중요하다) 종말을 이끌어냈다. 이런 수많은 사건이 일어나기 직전까지도 여전히 우리는 절망에 빠져 있었다.

오늘날 매우 당연한 일로 보이는 것, 단순히 역사적인 과거로 정리된 것은 이전에는 생각할 수 없는 일이었다. 그리고 더 문명화된 세상을 얻기 위해 싸워온 극소수의 사람들은 당시 기껏해야 온건한 몽상가나 아니면 선동가, 심지어 극렬한 반동분자 취급을 받았다. 그러나 그들은 그 이후 승리를 거두었고, 현명한 사람으로 대우받았다.

질문

수 세기 동안 이어진 박해는 나치의 대량 학살에까지 이르렀다. 그 뒤 점점 더 많은 유대인이 국가를 세우고 안식처를 마련할 영토를 확보하는 것이 더 긴급하다고 판단했고, 이는 인간적으로 당연한 일이었다. 그것은 재앙이 일어나자마자 꼭 지켜야 하는 보편적 윤리를 위해 싸우는 것보다 더 긴급한 일이었다. 대재앙이 벌어진 이후에도 여전히 투쟁이 필요했다면, 투쟁이 매우 비현실적이고 과도한 일로 보일 수 있었다. 또한 재앙의 고통을 겪은 피해자들에게 즉각 투쟁에 나서길 바라는 것은 부당하고 지나친 요구였다. 시온주의자와 다른 유대인에게도 차라리 다른 곳에서 자율적인 미래를 스스로 창조하는 편이 더 나은 일로 보였을 것이다. 하지만 왜 팔레스타인이었는가?

이 질문은 어리석어 보일 수 있고, 심지어 다수의 특정 사람들에게는 신성모독으로 비칠 수도 있다. 이것은 피난처의 필요성과, 수천 년 전 떠나온 나라를 성서적 맥락에서 되찾으려는 열망이 항상 동일시되지는 않았다는 점을 망각하는 것이다. 시온주의 초기에는 이 질문이 자연스럽게 여겨졌고 또 자주 제기되었다는 점도 망각하는 것이다. 그때는 팔레스타인 외에 다른 지역이 더 적절하지 않을까 묻는 것이 일반적이었다.

레온 핀스케르Leon Pinsker는 시온주의의 진정한 선구자로서, 1882년에 《자기해방, 유대인 문제의 유일한 해결책 Auto-émacipation – La seule solution au problème juif》*이라는 책을 썼다. 이 책은 헤르츨의 《유대 국가》보다 14년 먼저 나왔고, 헤르츨의 책보다는 반응이 덜했으나 '호베베이 시온Hovevei Zion(시온을 사랑하는 사람들)' 운동을 창설하는 데 기반을 제

- **헤르츨 역시 자신의 《유대 국가》가 '하나의 해결책'이 아닌 '그 해결책'을 제시한다고 주장했다(*Journal, op. cit*).**

공했다. 이 운동의 의장을 맡은 핀스케르는 폴란드에서 태어나 러시아의 오데사에서 활동한 유명한 의사였다. 헤르츨처럼 매우 동화된 유대인이었던 그는 1881년 발생한 포그롬으로 큰 충격을 받았다. 그는 "유대인이 그런 보편적 증오의 '선택된 민족'임을 보지 않으려면 눈이 멀어야" 한다고 선언했다. 그러면서 "오른쪽으로 몸을 돌려도 우리를 도와줄 사람이 없고, 왼쪽으로 돌려도 우리를 지지해줄 사람 하나 없다"고 말했다.

따라서 "국가로서 유대 민족의 자기 해방은 유대 식민 공동체를 창설함으로써, 언젠가 누구도 빼앗을 수 없고 침범할 수 없는 우리 조국, 우리 자신의 조국을 만들려는" 것이었다. 그러나 우리의 조국은 "세상 어디에 있든 상관없었다." 사실 이 계획에 팔레스타인은 포함되지 않았다. "우리 노력이 지향해야 할 목표는 성지가 아니라 우리 자신의 땅이다…. 북아메리카의 작은 영토나, 오스만제국이나 강대국이 중립성을 보장하는 파샤의 관할 구역 중 하나를 선택할 수 있다." 전문 위원회가 위촉되고, 팔레스타인은 여러 후보지 중 하나의 가설로서만 고려되었다. 이 가설은 팔레스타인이 신속하게 생산적으로 변모할 수 있다고 전문가들이 판단하는 경우에만 채택될 것이었다.

헤르츨 자신은 《유대 국가》의 한 챕터에 '팔레스타인인가 아르헨티나인가'라는 제목을 붙였다(그가 핀스케르의 책을 읽은 것은 자기 책을 쓴 뒤였다). 헤르츨은 아르헨티나를 "거대한 면적과 소수의 인구와 온화한 기후를 지닌, 전 세계에서 가장 풍요로운 나라 중 하나"로 묘사한다. 반면 면적이 매우 좁은 팔레스타인은 "잊을 수 없는 역사적 고향"을 상징하며, "오로지 그 이름만으로 우리 민족에게 엄청난 힘을 지닌 집결의 함성을 지르게 할" 것이라고 표현한다.

아하드 하암은 1891년에 "이스라엘인가 아메리카인가?"라는 질문을 둘러싼 "풍부한 논쟁적 문학"에 대해 지적했다. 그러나 논쟁은 가라앉았다. "시간이 지나면서 양측 진영의 가장 뛰어난 사람들이 각 입장이 품고 있는 일부 진실을 인정할 수밖에 없었기 때문이다. […] 그러므로 진실된 답은 이것이다. '이스라엘 그리고 아메리카다.'"[53]

다른 많은 지역들도 논의되었다. 친절한 조지프 체임벌린이 헤르츨 박사에게 호의를 앞세워 우간다를 제안했다. 체임벌린의 제안*이 매우 진지하게 검토되자, 시온주의자들은 심각하게 분열되었다. 1903년 바젤에서 제6차 시온주의대회가 다소 소란스러운 분위기에서 열렸다. 여기서 우간다 계획을 즉각 받아들일지 아니면 팔레스타인을 기대하며 기다릴지에 대한 문제가 제기되었다. 헤르츨이 지

---

* **일련의 포그롬과 키시너우 포그롬에 희생된 러시아 유대인의 탈출 가능성으로부터 서유럽, 특히 영국을 '보호할' 제안이었다.**

지했던 우간다 선택안이 295표 대 178표(기권 143표)로 승리했다. 그러나 불과 2년 뒤 논쟁과 협상 끝에 1905년(헤르츨은 1년 전 사망했다) 제7차 시온주의대회에서 최종 결정은 팔레스타인으로 넘어갔다. 그러나 뒤이어 종종 격렬하고 분분한 논쟁이 이어졌고, 그 결과 중요한 회의와 다양한 파벌들이 혼란에 휩싸였다.

예를 들어 이스라엘 쟁윌은 팔레스타인에는 아랍인들이 매우 오래전부터 뿌리 내리고 있었다고 주장하며 우간다 계획을 지지했다. 자신의 주장을 관철하는 데 실패하자, 쟁윌은 시온주의 운동에서 떨어져나와 따로 자신의 노선을 펼쳤다.

반대로 헤르츨 및 극렬 지지자들과 매우 가까웠던 제에브 자보틴스키는 이 문제에서 헤르츨의 의견에 완강히 반대했다. 그는 우간다 계획에 반대하는 진영에 합류했다. 다수의 랍비와 사회주의 시온주의자들은 팔레스타인에서 '종교적 독재'가 발생할 우려가 있다며 우간다 계획을 지지했다!

작가 베르나르 라자르**는 당시 프랑스 최초로 드레퓌스를 공개 지지했다. 37세의 젊은 나이에 죽음을 앞둔 그는 이렇게 썼다. "당신들은 우리를 시온으로 보내고 싶어 한다.[…] 우리는 그곳에 가고 싶지 않다…. 우리의 행동과 정신은 드넓은 세상 속에 있고, […] 우리는 그 세상에서 아무것도 포기하지 않고 아무것도 잃지 않으며 머물고 싶다."⁵⁴ 그 무엇에도 굴복하지 않고.

라자르는 굴복하지 않기로 즉시 결심했으나, 드레퓌스 대위에 맞서 결집한 가장 강력하고 가장 권위 있는 공식 영역 전체와 싸우기로 마음먹었다. 라자르는 테오도어 헤르츨이 그랬던 것처럼 곧바로 실망하고 낙담하며 포기하지 않았다. 헤르츨은 드레퓌스의 명예를 옹호함으로써 유대인이든 아니든 모두의 명예를 옹호하는 대신, 유대인이 물러나야 한다고만 생각했다. 여러 사람이 명예를 옹호하려 시도했는데 가장 먼저 성공한 것은 라자르였다. 그러나 이 성공이 큰 승리를 의미하는 것은 아니었다. 자리를 지키

•• 베르나르 라자르는 핀스케르 및 헤르츨과 마찬가지로 처음에는 매우 동화되었으나, 무엇보다 그는 사회주의자였고 자유주의적 성향을 지닌 사람이었다. 그는 드레퓌스 사건과 포그롬 이후 열렬하고 확고한 시온주의자가 되었다. 그러나 라자르는 헤르츨의 운동과는 차별화된 독특한 행보를 보였다. 그는 헤르츨이 악명 높은 반유대주의자들에게 굴복했고 '부르주아적'이라며 비난했다. "우리가 부유한 유대인에게 착취당하려고 시온으로 간다면 현재 상황과 뭐가 다르겠는가. 당신들이 말하는 애국의 기쁨이란 이제 같은 민족 사람들에게만 억압당하는 것이다. 우리는 그런 것을 원하지 않는다." 비종교적이고 반민족주의 성향을 지닌 라자르는 1897년에 유대 민족주의에 대한 자신의 생각을 이렇게 분명히 밝혔다. "오늘날 '나는 민족주의자다'라고 말하는 유대인은 이처럼 특별하고 명확하며 구체적으로 말하지는 않을 것이다. '나는 팔레스타인에 유대 국가를 재건하고 예루살렘 정복을 꿈꾸는 사람이다'라고 말이다. 대신 '나는 완전히 자유로운 사람이 되고 싶고, 태양을 즐기고 싶고, 인간으로서 내 존엄성을 갖고 싶다. 나는 억압에서 벗어나고, 분노에서 벗어나고, 사람들이 나에게 던지는 경멸에서 벗어나고 싶다'라고 말할 것이다."(*Le Fumier de Job*, Paris, Circé, 1990)

고 있는 악당들은 최후의 발악을 했고 끊임없이 추문을 일으켰으며, 여러 소송으로 상황을 어지럽혔다. 그럼에도 뒤늦은 승리조차 없었다면 얼마나 큰 손실이 발생했을까! 불명예스러운 법적 오류는 영원히 기록으로 남았다. 부당한 행위는 오히려 본보기로 여겨졌다. 그리고 한 사람, 알프레드 드레퓌스는 끝없는 고통을 겪었다.

이 투쟁은 마침내 승리를 거두었으나 나치의 악몽을 막지는 못했다. 그랬다 하더라도 그사이에 이 투쟁은 뚜렷해진 반인종주의 흐름을 유지하고, 이 흐름을 정치적으로 강화하는 데 얼마나 전력을 다할 가치가 있는지 강조할 수 있었다. 또한 드레퓌스 사건에서 드러난 수렁으로부터 나올 수 있는 것을 반박하고 부인하고 영구히 저지하는 데 얼마나 전념할 가치가 있는지도 강조할 수 있었다. 드레퓌스 사건은 저항력도 드러냈기 때문이다.

연합국은 독일을 무찌르고 나치즘을 종식시켰으나, 나치즘의 잔재나 어떤 증상들을 교묘하게 지속시킴으로써 이를 완전히 제거하지는 못했다. 너무나 많은 사항을 빠뜨린 나머지, 언젠가 이 사건을 마무리 지을 수 있을 거라는 작은 희망마저 품기 힘들었다. 당시 여론의 불안은 아마도 이스라엘 국가 승인을 둘러싼 시온주의자들의 요구에 보다 큰 희망을 걸고 집중했고, 이어서 이스라엘 국가 탄생 및 그에 뒤따르는 갈등에 초점을 맞추었다.

실망, 탈진, 애도, 죽은 자들의 부재에 더해진 수많은 감정들은 그들이 겪은 학살과 박해, 모욕과 관련된 나라들을 향해 유대인이 원한과 분노, 복수심을 보이지 않게 하는 데 영향을 미친 것 같았다. 사실상 매우 품위 있는 행동이었다. 물론 그들의 기억은 그들을 더 심각하고 더 깊은 생각으로 이끌었다. 기억을 잊고 싶어 하는 사람도 있었고, 잊기를 원하지 않는 사람도 있었으며, 잊을 수 없는 사람도 있었다. 많은 이들이 살아남은 것에 죄책감을 느꼈다. 그리고 전 유럽이 지쳐 있었다.

디아스포라를 중동으로 상징적으로 옮기고 그곳에서 유대인 문제를 결론지을 가능성 덕분에, 당시 유대인이든 아니든 모든 사람이 비극적 기억과 집단 학살의 기억으로 얼룩진 유럽의 장소들에서 관심을 돌릴 수 있었을 것이다. 그럼으로써 책임자와 공범의 존재를 희미하게 만들어, 중동으로의 이동이 그들을 죄책감에서 그리고 개개인을 짓누르는 피로감에서 벗어나게 해주는 듯했다. 그래서 저항하는 힘, 불신과 복수 본능, 보상 요구가 이제 전부 다른 대륙으로 옮겨져 그곳에 뿌리를 내릴 것처럼 보였다. 여전히 지배권을 쥐고 있는 위대한 유럽은 유대인 문제와 거리를 둘 수 있었다. 여기서 유럽은 더 이상 관심의 중심에 있지 않았다.

아마도 유대인 생존자에게 유럽의 손바닥만 한 땅이나

마 제안하거나 요구한다는 생각조차 말도 안 되는 일이었을 것이다. 그러나 전혀 이치에 닿지 않는 말은 아니었다! 예를 들어 바이에른*은 어떤가? 프랑스의 세벤Cévennes이나 플랑드르 지방, 이탈리아의 한 지방은 어떤가? 생각할 수도 없는 제안이다! 손바닥만 한 땅이라도 유럽 땅을 제공한다는 것은 꿈속에서조차 감히 상상할 수 없는 일이었다. 여기서 문제는 그것이 비현실적인지 아닌지를 논하는 것(분명 비현실적이었을 것이다)이 아니다. 유럽에서는 상상조차 할 수 없었던 일이 중동에서는 가장 사소한 일이 되었다는 점이다.

유럽의 아주 작은 땅이라도 그 땅이 이 지옥 같은 과거와 연결되어 있다면, 어떻게 감히 그 땅을 그렇게 함부로 대할 수 있었겠는가? 물러가라! 신성한, 서구 국가들이여!

유럽 땅의 아주 일부라도 합병을 제안한다는 것은 언제나 공식적으로 전쟁을 선포하는 것과 같았다. "너희는 알자스-로렌**을 갖지 못할 것이다!" 영웅적 눈물에 젖은 이 부르짖음은 프랑스-독일 세대에서 반복되는 주제이자, 세 가지 주요한 갈등 가운데 한 가지 쟁점이었다. 유럽이 빚을

---

* 더구나 바이에른은 다비드 벤구리온이 아이젠하워 장군에게 유대인의 과도기적 영토로 제안한 바 있다. 독일인들이 그 땅을 떠나면, 팔레스타인으로 떠나는 유대인 이민자들이 그곳에서 농사일을 배울 수 있었다. 장군은 거절하지 않았으나 후속 조치를 취하지도 않았다(Tom Segev, *Le Septième Million, op.cit*).

진 자들에게 유럽 땅의 아주 일부라도 내준다는 계획은 미친 짓에 가까웠다. 그런 도발에 대해서는 생각하는 것만으로도 여전히 의아한 반응이 나올 수 있었다.

그러나 서구인이 다른 서구인에게, 다수의 원주민이 살고 있는 아랍 땅을 주어 주권 국가를 세우게 하는 것은 그래도 되는 당연한 일처럼 여겨졌다.••• 마찬가지로 다른 민족이 누구나 느끼는 애국심을 아랍 원주민은 느끼지 못할 거라고 생각되었다. 더욱이 국기나 애국가가 없는 만큼, 그들의 나라는 진정한 국가가 아니었다. 알자스-로렌 같은 땅이라도 아쉬울 판이었!

이 점을 명심하자. 이 과정이 역사적 흐름에 맞고, 어떤 이들은 유일한 길로 생각하며, 무엇보다 한 위대한 국가의 탄생에 해당한다면, 그로 인해 고통을 겪을 사람들에게 어느 정도는 존경심을 보여야 했다.

•• 로렌은 일찍이 프랑스어권이었고 17세기 이후 대체로 독일보다 프랑스에 대한 동질감이 더 강한 편이었다. 반면 알자스는 더 동쪽에 있고 라인강에 접해 있다 보니 독일어권에 대한 귀속 및 소속감의 정도가 로렌보다도 더욱 높았다. 근본적으로 알자스-로렌이란 행정구역은 역사적·문화적으로 나뉘어 이어져오던 두 개 지역을 후대에 재결합하여 탄생된 것이다. 독일 제2제국이 보불전쟁과 프랑크푸르트 조약을 통해 프랑스 제2제국 관할하에 있던 지방을 독일 제국이 점령하여 탄생했다. 알자스-로렌 지방은 제1차 세계대전이 끝난 후에 베르사유 조약으로 다시 프랑스로 이관되었다. — 옮긴이
••• 헝가리 출신 소설가이자 저널리스트 아서 쾨슬러Arthur Koestler의 논평이다. "한 국가가 제3국가의 영토를 제2국가에 공식적으로 약속했다."

그러나 대부분 국제사회의 의사 결정자들에게 중요한 건 어둡고 비난의 요소가 많은 과거에 대한 집착을 끝내는 것이었다. 시온주의자들에게는 극히 본질적이고 중요한 의미를 지닌 팔레스타인에 공간을 확보하는 것이 관건이었다. 팔레스타인은 단순한 희망 이상의 것, 즉 그들이 갈망하던 조국을 상징했다. 조국은 신의 섭리에 따라 이미 영국 위임 통치령인 중동에 있었다. 그곳에서는 주민들의 동의를 크게 신경 쓸 필요가 없었다. 주민들이 반대해도 그것은 이스라엘 사람들이 처리해야 할 문제였다. 좋을 대로 하시길! 미래의 팔레스타인인의 의견을 왜 걱정한단 말인가?

1942년 12월 [팔레스타인 중부 도시] 나블루스에서 저명인사 술레이만 투칸Sulayman Tuqan은 자신의 생각과 아랍의 관점을 표명했다.

> 어떻게 팔레스타인이 전 세계 곳곳에 거주하는 유대인에게는 생사가 걸린 문제가 되고, 본래 팔레스타인에 거주하는 주민들에게는 그렇지 않은 문제가 될 수 있습니까?… 유대인이 팔레스타인에서만 피난처를 찾아야 할 정도로 이 지구 전체의 땅이 줄어들기라도 했단 말입니까? 한 민족을 위해 다른 한 민족을 죽이는 것이 정의롭고 공정한 일입니까? 대관절 팔레스타인의 아랍인들이 무슨 죄를 지었기에, 자신들과 아무 관계

도 없고 그들의 불행에 가담한 적도 없는 사람들의 대규모 이주로 자신들의 존재를 위협하는 형벌을 받아야 한단 말입니까?⁵⁵

팔레스타인을 확보하는 것이 시온주의자에게 그렇게 중요하고 꼭 필요한 일이었다면, 아랍인에게는 팔레스타인을 잃는 것이 얼마나 심각한 일이었겠는가! 그러나 '이 지구 전체의 땅'이 당시 자주 범죄로 인해 모든 곳에서 거부당한 유대인들에게 굉장히 제한되었던 것도 엄연한 사실이다.

우리는 서구 세계 내에서 대륙 차원의 말살 작전이 벌어지는 것을 보았다. 이 말살 작전은 교전 당사국인 나치 세력에 의해 벌어졌으며, 강대국은 이를 막지 못했다. 연합국들은 이민 할당제로 유대인 입국을 막았고, 유럽은 유대인에게 죽음의 장소였으며, 유럽 밖의 국경은 모든 대륙에서 여전히 유대인에게 닫혀 있었다.

유대인은 팔레스타인에 들어가는 것 자체가 금지되어 있었다.• 나치 만행의 공포가 불러온 충격이 낱낱이 드러났음에도 유대인 이민을 막는 정책은 달라지지 않았다. 유대

• 1920년대부터 1940년대까지 팔레스타인은 영국 위임 통치령이었고, 영국은 1939년 백서를 발표하여 유대인 이민을 대폭 제한했다. 이로 인해 많은 유대인이 중요한 탈출 경로였던 팔레스타인으로 들어갈 수 없었다. — 옮긴이

인이 머물 장소에 전 세계가 적대감을 보였고, 그 적대감은 '작지 않았다.' 유대인이 살 곳은 몇 군데에 불과했고, 사실상 모든 곳이 그들에게 금지되었다.

시온주의자의 요구에 응해주면 문제를 해결하는 동시에 논란을 피할 수 있었다. 다행히 지정된 지역들은 위임통치령에 속한 곳이었다. 서구가 폄훼한 유대인과 아랍인 두 민족은 곧 그곳에서 맞부딪치게 되었다. 이렇게 술레이만 투칸과 아랍 민족은 유대인과 함께 막다른 길에 다다랐다. 아랍인의 땅이 서구 세계와, 사실상 아랍인이 전혀 '가담하지' 않은 사건과 무관하기 때문이었다. 그러나 또한 아랍인의 땅이 유럽 유대인의 고통에 대응하는 문제에서 서구가 아직 마음대로 처분할 수 있는 하위 지역에 속했기 때문이기도 했다. 아무도 유럽의 유대인을 원하지 않았지만, 유대인은 원주민과 비교하면 특권을 지닌 서구인이었다.

술레이만 투칸과 아랍 민족을 비롯해, 당시 소위 제3세계의 민족들은 누구도 이 문제에 대해 유엔에서 발언권이 없었다. 아랍인의 땅은 "땅 없는 민족을 위한, 민족 없는 땅"이 아니었다. 그런데도 그 땅은 비어 있는 땅, 심지어 한 민족이 살고 있는데도 어쨌거나 다른 민족이 마음대로 사용할 수 있는 땅으로 여겨졌다. 이 민족은 살육당했고, 보상을 받아야 했다. 그들의 죽음은 너무나 끔찍했고 그 사실을 모르는 이는 없었다. 그들은 죽음의 광풍을 견뎌냈음에도, 그들의 생명력은 활기가 넘쳤다. 일부 이민자들은 더 이상 욕망이라는 개념에 매몰되지 않고 이 땅으로 향할 것이었다.

아랍 원주민은 스스로 유용한 존재가 되는 수밖에 없었다. 즉 유럽인이 유럽에서 자신의 존재를 지울 수 있도록, 원주민이 자신을 지우고 복종하는 방법밖에 없었다. 유럽인은 유럽에서 오랫동안 불리한 평가를 받아왔고, 일부는 유대인이라는 이유로 여전히 천대를 받았다. 유대인은 대규모로 그리고 자발적으로 서구사회를 떠나야 했다. 질베르 드 게르망트Gilbert de Geurmantes라면 이런 행동을 높이 평가했을 텐데!•

다른 많은 이들과 마찬가지로 요한 고틀리프 피히테 Johann Gottlieb Fichte ••는 독일에서 '민족 안의 민족', '모든 인류에 대한 증오에 기초한 민족'이라고 생각한 것에 대해 이렇게 말했다. "우리를 방어할 유일한 수단은, 그들을 위해 약속의 땅을 정복하여 전부 그곳으로 보내는 것이다." 그럼에도 피히테는 다음과 같은 대안을 수용했다. "하룻밤 동

• 136쪽 두 번째 각주 참고. ― 옮긴이
•• 1762~1814. 독일의 철학자로, 히틀러의 반유대주의 사상에 큰 영향을 미친 철학자 중 한 명이다. 이 책에 인용된 문장을 좀 더 자세히 살펴보면 다음과 같다. "나는 유대인들에게 시민의 권리를 부여해야 할 이유가 전혀 없다고 본다. 만약 그들의 머리를 잘라낸 다음 유대인적 사고가 단 하나도 들어 있지 않은 새로운 머리를 갖다 붙인다면 그들에게도 시민의 권리를 부여할 수 있을 것이다." ― 옮긴이

안 그들의 머리를 모두 잘라내어 유대인 사상이 한 톨도 들어 있지 않은 새 머리를 달라."

이 강박적 일탈이 어떤 식으로 프랑스 문학을 관통하는지 다른 예를 통해 좀 더 살펴보자. 예를 들어 보들레르는 《벌거벗은 내 마음Mon Coeur mis à nu》이란 작품에서 느닷없이 "유대 인종 말살을 꾀하는 아름다운 음모를 꾸민다"라고 썼다. 그러나 이 문장에 이어 매우 아름답고 수수께끼 같은 문장이 이어진다. "유대인, 구원의 사서이자 증인."•••

또한 플로베르처럼 좀 더 평범하고 전통적이며 별로 주의를 끌지 않는 작가도 있었다. 하지만 분위기는 대체로 비슷해서… 이런 주제로 선집 하나를 만들 수 있을 정도였다. 그 시기 대부분의 작가가 이 선집에 포함될 것이다. 매우 무분별하게, 일상에서 일상적인 언어로, 의도치 않게 발언하는 사람부터, 열렬한 확신에 차 있고 가장 적극적인 반유대주의 전문가까지 다양했다.

프루스트의 친구 레옹 도데Léon Daudet나, 정도는 덜하지만 헤르츨도 꼽을 수 있다. 알퐁스 도데의 아들이자 사교계 인사였던 레옹 도데는 이렇게 말했다. "유대인은 타인의 죽음을 마치 이익을 얻은 것처럼 좋아했다. […] 유대인은

••• **보들레르의 강조**.

만성 전염병이자 항상 감염 상태에 있으며 콜레라와 대등한 존재다."⁵⁶

우리 시대와 좀 더 가까운 작가로 장 지로두Jean Giraudoux도 있다. 성품이 온화한(대부분 굉장히 가식적으로 보이지만) 바로 그 지로두이다. 그는 제2차 세계대전이 선포되던 1939년에 발표한 책《절대 권력Pleins pouvoirs》에서 이렇게 선언했다. "히틀러는 정치가 정점에 도달하려면 반드시 인종차별적이어야 한다고 주장했는데, 이 견해에 전적으로 동의하는 바이다." 우리는 "폴란드나 루마니아 게토에서 빠져나온 수십만 아슈케나지•"가 프랑스로 유입된 데 대해 분노하지 않을 수 없다. "그들은 그들이 지나가는 곳마다 교란, 암약, 횡령, 부패 등을 가져온다. 이 무리는 자신의 국가적 권리가 상실되도록 손을 써서 모든 추방에 저항하고, 몸이 허약한 수천 명이 우리의 병원으로 몰려와서 혼란을 야기한다." 유대인 이민자들은 "항아리 속 거머리처럼 시커멓고 무기력하다." 그래서 "이 유대인들은 갓 태어난 강아지 몸속에 붙어 사는 벼룩처럼 갑자기 나타난 것 같다. 이들이 우리의 예술, 새로운 산업과 기존 산업에서 우글거리는" 모습을 보면 고통스럽다.[…] "누가 증권거래소의 사환, 무허가 중개인, 스타비스키••가 될지[…] 짐작할 수 있었다.

• **중부 및 동부 유럽 유대인을 일컫는 말. ― 옮긴이**

낙태 시술 의사, 영화에서 단역으로 첫 출현한 뒤 세르프 씨나 나탕 씨***가 될 인물은 누가 맡을지도 예측할 수 있었다."

많은 유대인 이름이 등장하지만, 그 이름을 가진 사람만이 유일한 표적이 되지는 않았다. "그르넬과 팡탱****에는 아랍인이 바글거린다." 그런데 "이 나라를 구할 수 있는 것은 오로지 프랑스 민족뿐이다."[57] 따라서 '인종부 장관'에게 '훗날 영광을 돌리자'고 주장하는 일이 일어나더라도 그리 놀랍지 않았다. 별다른 반응은 없었다. 아니, 있기는 했다. 같은 해인 1939년 7월, 달라디에 정부는 (히틀러에 맞서) 장 지로두를 전시내각에서 정보 총감으로 임명했다.

셀린Louis-Ferdinand Céline은 왜 아니겠는가? 지로두가 셀린만큼 훌륭한 작가가 아니었다는 점을 제외하면, 두 사람 사이에 무슨 차이가 있겠는가? 셀린은 피히테나 게르망트 대공이 하는 식으로 기쁨을 표시했다. "예루살렘의 유대인

** 알렉산드르 스타비스키는 20세기 초 프랑스에서 활동한 유대계 러시아 사업가이자 금융 사기꾼으로 유명한 인물이다. 대규모 금융 스캔들로 프랑스 사회에 큰 충격을 주었다. — 옮긴이
*** 낙태 시술 의사는 유대인을 비윤리적 직업에 종사하는 사람으로 묘사한 것이고, 세르프 씨나 나탕 씨는 유대인의 정체성을 대표하는 이름으로 보인다. — 옮긴이
**** 그르넬과 팡탱은 파리 근교에 위치한 도시로, 노동계층과 이민자들이 많이 거주하던 곳이었다. — 옮긴이

들, 니제르 강에서 좀 더 아래쪽에 있는 유대인들은 나를 괴롭히지 않는다. 그들은 나를 전혀 괴롭히지 않는다!"[58]

피에르 드리외 라로셸Pierre Drieu la Rochelle은 자살하기 전 자신의 일기에 측은한 마음과 탄식을 표현했다. "나는 (유대인 시온주의자를 존중하는) 반유대주의자로 생을 마감한다. 나는 자신의 고향에서 살아가는 그 인종을 사랑한다. 나는 진심으로 유대인들이 그들의 고향에서 살았으면 좋겠다."[59] 성품이 온화한 지로두는 유대인이 어디에 있든 좋아하지 않았겠지만, 저곳[이스라엘]에 있었다면 더 좋아했으리라!

현실

그러나 그곳에서는 놀라운 일이 일상적으로 벌어지고, 이성과 예의에 반하는 일이 계속해서 일어났다. 대부분이 비참한 상태에 있는 팔레스타인의 아랍인은 자신도 감정을 느낄 수 있고, 자신의 신념을 자랑스럽게 여길 수 있다고 생각했다. 심지어 권리를 부정당했을 때 그것을 감사히 여기지 않을 권리를 행사할 줄도 안다고 생각했다. 그럼에도 '그을린 피부'를 지닌 이 사람들은 서구의 계획에 동조하라고 강요를 받았다. 서구의 지시에 따르고, 간단히 말해 존재를 지우라는 명령을 받았다. 하지만 그들은 불만을 품고 항의했다.

아랍인은 유럽에서 고통을 겪은 유대인을 위해 모든 걸 버리고 복종할 정도로 유대인의 고통을 민감하게 받아들이지 않았다. 우리는 그 사실을 이미 알고 있었다! 아랍인은 자신의 과거와 현재를 열정적으로 포기하고, 성서 속 고대 역사를 다시 세우려는 사람들에게 충성을 맹세할 정도로 그 역사를 공경하지 않았다!

우리는 강대국들이 이런 상황을 믿을 수 없다는 듯 놀라는 모습을 보았다. 아랍인들은 자신들의 땅을 정복해준 것에 감사하지 않았고, 다른 사람들이 그들에게 행사한 영향력을 달가워하지 않았다. 아랍인들은 팔레스타인 분할은 물론이고 그 일부를 할당받는 것이 결코 호의나 은혜라고 생각하지 않았다! 이런 식으로 땅을 양도하라니, 터무니없는 일이었다. 그들은 이 땅을 사랑했다.

1938년에 다비드 벤구리온은 마파이Mapaï• 정치 위원회에서 이렇게 선언했다. "아랍인들이 침략자이고 우리는 방어한다고 말한다면 그건 절반만 진실이다. 안보와 일상생활 면에서는 물론 우리는 스스로 방어하고 있다. [...] 그러나 이 싸움은 본질적으로 정치적 질서를 따르는 갈등의 한

• **에레츠 이스라엘 노동자당Mifleget Poalei Eretz Yisrael의 줄임말. —옮긴이**

가지 측면에 불과하다. 그러나 정치적 측면에서는 우리가 침략자이고 그들이 방어하고 있다."⁶⁰

벤구리온은 또한 1936년에 다음 사항을 인정한 바 있다. "아랍인들은 땅을 잃는 것을 두려워하지 않는다. 그러나 아랍 민족의 고향을 잃는 것은 두려워한다. 다른 사람들이 자신들의 고향을 유대인을 위한 조국으로 바꾸려 한다는 것은 두려워한다." 그리고 시온주의자들은 "아랍인들이 **추상적인 정의**justice abstraite•의 관점에서 우리에 대해 어떤 태도를 취할지 결정할 거라고 생각하는, 매우 순진한 태도를 보였다…. 아랍인들은 이 나라가 아랍 국가이고, 앞으로도 그럴 것이라고 주장한다.[…] 이보다 더 간단한 문제는 없다."⁶¹

그렇게 간단한 문제라고? 55년 뒤인 1991년에, 43년간 국가로 인정받은 이스라엘 국가 총리는 크세네트에서 이렇게 선언했다. "우리는 이스라엘에 돌아와 민족을 세웠으나, 빈 땅에 온 것은 아니었습니다. 여기에는 팔레스타인인들이 있었습니다." 이츠하크 라빈의 이 말은 너무나 신성모독적인 발언으로 들렸다. 몇 주 뒤 라빈 총리는 이스라엘 극단주의자에게 암살당했고, 이 발언이 암살 원인으로 지목되었다. 이 발언은 그에게 내려진 사형 선고나 다

• **저자의 강조**.

름없었다.

벤구리온이 '신의 정의'에 가까운 '추상적 정의'라는 표현을 썼다는 점에 주목할 필요가 있다. 이 정의는 어떤 계획을 강제로 실행할 권한이 있는 기관을 설립하는 데 밑바탕이 되었다. 다만 그 계획의 실행에서 희생을 요구받는 아랍인들의 관점에서는 명백히 타당성이 결여된 정의였다. 역사를 무시한 이 계획은 성서의 시대로, 그 지리적 맥락으로 현재를 되돌렸다. 그동안 지나간 수 세기의 시간은 존재하지 않은 것처럼 여겨졌고, 천 년이 넘는 과거가 흘러갔다. 그러나 특히 현재, 즉 팔레스타인 아랍인의 존재 자체가 사라져버렸다. 그들의 권리를 부정하는 것에서 더 나아가 이제는 그들의 실재를 부정하는 것이다!

그런 개념들은 전혀 정치적이지 않았고, 벤구리온도 그 점을 알고 있었다. 그는 그 개념을 추상적으로 규정했고, 무엇보다 거기에는 위협을 받는 원주민을 설득할 만한 점이 전혀 없었다. 원주민은 자신들의 역사에서 갑자기 그들을 제거하는 행위를 정의로 규정하는 것을 받아들일 수 없었다. 그러나 다비드 벤구리온은 이 정의를 '추상적'이라고 규정함으로써, 그 정의를 거부한 자들에게 섬세하지 못하다고 비난할 수 있었다.

지그문트 프로이트 역시 이런 섬세함이 부족했던 것 같다. 유대인이었던 프로이트는 유대인의 운명에 깊은 관심을 가졌다. 프로이트는 자신의 뿌리에 대한 애착을 거리낌 없이 표현했다. 유대인은 성지에서 예배를 드릴 권리와 제2성전의 벽*에 접근할 권리를 요구했다. 1930년 이 요구에 반대하여 아랍이 봉기하자, 프로이트는 시온주의자들의 청원서에 서명을 거부했다. 그는 팔레스타인이 유대 국가가 될 수 있다고 믿지 않았다. 그의 예감은 틀렸지만 무엇보다 그는 이렇게 생각했다.

> 나는 역사적 부담이 덜한 땅에 유대인의 조국을 세우는 것이 더 합리적이라고 생각한다. 그러나 그런 합리적 관점은 대중의 열광도 부유층의 재정적 지원도 결코 이끌어낼 수 없을 것이다. 우리 민족의 비현실적 광신이 아랍의 불신을 일깨운 점은 부분적으로 비난받아야 한다는 것을, 슬프지만 인정해야 한다. 나는 헤롯의 성벽 일부를 국가의 유물로 둔갑시켜 원주민의 감정을 조롱하는 길 잃은 신앙심에 공감할 수 없다.[62]

같은 해 프로이트가 알베르트 아인슈타인에게 보낸 편

• 제1성전은 예루살렘의 솔로몬 성전으로, 바빌론 유수 이후 파괴되었다. 이후 기원전 516년에 제2성전이 재건되었으나, 기원후 70년 로마제국의 티투스 황제에 의해 또다시 파괴되었다. 그중 서쪽 벽 일부만이 남았고, 이것은 오늘날 '통곡의 벽'으로 불린다. — 옮긴이

지도 비슷한 내용을 담고 있다. "역사적 부담이 없는 미답의 땅에 조국을 세웠다면 나는 받아들이기가 더 쉬웠을 겁니다." 그는 "돌 몇 개에 대한 애착으로 원주민의 감정을 무람없이 해치는, 방향이 잘못된 신앙심"63에 거듭 유감을 표명했다.••

1930년 무렵 이미 오래전부터 아랍인들은 무시당하고 경멸당한다고 느꼈고, 이 감정은 정확히 존중의 부재에서 비롯된 것이었다. 서구인이 아랍인의 입장에 있었다면, 누구보다 그런 모멸감을 느끼는 것이 당연하다고 생각했을 것이다. 그러나 서구인은 자신도 그런 감정을 느낄 수 있다는 점을 인정하지 않았고, 결국 이런 감정은 국제사회 정치적 판도에 아무 영향도 미치지 못했다. 아랍의 반응은 타이밍이 부적절하다는 평가를 받았다. 사실 아랍이 어떤 반응을 내비치건 무가치하고 효력이 없으며 그나마 비합리적이라고 여겨졌고, 늘 정치적으로 무시당했다.

•• **알베르트 아인슈타인은 모든 종교와 민족주의를 근본적으로 거부했다. 그럼에도 빈곤과 박해에 시달리고 대량 학살의 피해자가 된 동유럽 유대인에 대한 동정심에서 공식적으로는 시온주의를 지지했다. 또한 그는 독일 및 유대계의 특정 부르주아 계층과 자신을 구분하려 애썼다. 이 문제에 무관심한 이들의 모습에 분노했기 때문이다. 그는 시온주의 내에서, 마르틴 부버Martin Buber도 속해 있던 브릿 샬롬Brit Shalom(1925년 팔레스타인 위임 통치령에 설립된 시온주의 지식인 단체 — 옮긴이) 운동에 동참했다. 이들은 유대인에게 주권이 꼭 필요하다고 생각하지 않았으나 아랍인들과 평화를 유지하는 것이 바람직하다고 보았다.**

하지만 이 반응들은 누그러들기는커녕 점점 더 공고해졌다. 여러 사건들이 뒷받침하는 이 반응들은 시간이 지나도 상처가 아물지 않은 채, 한 번도 진지하게 다루어지지 않은 날카로움을 간직한 감정으로 변했다. 그로 인해, 그런 감정이 처음 생겼을 때처럼 생생하고 끝없이 새로워지는 기억을 쌓아올렸다. 이 기억은 미래 세대의 의식을 뒷받침할 것이었다. 그러나 서구인의 무의식은 여전히 이것을 합리적 사고 능력이 없다고 가정하는, 다시 말해 적의 신념에서 비롯된 원주민의 기억으로 보았다.

원주민은 야만적이고 게으르며, 구습에 얽매여 막무가내로 자신들의 땅에 매달렸다. 이런 상황에서 원주민들에게 무엇을 기대하겠는가? 서구인은 관용과 피로감을 동시에 느끼면서, 그들에겐 권리가 없다는 것을 분명히 보여주었다. 또한 그들이 조상 대대로 사회적으로 인정된 감정을 느낄 능력이 없고, 어떤 시민적 가치에도 부적합하다는 사실을 보여주었다.

아랍인들의 요구는 너무나 변덕스러웠다. 현대화가 지체되면서 이들은 상황을 명확하게 바라보고 자신의 현재를 관리할 능력을 갖지 못했던 걸까? 여기서 옛 식민지적 정통성이 엿보인다. 아랍의 현실이 절대적 권리에 대한 절대적 확신을 훼손할 위험이 있다는 상황 인식에서, 초기 시온주의자들은 이러한 확신의 필요성에 사활을 걸고 절박하게 매달렸다.

1905년에 쟁윌이 구약 시대로의 회귀에 대해 쓴 것처럼, 당시에는 이런 식으로 글을 쓰는 것이 일반적이었다. "우리는 아랍인들에게 이렇게 귀중한 역사적 재건을 방해할 기회를 줄 수 없다. 따라서 우리는 그들에게 '떠나달라고' 정중하게 설득해야 한다."[64]

또한 시온주의 운동의 선구적이고 핵심적인 조직자인 메나헴 우시시킨은 1930년에 이렇게 주장했다. "다른 주민들은 다른 곳으로 이주해야 한다. [...] 우리는 이 땅을 정복해야 한다. 우리가 추구하는 이상이, 수십만 아랍 농민을 단순히 보호하는 것보다 더 위대하고 더 고귀하기 때문이다."[65] 이 아랍인들이 실제 존재하고 압도적 다수였더라도 무슨 상관이겠는가!

그것은 더 이상 구원으로 여겨지는 목표를 향한 개척자의 단순한 열정이 아니었다. 분명하고 열정적이며 필사적인 정복 정신이었다. 그것은 더 이상 순수함이나 맹목적인 문제도, 이 지리적 공간과 역사에 자신들만 존재하는 게 아님을 깨닫게 된 순간 잔인하게 꺾인 거대한 희망만의 문제도 아니었다. 자신들이 기대를 걸고 있던 공간에 다른 존재들이 동시에, 실질적으로, 명백하게 숨 쉬고 있었기 때문이다.

이것은 엄청난 문제를 인식하고 수용하는 일, 처음에는

문제 대신 해결책만 인식하고 그러기를 바랐던 바로 그 지점에서 문제의 수용을 무척 고통스럽게 거부한 것이었다. 이 문제는 팔레스타인이 항상 그리고 영원히 유대인의 소유라는 전제를, 성서에서 비롯된 '추상적 정의'에 근거하여 그 어느 때보다 강하게 요구했다. 그런데 성서라는 보편적 기록이 정말로 존재한다면, 성서는 유대인의 것이다. 그렇다면 성서가 명시하는 신성한 경계 안에 내재하는 지리적·정치적 권리를 그 후손들에게 부여할 수 있었다.

유대인이 팔레스타인에 2,000년 동안 부재했던 것은 우연한 사건에 불과했다. 그것은 로마인이 저지른 '역사적 약탈'*로 인한 유배였고, 따라서 이 문제는 갑자기 긴급히 해결해야 할 일이 되었다.

그렇다면 세계지도를 로마 정복 이전의 상태로 되돌려야 했을까? 특히 아메리카 대륙처럼, 많은 대륙이 그곳 원주민 외에는 잘 알려지지 않았던 시대로 되돌려야 했을까? 이 신대륙은 다른 어떤 해안보다 훨씬 많은, 이 세상 모든 이주민을 끌어들였고, 특히 유대인 이주민이 가장 먼저 이곳으로 향하지 않았는가?** 결국 이 지구상의 민족

---

* **베르사유 회담에서 바이츠만이 이끄는 시온주의 사절단으로 참여한 메나헴 우시시킨은 회의에서, 1,800년 전 로마인의 침략에 관해 (히브리어로) 발언했다. "이 역사적 약탈의 대상을 우리에게 되돌려주십시오."**(Georges Bensoussan, *Une histoire intellectuelle et politique de la Shoah*, op.cit).

들은 오래전 효력을 잃은 지도에서 대부분 추방된 것이 아니던가?

시온주의자들은 어느 정도는 암묵적으로, 어느 정도는 열성적으로 유대인을 막았던 모든 국가에서 유대인을 위한 조국을 요구했다. 유대인의 조국은 서구적 우월성과 서구의 비할 데 없는 매력에 기여함으로써 [유대인을 막았던] 국가들과 같은 편에 설 것이었다. 유대인의 뿌리는 바로 그 서구에 있었고 여전히 서구에 속하며, 많은 유대인이 서구가 매력을 갖는 데 공헌했다. 새로운 조국은 "현대 문명이 야만성에 맞서는 전초기지"[66]가 될 것이라고 했던 헤르츨 박사의 약속을 충실하게 지킬 것이었다.

전쟁 후 유럽을 떠나 팔레스타인, 곧 이스라엘로 이주한 유대인 비율은 상대적으로 낮았다. 그럼에도 그들은 분노에 대한 상징적 응답을 잘 보여주었다. 이 응답에는 의미

•• 나치당원과 악명 높은 인물들은 논외로 하더라도, 예를 들어 요제프 멩겔레Josef Rudolf Mengele는 유능한 협력자들의 도움을 받아 도망쳤고, 대부분이 남미에 일부는 아랍 국가에서 살았다(멩겔레는 아우슈비츠 강제 수용소 내과 의사로, 수감자들의 생사를 결정하고 그들에게 생체실험을 했다. ― 옮긴이). 가스 트럭을 발명한 나치 친위대 대령 발터 라우프Walter Rauff는 시리아로 도피했다. 미국에서 특별히 존경받으며(이용당하며) 살아간 사람들도 있다. 베르너 폰 브라운Wernher von Braun과 그 동료들이 받은 특혜도 잘 알려져 있다(폰 브라운은 나치 독일과 협력하여 로켓을 발명했고, 나치 독일 패망 이후 미국항공우주국NASA에서 일하다 미국에서 평화로이 말년을 보냈다. ― 옮긴이)(Georges Bensoussan, *Histoire de la Shoah*, Paris, PUF, 1996).

나 감정이 부족하지 않았으나, 별도로 국가를 세우겠다는 결정에 만족하는 데 그쳤다. 그러나 적대감에 대해 정의로운 태도를 취하는 것만으로는 부족했다. 이런 종류의 적대감을 모조리 부당하다고 판단하지 않는다면 말이다. 적대감의 대상이 누구이건, 그리고 설령 그것이 가장 나쁜 모델이라 하더라도, 유일한 모델의 복구를 거부하는 데 그쳐서는 안 된다. 인종차별의 위험은 피해자의 출신이 아니라 존재 그 자체에서 나오기 때문이다.

'두 번 다시 그런 일은 안 된다'는 말의 위험은 '그런 일'에 단 하나의 형태만 부여하여, 다른 곳에서 다른 방식으로 다른 상황에서 다른 피해자에게 반복될 수 있는 징후를 포착하지 못하게 된다. 비난받아야 하는 모든 양상을 포함해 재앙의 다양한 형태를 고려하지 않고, 같은 피해자에게 집중된 같은 모델만을 반복하여 위험을 예측하는 것은 위험한 일이다.

시온주의는 다른 방식의 인종차별에 무관심하고 심지어 연대하지 않는 태도를 품고 있었다. 이런 태도는 의도적일 수도 비의도적일 수도 있었지만, 어쨌든 암묵적이었다. 시온주의의 선택은 고립된 채 거리를 두고, 유대인의 정체성을 강화하며, 특정 지리적 공간에 뿌리를 내려 국가의 지위를 부여받는 것이었다. 이것은 역사적으로 중요한 정복이었고, 이스라엘 국가와 국민에게 양도할 수 없는 권리를 부여했다. 그러나 정치적 과정을 통한 것은 아니었다.

길

그렇다면 어떤 현실주의의 길은 오히려 정치의 길이 아니었을까? 그 길은 부지런하고 꾸준한 노력의 길, 사유를 적극적으로 실천하는 길, 완강한 인내심과 조용하지만 확고한 신념의 길로서, 인종차별 행위와 미신적 광기에 대항했다. 그러나 또한 그 길은 인종차별 현상을 막기 위해 그런 현상에서 비롯되는 이익과 추악한 비열함에 맞섰다. 궁극적으로, 흔들리지 않는 저항은 어쩌면 실패할 가능성이 높을 수 있지만 그래도 해결책을 기대하는 것이 전혀 터무니없는 일은 아니었다.

마틴 루터 킹, 마하트마 간디, 넬슨 만델라가 이룩한 중대한 진보를 다시 한 번 기억하자. 그러나 또한 그들과 함께, 그들에 앞서, 그들 주변에서, 합리적 희망도 없고 더군다나 즉각적인 희망도 없이 노력했던 이들이 있었다. 이들은 부정과 조롱에 가까운 비난 속에서도 진정한 문명을 향해 중대한 몇 걸음을 내디뎠다.

(적어도 겉보기에) 더 길고 더 느린 길은 현상 자체를 고려하지 않은 채 현상의 목표물을 옮기는 데 만족하지 않았

다. 여러 나라들 사이에서 하나의 국가가 되는 것은 그 자체로 매우 중요하고 매력적인 목표였다. 그러나 정치적 해결책은 먼저 이 나라들에 만연한 **용납할 수 없는** 인종차별에 맞서 싸우는 것이었다.

그러나 시온주의자들에게는 모든 형태의 반유대주의에 정치적으로 대항하는 것이 아니라, 그것으로부터 거리를 두는 일이 문제였다. 다비드 벤구리온은 1937년에 매우 단호한 목소리로 이렇게 말했다.

> 동화주의자들assimilationnistes은 언제나 반유대주의와의 전쟁을 선포해왔다. […] 시온주의는 항상 유대 민족이 자신들의 고국에서 독립을 이룩해야 한다고 호소해왔다. 오늘날 일부 시온주의자들은 동화주의자들의 합창에 합류하여 '반유대주의와의 전쟁'을 부르짖는다. 그러나 우리는 독일 유대인이 겪은 재앙에 시온주의 관점에서 응답해야 한다. 이 재앙을 우리나라를 발전시킬 기회로 바꾸어야 한다.[67]

게다가 수많은 시련을 겪은 끝에 생존한 유럽 유대인은 분노와 고통의 한계를 넘었다. 이들이 진실로 선한 사람 역할을 맡아, 그토록 어리석고 잔인한 세상을 장기적으로 구할 의무가 있었을까? 아니면 자신의 운명만 생각하고, 에너지를 긍정적인 미래에 집중시키고, 이번에는 오로지 자신에게만 속하는 지위를 스스로 창조하는 게 더 나았을까? 안타깝게도 이 질문과 그 답은 중동에서 양측 모두에게 또 다른 모욕을 주면서 훨씬 더 복잡해졌다.

당시는 전반적으로 서구 정치계가 식민지화와 제국주의를 아주 최근까지도 활발하게 승인하고 옹호하면서 그런 상황이 매우 일반화되었던 시기였다. 시온주의의 영토 추구와 국가 건립은 이런 시대의 오만한 정신에서 시작된 것이 아니었다. 그것은 수 세기에 걸친 유럽의 광기가 연쇄적으로 폭발하면서 나온 방어적 반응, 아니 실은 절망에서 비롯된 것이었다. 많은 유대인이 아직도 그 위협이 남아 있다고 보았고, 이 위협을 억누를 유일한 방법은 주권 국가의 창설이었다.

위협 그 자체, 위협의 근원과 성격은… 아니다! 위협의 표적이었던 사람들은 이미 모든 것을 겪었다! 이 문제들은 더 이상 그들에 관한 것이 아니었다. 그들에게는 그 문제에서 벗어나 앞으로 나아가는 것이 중요했다. 팔레스타인으로 나아가는 것이 중요했다. 아랍인은 그렇게 유대인의 주요한 장애물이자 즉각적인 적이 되었고, 계속 걸림돌 같은 상태로 남았다. 동시에 유대인의 비극에 책임이 있는 자들은 기억의 억압과 억압된 기억의 반복에 내버려진 채, 평온하게 다른 편에 놓여 있는 과거 속으로 사라졌다.

팔레스타인 주민들이 유럽의 포그롬과 대학살에 대한 대가를 치렀고, 이 사태의 결말은 그들의 땅에서 매듭짓게 되어 있었다. 그동안 얼마나 많은 책임자와 나치 고위인사, 점령국의 부역자들이 자신들이 중죄를 저지른 바로 그곳에서 사회적 지위를 되찾았는가? 그들 중 얼마나 많은 이들이 존경받고 종종 번영을 이루고 때로는 명예를 누리며 아무런 방해도 받지 않고 살았는가? 강대국은 전쟁에서 회복해야 했다. 과도한 분열과 불만을 야기하지 않고, 너무 많은 시민을 잃지 않으면서 내부 결속을 다지고 규범으로 복귀해야 했다. 따라서 대학살 및 이 전쟁의 다른 과도한 행위와 관련된 가장 무거운 부담의 일부가 중동으로 옮겨가는 데 무관심할 수 없었다.

그 명백한 징후로, 1939년 이전의 나치 범죄는 뉘른베르크나 다른 어떤 곳에서도 재판에 회부되지 않았다. 그것은 '전쟁 범죄'가 아니었다. 히틀러가 자행한 일에 무지하고 그 사건을 겪은 사람들에 무관심함을 비판해야 할까? 연합국이 수행한 이 전쟁은 물론 영웅적이고 승리로 끝난 구원의 전쟁이었으나 오로지 전통적인 방식으로만 진행되었다. 그렇다면 이 전쟁의 제한된 성격과 반유대주의에 대해 강대국이 보인 수동성을 다시 거론해야 할까? 강대국은 반유대주의의 공포를 알고 있었으면서도, 그것만 특별히 저지하는 게 부적절하다고 판단했다. 공포는 (1942년부터 알려진) 가스실에서 시작되지 않았다. 1933년 법적으로 승인된 최초의 반유대주의 박해와 더불어 시작되었다.

런던 회의*에 귀속된 이 사법적 오류는 적의 독재정권이 내포한 인종차별적 성격에 구체적으로 반대하지 않은 영구적 결함과 일치했다. 또한 결함이 있는 전쟁의 미비한 점과도 일치했다. 이 전쟁은, 전쟁 전과 제2차 세계대전 내내 지배적이었던 나치 독재의 본질 자체와 반유대주의적 재앙을 겨냥한 것이 아니었다.

이와 같은 포기의 한 가지 예는 다음과 같다. 분쟁이 시작되기 전인 1938년 10월, 알다시피 나치 정권에서 벗어나려던 사람들의 운명을 논의하려고 마련된 에비앙 회담이 끝날 무렵, 프랑스 정부는 제3제국 외무부 장관을 서둘러 안심시켰다. 프랑스 정부는 이 국제회담에서 공식 문서를 통해 다음 사항을 명확히 밝혔다. "어떤 국가도 오로지 독일 정부가 특정 국민에게 주권 행사와 관련하여 가지는 절대적 권리에 이의를 제기하지 않는다."[68]

또 다른 예는 이 전쟁이 끝난 뒤인 1945년에 열린 런던 회의에서 찾을 수 있다. 런던 회의는 특히 뉘른베르크에서 판결할 범죄의 범주를 정하기 위해 열렸다. 이 회의에서 연

---

* 1945년 연합국이 전쟁 범죄 문제를 처리하기 위해 마련한 뉘른베르크 재판의 준비 및 결정 과정을 말한다. ─ 옮긴이

합국은 그토록 주도면밀하게 자신을 입증한 히틀러식 '주권 행사'를 문제 삼거나 어깃장을 놓지 않도록 주의했다. 그러면서 미국의 주요 대표자인 로버트 잭슨Robert Jackson 판사의 발언에 동조했다.

> 우리가 참여한 전쟁이 불공정한 계획이나 기도의 일환으로 강제 수용소나 강제 이주를 끌어들일 때에만, 개인이나 국가에 개입하거나 처벌을 시도하는 것이 정당화될 수 있다고 우리는 판단한다. 독일 내에서, 독일 정권하에, 심지어 독일 법을 위반함으로써, 독일 당국에 의해 자행된 잔혹 행위에 우리가 개입하는 것을 정당화할 수 있는 다른 어떤 근거도 찾을 수 없다.[69]

다른 어떤 근거라니! 나치 국가를 모른단 말인가? 아니면 나치 독일이 '독일 국가'로 인정받은 것인가? 넘어가자. 그것은 이제 '지나간' 일이니.

속죄

문제의 잔혹 행위와 관련하여 그 '부당한' 성격의 '준비된 계획이나 시도' 전부가 무죄로 판명 나더라도, 그러한 행위로 인해 고통받은 이들에게 어떤 제스처를 취해야 한다는 점은 수긍하는 분위기였다. 시온주의자들이 그토록 원하고 지시하고 준비한 일을 왜 실행하지 않는가? 팔레스타인 주민들이 반대하더라도, 그 일을 실행하기 위해서라면 왜 그들을 지목하지 않는가? 속죄의 행위를 완수할 때 그들을 고려할 것인가?

이처럼 유럽에서는 끔찍한 사건에 다소 직접적인 책임이 있는 주동자 다수가 이름을 바꾸지 않고도 자신들이 범죄를 저지른 바로 그 나라에서 평온한 운명을 맞이할 수 있었다. 이들이 사회에 잘 통합된 시민으로서, 때로는 번영하고 심지어 환영을 받으며 공적인 삶을 사는 동안, 그들이 저지른 죄는 중동의 운명에 중대한 영향을 미쳤다. 전쟁 이후부터 팔레스타인은 그들이 저지른 잘못의 결과를 떠맡고, 본질적인 좌절의 대가를 치르면서 이 범죄들이 수습될 장소이자 속죄의 시뮬라크르가 될 유일한 장소가 되었다.

그런데 유럽에서는 삶이 되살아나고 있었다. 이 사건이 일어난 지 50여 년이 지난 1998년, 프랑스에서 열린 모리스 파퐁Maurice Papon* 재판이 상징적이다. 수천 명의 추방에 책임이 있는 이 구순 노인의 재판에서 어떤 이들은 피고의 나이가 너무 많다며 안타까워했다. 사람들은 그가 "다른 모든 이들을 대신해 대가를 치른다"며, 다른 이들이 자신이 한 행동에 책임을 지지 않았다는 점은 잊은 채 탄식했다. 파퐁의 동료들은 프랑스 전역에 흩어져 있었고, 그와 마찬가지로 영향력이나 권력을 행사했다. 그들은 명예를 누리며 살았고, 끝까지 대우를 받으며 살았다. 그 삶은 50년이 넘은 뒤에야… 붕괴했다.

그러나 항의하는 사람들을 충격에 빠뜨린 것은 이런 사실이 아니었다. 이 노인의 주름이, 반인도적 범죄의 악명 높은(그리고 만족스러운) 공범자가 수십 년 동안 살아왔음을 상징한다는 사실도 아니었다. 그는 실제 그의 몇몇 동료들처럼 보상을 받으며, 권력을 갖고, 공식적으로 끊임없이 인정받는 사람으로 활기차게 살아갔다. 파퐁은 1978~1981년에 레몽 바르Raymond Barre 정부에서 예산부 장관을 지냈고 이후 파리 경찰서장을 역임했으며 여전히 인종차별주의자였다. 그리고 그다음에는 북아프리카인들에게 피해를 끼쳤다.**

파퐁은 과거 재판에서 내려진 판결을 받아들이고 이미

• 1910~2007. 나치에 부역한 제2차 세계대전의 전범. 비시 정권에서 유대인의 추방 명령을 내리거나 그들을 아우슈비츠로 보냈다. 종전 후 드골 정권에서 파리 경찰국장을 지냈고, 지스카르 데스탱 정권에서 예산부 장관을 지냈다. 1983년 유대인 피해자 유족의 고발로 기소되었으나, 14년이 지난 1997년에 재판에 회부되어 징역 10년형을 받았고 3년 뒤 석방되었다. ― 옮긴이
•• 1961년 10월 17일 파리에서 공식적으로 북아프리카 아랍인을 탄압했을 때, 경찰력은 모리스 파퐁 시장 휘하에 있었다. 경찰이 수많은 알제리인을 센 강에 빠트려 익사시켰으며, 그중에는 다리 기둥에 부딪혀 사망한 이들도 있었다.

죗값을 치렀어야만, 훗날 편안한 슬리퍼를 신고 난롯가에 앉을 자격이 있었을 것이다. 그러나 그의 과거는 매우 공적이고 전혀 숨겨져 있지 않았는데도, 그는 책임과 특권, 명예, 국가적 지위를 누렸다. 의도적으로 그가 이런 대우를 받는 일은 당연히 없었어야 했다. 충격받은 몇몇 프랑스인들의 비판을 불러일으킨 것은, 프랑스에서 한동안 비시 정권을 통해 나치 부역자들이 저질렀던 행위들에 대한 무관심과 봐주기, 망각과 결별한 일이었다.

전쟁이 끝나자 독일에서는 기소 가능성이 있는 피의자 5,000명의 명단이 연합국에 의해 작성되었다. 관련된 시민의 규모, 할당된 직위, 수행된 임무, 받은 혜택, 내려진 명령, 수년간 법을 무시하고 전적으로 실행된 범죄를 기반으로 계획된 국가의 전체 삶을 고려하면, 이 명단은 매우 보잘것없었다. 그러나 피의자 5,000명의 재판을 열려면 비용이 너무 많이 든다는 말이 나왔다. 재판을 할 수단이 없었다.

재판이 열리자 피의자는 185명뿐이었고, 변호인은 226명이었다. 이 변호인들 중 136명은 과거 나치당원이었다. 특히 에른스트 아헨바흐Ernst Achenbach는 독일 점령 당시 프랑스 주재 제3제국 대사였던 오토 아베츠Otto Abetz(그 자신은 1950년에 나치에서 탈퇴했다) 밑에서 유대인 문제와 강제 추방을 담당했던 인물이었다. 그중 10명은 나치 친위대 소속이었다. 피의자 25명은 사형선고를 받았고, 35명은 무죄 석방되었다. 125명이 감옥에 수감되었다. 1950년 미국 사면위원회는 이들의 형량을 3분의 1로 줄여주었다. 이듬해에는 수감자가 고작 50명 남았다. 1955년 영미 지역 감옥에, 유대인 고문에 가담한 죄로 징역형을 받은 수감자는 20명으로 줄었다. 이후 사면법이 공포되었다.[70]

그들의 변호인 중 한 명인 베커 박사는 이렇게 증언했다. "모두가 생존자 몇 명을 구했다고 주장하지만, 정작 수많은 죽음을 초래한 사람은 아무도 없다고 한다."[71] 이것은 이런 상황에서 흔히 나타나는 전형적인 반응으로, 별로 놀랄 일도 아니다! 그러나 주요 나치 인사들, 점령국 및 병합국의 부역자들 중 얼마나 많은 이들이 기소를 피해갔는가! 하지만 독일의 몇몇 대기업은 나치 정권 수립을 도왔고, 제3제국 시기 내내 이 정권을 지지했다.

나치 친위대의 독려로 이들은 강제 수용소 및 절멸 수용소에 막대한 자본을 투입했다. 수용소 자체가 민간 산업단지 주변에 세워지지 않는 한, 수용소 내부에 공장을 짓는 일도 있었다. 그들은 거의 무료로 제공되는 노동력을 착취했고, 나치 친위대에 의해 노동력은 거의 무료로 '임대'되었다. 수용소 수감자들은 끊임없이 살해당했고, 수용소의 생존이 불가능한 여건에서 노동을 하다 죽었다. 이들의 자리는 끝없이 대체되었다.

[독일의 화학공업 기업] 이게파르벤IG Farben은 다른 기업들보다 우선적으로, 죽음이 예정된 이 노예들을 확보할 수 있었다. 수용소에 입주한 여러 사업체가 이들을 놓고 경쟁했으며, 이 중에는 [전기전자 및 엔지니어링 기업] 지멘스 슈커트Siemens-Shuckert나 [철강 무기 제조업체] 크루프Krupp 등이 있었다. 알프레트 크루프는 12년형을 받고 재산을 몰수당했으나, 3년을 복역한 끝에 1951년 2월 석방되었다. 그는 그 뒤 곧바로 재산과 그의 산업 제국을 돌려받았고, 이 제국의 확장을 막을 법적 제한은 없었다.

이들 유명 사업가들은 형기를 마치고 모두 쉽게 재기할 수 있었다. 예를 들어 이게파르벤은 200개 이상의 기업으로 구성된 종합회사로, 오토 암브로스Otto Ambros는 이게파르벤의 경영진 중 한 사람이었다. 화학 분야 세계 1위인 이게파르벤의 한 자회사는 치클론 B를 제조했고, 이 약품은 가스실에서 인명을 살상하는 데 쓰였다. 암브로스는 아우슈비츠에서 이게파르벤 자회사(이게아우슈비츠) 설립을 맡았고, 이 기업은 수용소 내에서 수감자들의 손으로 지어졌다. 그는 인근에 있는 탄광 두 군데를 매입해 (합성고무와 아세트산을 생산하는) 공장 두 곳에 연료를 공급했다. 이 탄광의 광부들도 유대인 수감자들이었는데, 그들이 어떤 조건에서 일했는지는 잘 알려져 있다.

이게파르벤 경영진은 아우슈비츠 내에서 나치 친위대

와 긴밀히 협력하며 그들의 '방법'을 채택했다. 그들은 나치 친위대원 말고도 따로 공장 경비를 두었다. 1941년 4월 12일, 암브로스는 경영진에 이런 편지를 보냈다. "나치 친위대와 우리의 우호 관계는 유익한 효력을 발휘합니다." 그러면서 이렇게 밝혔다. "강제 수용소 감독 측이 우리에게 제공한 만찬을 계기로, 우리는 부나Buna 공장[이게파르벤의 합성고무 공장]이 강제 수용소 조직에서 얻을 수 있는 실로 놀라운 이익을 위해 필요한 모든 조치를 마련했습니다."[72]

절멸 수용소와 결합된 공장과 광산은 고문과 대량 학살의 장소였고, 이곳에서 사람들은 고역과 굶주림, 구타로 사망했다. 수용소 옆에 공장과 광산 같은 시설이 없으면 사람들은 수용소 가스실에서 죽어갔다.

오토 암브로스는 8년형을 선고받았고 곧 석방되었다. 상황이 비슷했던 동료들과 마찬가지로 그는 새 대기업의 경영진으로 복귀했다. 게다가 그는 동시에 독일의 여섯 개 기업의 이사와 제약회사 놀Knoll의 사장을 지냈고, 영국 주류 회사와 프랑스 알루미늄 생산 기업 페시니Pechiney와 스위스의 화학 기업 다우 유럽Dow Europe 고문으로도 활동했다. 미국 기업 그레이스&Co도 이 유능한 사업가에게 보수를 지급했다. 1982년 한 미국인 기자의 호기심 어린 질문에 답하며 암브로스는 이렇게 회상했다. "이 모든 것은 오래전으로 거슬러 올라갑니다. 거기에는 유대인들이 있었습니다."⁷³ 한 가지 사실을 말하자면, 이게파르벤은 58년 뒤인 2003년에야 법적 청산 절차에 들어갔다.

다른 많은 예들 중에 이런 사례도 있다. 한스 글로프케Hans Globke는 제3제국 내무부 산하 인종부 고위 관료로, 뉘른베르크법을 설계한 인물 중 하나다. 또한 그는 유대인에게 남성에게는 이스라엘Israël이라는 이름을, 여성에게는 사라Sarah라는 이름을 붙이도록 강제하는 법령을 제정했다. 그는 그들의 '인종'에 '적합한' 이름으로 간주되는 목록을 작성하여, 이 목록에 없는 이름을 그들의 자녀에게 지어주지 못하게 금지했다. 그의 능력은 수많은 유대인의 재산 몰수와 '아리안화'에서도 발휘되었다. 전쟁 직후 그는 아헨의 총재무관을 지냈고, 1950년부터 콘라트 아데나워 총리의 자문으로 활동했다. 1952년에는 독일이 이스라엘 국가에 지급해야 할 배상금 협상에 참여했다! 그는 기독민주당 의원이자 총리의 오른팔로, 1953년에 국무부 장관이 되었다.

또 다른 예도 있다. 동부 점령지역부 정치국 차장 오토 브로이티감Otto Bräutigam 등 사례는 수없이 많다. 그가 권력을 행사했던 몇 가지 배경을 살펴보면, 먼저 1941년 8월 25일 그는 한 회의에 참석했다. 이 회의 도중 나치 친위대 및 동부 점령지역부 경찰 대장은 "1941년 9월 1일 [헝가리에서 온] 유대인 청산 작업을 완료하겠다"는 희망을 내비쳤다. 희망은 현실이 되었다. 1941년 10월, 동부 지역에 칼마

이어 박사가 오기를 바란 것도 자신의 부서를 애지중지하던 인종 정책 전문가 브로이티감이었다. 화학자 칼마이어 박사는 가스 작전 전문가로, 이 분야에 자신만의 노하우가 있었다.

1942년 1월 29일 이번에는 브로이티감 자신이 주재한 다른 회의에서, 그는 동부 지역에서 유대인이 누구인지 더 엄밀하게 정의해달라는 요청을 받았다. 회의 참석자들과 의장이 지나치게 흥분하자 언짢아진 하인리히 힘러Heinrich Himmler*는 그들이 내린 정의가 '어처구니없다'고 선언했다. 그러면서 브로이티감과 회의 참석자들에게 다음과 같은 사실을 상기시켰다.

> 동부 점령지역에서 유대인들은 제거될 것입니다. 막중한 이 명령의 집행은 총통에 의해 내 어깨 위에 놓였습니다. 누구도 내 책임을 덜어줄 수 없습니다. 그렇기 때문에 나는 내 영역에 누구도 간섭하는 것을 금지합니다.[74]

전쟁이 끝난 뒤, 당국은 보다 우호적인 태도를 보이며

---

* 1900~1945. 나치 친위대 수장으로, 제2차 세계대전 동안 유대인 학살을 비롯한 전쟁 범죄의 주역이었다. 전후 나치 전범으로 연합군에 체포되었고, 체포 상황에서 청산가리를 삼켜 스스로 목숨을 끊었다. ― 옮긴이

오토 브로이티감의 중대한 경험을 인정했다. 1956년 그는 외무부 장관에 복귀하여 매우 적절하게… 동부에 배치되었다!

제3제국 시기에 증명된 여러 능력은 나중에 인정을 받았다. 예를 들어 네덜란드 치안경찰 지휘관 빌헬름 하르슈터Wilhelm Harster는 1943년부터 이탈리아에서 전형적인 나치주의자의 모습을 보여주었다. 1949년 12년형을 선고받고 1957년에 석방된 그는 바이에른 주에서 공무원으로 임명되었다.

다른 많은 이들 가운데 벨기에의 제3제국 외무부 대표를 맡은 베르너 폰 바르겐Werner von Bargen이 있다. 벨기에 유대인은 강제 수용 통지를 받고 저항하는 일이 종종 있었다. 그는 이들을 강제 수송하는 데 큰 어려움을 겪었으나, 결국 제3제국이 그에게 기대한 일을 완수했다. 그는 1952년 장관에 임명되었으나, 3년 뒤 임무에 부적격하다는 평가를 받았다. 그 대신 이라크 주재 독일 대사직을 받았고 1963년에 은퇴했다.

한스 프리체Hans Fritzsche는 나치 선전부의 핵심 인물이었으나 뉘른베르크 재판에서 무죄 판결을 받았다. 그는 특히 '붉은 키스Rouge Baiser'라는 립스틱… 광고에서 자신의 설득력을 발휘했다![75]

빌헬름 코페Wilhelm Koppe는 헤움노 수용소의 가스실

운영 조직자이자 책임자였다. 그는 1961년 아돌프 아이히만Adolf Eichmann 재판으로 집중 조명을 받기 전까지, 초콜릿 공장 대표로 일하며 자신의 이름으로 평온한 나날을 보냈다.

아우구스트 베커August Becker는 나치 친위대 소속으로, 트럭을 이용한 가스 학살에 열성을 다한 전문가였다.• 그는 임무를 완벽하게 완수하기 위해 열심히 노력했고, 1945년에는… 영업 책임자로 복귀했다. 15년 뒤 독일 사법부가 그의 존재를 알아냈지만, 다른 많은 이들처럼 그 역시 재판은 고사하고 신문을 견뎌낼 상태가 아니라는 판단을 받았다.

이 이름들은 상당히 긴 명단에서 발췌한 일부일 뿐이다. 이 전범들이 제대로 처벌받지 못한 점에 아쉬움을 드러내는 것은 중요한 문제가 아니다. 제2차 세계대전 이후 유럽이 평화를 맞이한 수년의 기간에 주목해야 한다. 그동안 모리스 파퐁과 한스 글로프케는 유명 인사로 살았고, 아우구스트 베커와 빌헬름 코페는 평온한 여생을 보냈다. 그들이 저지른 범죄로 인한 직접적이고 지속적인 후유증과 그

• **힘러는 1942년 봄 유대인 여성과 아동의 처형 방법을 바꾸라고 지시했다. 그 뒤 이들은 아우구스트 베커 박사가 고안하고 베를린의 두 기업이 제작한 '가스차 Gaswagen'에서 처형당했다. 가스차는 겉보기에 지붕을 덮은 트럭처럼 보였지만, 시동을 걸면 배기가스가 차량 내부로 들어가 10~15분 만에 안에 있는 사람들이 사망했다. — 옮긴이**

들의 범죄와 관련된 '회개'의 결과는 중동에서 나타났다.

유럽에는 평화가 찾아왔다. 소련의 영향권이 아닌 지역의 국가들이 대부분 민주주의 정권을 되찾았다(그 첫 번째 주인공은 서독이었다). 그곳은 평온한 정신과 정치와 관습이 지배했다. 반면 이스라엘과 팔레스타인에는 위기와 재앙이 뿌리를 내리고 자리 잡았다. 그것은 현재 안정을 되찾은 유럽의 과거에서 비롯된 악몽이었다. 중동에서 수십 년간 지속된 악몽은 결코 끝나지 않았고, 매번 더 악화되고 해결이 어려워 보였다. 반면 악몽의 원인인 서구의 범죄는 이제 더 이상 언급조차 되지 않는다.

죄의 고백mea culpa을 오래 생각하지 않고, 유럽에서 일어난 사건과 관련해 더 이상 처벌을 요구하지 않는 것이 좋다고 하자. 그렇다면 당시 유럽이나 유럽의 책임에 대해서는 전혀 언급하지 않고, 중동에서만 답을 요구하는 것이 이상하지 않은가? 이 불행에서 유럽이 아무 역할도 하지 않았고, 불행은 그것을 겪은 사람들 안에 내재된 것이라는 말인가. 불행의 원인에 대해 발설하는 것이 금지되었고, 그 원인은 행위의 주체가 아닌 대리인들에 의해 규정되었다. '두 번 다시 그런 일은 안 된다'라는 구호로서, 이 페이지는 넘어갔다. 다음 페이지에서는 이 과거를 완전히 생략해버리고 덮으려 했다. 이런 은폐가 중동에서 끝없이 갈등을 왜곡하고, 사실을 끝없이 잘못된 방식으로 이해하게 만들었다.

따라서 시온주의자를 비극적 궁지로 몰아넣은 유럽의 압력은 어쨌든 무의미하고 부차적인 문제였다. 설령 테오도어 헤르츨이 자기 계획의 존재 이유로서 이 압력을 가했다 해도, 그리고 이 압력이 계획의 시작을 결정짓는 요소여야 했더라도, 시온주의자는 오로지 자신들의 의지와 열정에 따라 행동한 것으로 보아야 했다. "모든 것은 원동력에 달려 있다. 원동력이 무엇인가? 유대인의 고통이다."[76] 아슬프도다!

서구에서 비롯된 이 고통의 기원은 무시해도 되는 것으로 여겨졌다. 아랍 민족은 아무 책임도 없이 서구 유대인의 운명의 소용돌이에 휘말렸고, 그들의 불행은 숙명으로 받아들여졌다. 이 불행과 그로 인한 부수적 결과를 인식하지 못하면 이 일차적 피해는 앞으로도 계속 생생하게 남을 것이다. 모욕감은 끝없이 반복되고, 그와 더불어 쓰라린 분노도 계속될 것이다. 대부분 이것은 모든 민족에게 사활이 걸린 명예의 문제였다.

시몬 페레스는 1997년 팔레스타인의 존엄성을 우려하는 목소리에 대해 다음과 같이 선언함으로써 이번에는 비현실적인 모습을 보여주었다. "그러나 존엄성은 또한 보수주의의 한 형태이다. 그리고 존엄성의 이름으로 나머지 세계를 마비시킬 수는 없다."[77]

그러나 침묵의 담론 대신 진정한 협상이 가능했던 것은, 존엄성을 존중하고 불행을 인정하는 데서 시작되었다. 이스라엘과 팔레스타인 음악가들로 구성된 오케스트라 지휘자인 다니엘 바렌보임Daniel Barenboïm은 "생각할 자유와 동시에 경청할 의무"[78]가 해결책으로서는 필수적이라고 강조했다.

유대인은 서구와 심각한 갈등을 빚었지만, 팔레스타인인들과는 사전에 갈등을 빚은 적이 없었다는 점을 기억해야 한다. 그리고 팔레스타인 땅은 아랍인이 유대인에게서 빼앗은 게 아니었다. 2,000년 전 유대인을 쫓아낸 것은 아랍인이 아니라 로마인이었다.

팔레스타인에서 연달아 동일한 권력의 지배를 받아온 아랍인과 시온주의자가, 이 지배로부터 벗어나기 위해 더 일찍 함께 노력했어야 한다고 상상할 수 있을까? 특히 이 권력들이 둘 중 누구도 존중하지 않았다 해도 서로를 존중할 수 있었을 거라고 상상할 수 있을까? 그러나 아랍인과 시온주의자는 각각 오히려 서로에게 주었던 경멸을 기억하고 있는 듯했다. 이 때문에 서로를 완전히 수용 가능한 상대로 받아들이지 못했고, 더군다나 서로를 존중할 수 없었다.

그럼에도 영예는 언제나 권력자들에게 돌아갔다. 오늘날 이들은 방관자 역할을 하며, 이스라엘과 팔레스타인은 권력자들의 주도 아래 중요한 회담이나 언론의 주목을 받는 회의에 나가야 마침내 서로를 이해할 수 있었다. 그러나 이런 접촉이 이루어지는 동안 이들은 과거의 잘못에 대한 대가를 (이런 만남에서 논의하는 주제인) 현재의 비극으로 치르는 자들에게 무의식적으로 충성을 바쳤다. 이 공식적 만남은 매번 희망을 약속했지만 성사되지 못했으며, 사실상 실제 만남은 불가능했다. 이들의 보호자들은 자신의 이타적 행동을 자축했지만, 무책임한 자들로 인해 안타깝게도 수많은 선한 노력이 낭비되는 것을 보고 안타까워했다.

이스라엘과 팔레스타인 민족은 국제 공간에서, 그리고 암암리에 멸시하고 늘 독단적으로 지시하는 분위기에서, 자신들의 공통된 특성을 인식할 수 있었고 지금도 여전히 그러하다. 그리고 두 민족 모두 과거 지위가 낮은 존재로 여겨지다가, 관용과 민주주의적 체면 때문에 평등한 위치(국제사회는 이스라엘을 선호하는 일종의 공모 분위기였지만)를 인정받을 수 있었지만 거기에 진정성은 없었다.

국제사회는 이스라엘-팔레스타인의 비극적 갈등을 때로는 우려의 시선으로, 그러나 대부분은 비난조로 거만하게 바라보았다. 하지만 유럽에서 유대인을 위해 만들어진 지옥의 소용돌이를 다른 곳으로 옮기고, 그렇게 해서 잘못을 감추려는 마음이 특히 더 컸다. 이 소용돌이는 두 민족의 비극을 결정했고, 지금도 은밀히 결정에 관여하고 있다.

아랍인과 유대인은 많은 사람이 그들에게 거부했던 것을 서로에게 제공할 가능성이 존재했다(그 가능성은 팔레스타인과 이스라엘 사람들 사이에 여전히 존재한다). 그들 사이에 잠재적인 동조와 연대의 기회가 없지 않았으나, 이런 움직임은 전혀 인정받지 못했다. 반면 두 민족 모두 그들이 처한 상황을 주도한 자들을 우월한 존재로 받아들였고, 책임이 있는 자들을 어떤 의미에서는 숭배하기까지 했으며, 그들의 지지를 필요로 했다. 오늘날의 서구 세계는 더 이상 제2차 세계대전 당시의 서구 세계와 다르다는 점에 주목해야 한다. 특히 현재의 유럽은 더 이상 그 저주받은 시간과 아무 관련이 없다.

그러나 유럽과 서구는 여전히 그 시대에서 온 것, 그리고 과거와 관련된 자신들의 책임을 잊게 만드는 데 관심이 있다. 또한 중동으로 관심을 돌리지 못하게 막는 것을 피하는 데도 관심이 있다. 그런데 이제 이스라엘과 팔레스타인은 과거로부터, 한쪽은 피해자였고 다른 한쪽은 아무 상관이 없는 그 과거로부터 국가적으로 분리되어야 한다. 각자가 사실상 자신의 독립적 정체성을 인정하고, 그들을 화해시키려는 강대국들보다 서로가 더 가깝다는 사실을 받아들여야 한다.

더 이상 카메라의 시선에 비친 장면들 그리고 특히 미국 대통령들의 시선 아래 언론을 겨냥한 화려한 장면들에 머물러 있어서는 안 된다. 대단하신 미국 대통령들은 교과서에 자신들의 미담이 실릴 거란 생각으로 들떠 있었다. 점차 시간이 흐르면서 이들은 자기들이 모은 이스라엘과 팔레스타인 지도자들에게 측은하고 눈물 젖은 시선을 보냈다. 마치 엄마들이 마침내 아이를 달래는 데 성공해 승리감을 느끼는 것처럼, 반대로 말썽꾸러기들이 말을 잘 알아듣게 이성적으로 타이르는 데 실패해 낙담한 것처럼 말이다.

강대국을 대표하는 미국 대통령들은 권력을 인정받을 때, 자신들의 지혜가 요구될 때, 자신들의 과거가 단순히 오명을 벗는 것을 넘어 아예 지워지는 것을 볼 때 만족해했다. 이 대통령들은 매번 실망하면서도, 이런 의식이 반복되고 미래에 노벨상이라도 받기를(누가 알겠는가?) 기대했다.

실질적인 이해 당사자들 간의 중요한 회담은 서구 강대국들의 질책과 격려, 지시를 받았다. 이 회담은 물론 대부분 선의에서 출발했지만, 오직 강대국의 보호 아래에서만

- **예를 들어 빌 클린턴은 이렇게 명령했다. "논쟁하지 마세요… 그리고 다시 오세요… 어떤 옵션을 선택할지는 내가 결정할 겁니다." 국무부 장관 제임스 베이커는 팔레스타인인들에게 이렇게 강조했다. "워싱턴 의회와 관련된 여러분의 문제는 미국 내 선거 정치와 얽혀 있습니다."(Charles Enderlin, *Le Rêve brisé et Paix ou guerre*, Paris, Fayard, 2002 & 2003). 따라서 이 문제가 언젠가 워싱턴 의회로 돌아온다면, 미국은 두 민족이 도출하고 국제사회 여론이 지지하는 이스라엘-팔레스타인 평화를 결정하는 문제를 피할 수 없을 것이다.**

성사되었다. 강대국은 유대인과 아랍인을 솔직히 열등한 존재로 보았고, 여전히 그들을 자신들보다 못하다고 보았다. 강대국은 겉으로는 친절한 얼굴을 하고 있지만, 권위적이고 오만하며 살짝 당혹스러워하는 태도를 보였다. 그러면서도 미숙한 초보자들이 그들의 우월성을 깨우쳐 활용할 수 있게 애썼다.

그러나 당사자들이 마주 앉아 그들 사이에 **공통의 역사가 되어버린** 주제를 진지하게 논의할 수 있는 공식적인 정상회담은 없었다. 서로가 서로에게 맞서고, 신랄하게 논쟁하며, 때로는 거칠게 공격하지만, 확신을 갖고 폭력과 학대와 공격과 보복을 자기 국민들에게 전가하지 않는 그런 회담은 한 적이 없었다.

이스라엘과 팔레스타인은 원한, 저항, 분노는 물론 증오를 드러내는 대신, 다른 지도자들의 통제하에 정중하게 대화를 나눠야 한다. 이 지도자들은 양측의 기대를 충족시키는 것을 중요하게 생각하며, 이를 위해 자신들에게 맞지 않고 상황에도 전혀 부합하지 않는 역할을 시도해야 한다. 이런 식으로 그들 각자는 상대와의 직접적인 대치에서 벗어나야 한다. 이 상대는, 다른 상대와 마찬가지로, 결국 다른 상대와 함께 이 문제와 관련된 유일한 당사자이기 때문이다.

팔레스타인과 이스라엘은 회담이나 협상, 합의를 구실

로, 모두가 어떤 사전 합의도 없이 정치적, 언어적, 직접적인 대립에서 벗어나 있다. 이들은 이처럼 신랄하고 모욕적이며 무례하고 잔인한 대화를 피하도록 강요받는다. 그러나 어쩌면 이 대화를 통해 양측은 문제의 핵심에 접근할 기회를 얻을 수 있을지 모른다. 이 대화는 책임자들 사이에서 책임감 있게, 다른 일정으로 어쩔 수 없이 지연되는 일 없이 이루어질 것이다. 암묵적으로 우월하다고 여겨지고 무엇보다 자신들의 선거 성과에만 신경 쓰는 기관들이 사전에 정한 방향을 따르지도 않을 것이다. 감시를 받으며 예의를 강요받고 친절을 가장할 필요도 없다. 이미 결론이 정해져 있는 사안에 선의와 외교적 태도, 뻔한 열정을 보일 필요가 없다.

증인들, 암묵적인 지배자들, 대기 중인 언론 앞에서 공식적으로 체면을 잃을 위험도 없다. 지배자를 기쁘게 하고 그에게 칭찬을 받기 위해, 마치 선생님한테 잘 보이려고 서로 화해하는 모범생 같은 역할을 하지 않아도 된다. 누가 먼저 미소를 짓느냐에 따라 영광의 자리에 앉을 수 있는 친절한 손님 노릇을 하겠다고 서로 다툴 필요도 없다. 속으로는 불만과 열망, 현실적인 요구를 곱씹으면서 겉으로는 신중하고 절제된 모습을 보일 필요가 없다. 두 나라의 국민들은 그 어느 때보다 강렬한 감정을 느끼지만, 그들끼리 그 감정을 논의한 적은 없었다. 그러나 이 사람들은 각자의 나라에서 피를 토하는 심정으로 싸웠다.

전혀 새로운 상황을 누그러뜨리려면 고전적인 방법만이 적합했다. 마찬가지로 이 방법들의 낡은 의식과 격식에 얽매인 의례들은 결국 여기서 난관을 일시적으로 잠재우는 것에 불과했다. 그러나 난관은 피해갈 수 없었고 앞으로도 그럴 수밖에 없다. 난관을 넘을 수 있을 것이라고 예단하면 안 되지만 먼저 함께 고려할 필요는 있었다. 일상적 절차들의 목록에서 대단히 거창한 방식으로 선택해야 할, 기존의 해결책을 미리 결정하는 문제는 아무 진전도 없었다. 매번 이 문제와 관련된 사람들이나 그들의 고통과 실제로 무관한 구경거리가 벌어졌을 뿐이었다. 정치는 매번 존재했지만, 그것은 진짜 정치가 아니었다.

여기서 중요한 건 새로운 언어와 프로토콜을 개발하고, 방법을 고안하고, 실패할 위험을 감수하더라도 더듬더듬 나아가는 것이다. 그러나 문제의 근원에서 출발하여 정보를 해독하는 데 시간을 투자하되, 그 문제가 상대방에게 일으킬 모든 종류의 감정과 혼란을 고려하지 않으면 안 된다. 각 당사자가 문제를 자각하는 대로 접근해야 하고, 어떤 요인도 무시하거나 이미 해결된 문제로 예단하지 않아야 한다. 감정의 억제로 인한 히스테릭한 방종을 피하려면 정치가 감정을 품어야 한다는 점을 잊어서는 안 된다.

각자의 불만과 본능적 욕구를 탐색하고, 전체 과정을

금기 없이 분석하며, 모든 과정은 당사자들 사이에서만 진행해야 한다. 상대방이 들을 수 없는 말은 반복하지 않아야 한다. 그동안 아무도 상대방의 말을 들어주지 않았기 때문이다. 공공의 의식을 조직하지 않아야 한다. 공공의 의식은 아무것도 이끌어내지 못한 채, 중복된 환상과 실망으로 문제가 결코 풀리지 않을 거라는 느낌만 강화했기 때문이다. 사실 문제가 제기된 적도 없지만….

지금까지 이스라엘과 팔레스타인의 지도자들이 만났을 때, 오로지 서구 강대국의 물리적 존재와 목소리만이, 끊임없이 되풀이되는 동일한 제안을 가지고 이들을 한자리에 설 수 있게 한 것처럼 보였다. 서구 강대국은 예정된 장면을 연출하려 시도했지만 결과는 매번 실패로 끝난 듯했다. 이 장면들은 매번 멘토와 수호자를 자처한 이들에 의해 통제되었고, 자신들 역사의 특정 부분을 무의식적으로 감추었다.

이런 사실은 이스라엘-팔레스타인 비극에서 그들이 져야 할 중대한 책임과 연결되었다. 따라서 그들은 편향된 관점을 가질 수밖에 없었다. 이 관점은 굉장히 억눌린 현실의 각성을 본능적으로 회피하지만, 이스라엘과 팔레스타인 사람들이 겪는 악몽 속에서 항상 극적으로 작동했다.

국제 정치의 명백한 이유들 외에도 이 강대국들이 이스라엘과 팔레스타인에 깊이 매료되어 관계를 유지하고 있다면, 그것은 분명히 중동에서 여전히, 멀리서, 수십 년간 벌어지고 있는 그들 자신의 가장 어두운 역사가 정체된 연장선으로 볼 수 있다. 그들은 이 역사에서 벗어나지 못했고 지금도 벗어나지 못하고 있으며, 역사의 고난은 여전히 순교자였던 사람들과 무고한 다른 사람들에게도 영향을 미친다.

강대국들은 이 외국 지역의 현재에, 기억에 들러붙어 양심을 왜곡했던 어두운 과거의 흔적과 후유증을 영원히 이식하기를 (무의식적으로) 희망했다. 사실은 무엇보다 이 정도까지는 예상치 못했던 이스라엘과 팔레스타인의 비극적 미래가 과거사를 숨기는 데 큰 역할을 했다. 거기서 주선자 역할을 하고, 지도자와 중재자의 선한 역할을 수행하면 망각이라는 사면을 보장받고 면죄부의 가치를 얻을 수 있었다. 또한 강대국들의 도덕적 권위를 회복시켜 그들을 부인된 과거의 혼란으로부터 해방시킬 수 있었다.

머지않아, 과거 그 시대를 살았던 사람들은 모두 사라질 것이다. 머지않아, 피해자였던 사람들은 이제 어차피 모두 죽게 될 것이다. 삶의 혼란과 그 여정을 지나 기쁨과 고통, 무감각과 깨달음 같은 일상적 존재의 경험이 그들에게 허락된다 할지라도, 그들은 이제 망자들이다. 머지않아, 아무도 그들을 제거될 가능성이 있는, 살아 있는 사람으로 생각하지 않을 것이다. 그들은 역사에 박제된 그리고 역사를 박재한, 대부분이 익명인 존재들의 집단에 합류할 것이다. 그들이 잔혹한 세기에 의해 제거된 살덩어리로 인식되는 가상의 몸으로 남는 일은 점점 줄어들 것이다. 그리고 살아남은 유대인은 더 이상 이런 말을 할 수 없을 것이다. "그건 '나'일 수 있었고, '나'였어야 했어." 혹은 기이하지만 이렇게 느낄 수도 있다. "그건 나였어."

소비보르, 다하우, 트레블링카, 아우슈비츠 수용소 같은 이름은 더 이상 같은 울림을 지니지 않을 것이다. 그러면 정치적으로 매듭짓지 못한 시기에 대한 기억 앞에서 조바심을 내고 어깨를 으쓱이며 귀찮아하는 표정을 짓는 모습은 점점 줄어들다 곧 사라질 것이다. 끊임없이 지나간 과거에 접근하려 시도하는 환기, 진술, 분류 작업에 불만을 표하는 반응은, 영원히 해소되지 못하고 영원히 설명을 요구하는 상태에 머물러 있다.

베우제츠, 베르겐벨젠, 마이다네크, 헤움노라는 이름의 무의미한 의미는 더 이상 누구에게도 현재 진행형이지 않다. 이 과거는 더 이상 현재의 목소리와 무게를 갖지 않는다. 수용소는 더 이상 살아남은 자들의 환상에 열려 있지 않고, 그곳에 가본 적 없는(혹은 바로 그런 이유로) 사람들조차 여전히 수용소에 사로잡혀 있는 산 자들의 유령이 되지 않는다.

어떤 유대인도(혹은 유대인이 아니더라도) 당시 그 세계에 있었음에도 수용소에 있지 않았던 것에 더 이상 (부당하게) 죄책감을 느끼지 않는다. 남녀 불구하고 어떤 유대인도 그 일로 스스로를 비난하지 않는다. 표적이 되었으나 위협을 피한 사람들 중 누구도 더 이상 다른 이가 자기 자리를 차지했고, 결국 자신의 삶을 가로챘다는 부조리한 감정을 느끼지 않는다. 자신은 그 일을 피했기 때문에 느끼는 부정확한 죄책감을, 더 이상 아무도 느끼지 않는다.

지금은 사라졌으나, 그 시절 유럽은 지옥 같았고 시궁창에 빠져 있었다. 그 시기는 팔레스타인에서의 어떤 과정과도 혼동될 수 없다. 유럽의 사라진 과거는 수백만 유대인을 학살하고 몰살하려 했지만, 많은 생존자를 중동으로 이끌었다 해도 중동과는 아무 관련이 없다. 보편적인 기억, 잊을 수 없고 돌이킬 수 없지만 완료된 기억에서 이 시대를 올바른 위치로 되돌려놓아야 한다. 따라서 이 사건이 중동에 미친 여파는 다른 곳에서 발생한 비극적 연대기에서 비롯된 것으로 인식되고, 다른 곳에서는 사라졌지만 여기서는 해결 불가능한 문제를 끝내려고 노력한다.

우리는 한나 아렌트가 이스라엘의 승리를 '히틀러의 도륙'에 비유한 것을 기억한다. 1982년 8월 이스라엘이 베이루트를 폭격하자, 메나헴 베긴Menahem Begin 이스라엘 총리는 로널드 레이건에게 이렇게 토로했다. "히틀러를 무찌르기 위해 베를린으로 군대를 보낸 듯한 기분입니다." 그는 이미 이스라엘 정부에 "대안은 트레블링카입니다"[79]라고 경고했다. 그러자 이스라엘의 위대한 작가 아모스 오즈Amos Oz는 언론을 통해 이렇게 답했다.

> 히틀러는 이미 죽었습니다, 총리님! 아돌프 히틀러는 유대 민족의 3분의 1을 파멸시켰습니다. [⋯] 다른 유대인들도 마찬가지겠지만, 때때로 저는 히틀러를 제 손으로 죽이지 못한 데 대해 마음 깊이 말 못 할 고통을 느낍니다. 총리님도 같은 환상에 시달릴 거라고 믿습니다. 아랍인 수만 명의 죽음은 이 상처를 치유하지 못할 것입니다. 베긴 총리님, 아돌프 히틀러는 37년 전에 죽었습니다. 그것이 안타깝든 아니든, 히틀러의 죽음은 사실입니다. 히틀러는 나바티예에도 시돈에도 베이루트에도 숨어 있지 않습니다. 그는 분명히 죽었습니다.[80]

경악할 정도로 충격적인 것은, 이스라엘과 나치 독일을

• 메나헴 베긴보다 더 지혜로웠던 사람은 당시 팔순을 넘긴 다비드 벤구리온이었다. 그는 톰 세게브Tom Segev를 비롯한 이스라엘 젊은이들에게, 자신이 나치 대학살을 어떻게 인식하는지 알려주고자 했다. 벤구리온은 몰상식한 자와, 부재하는 자의 부재에 의미 부여를 거부하면서 거침없이 셰익스피어식으로 답변했다. "거기에 무얼 더 이해할 게 있겠는가. 그들은 모두 죽었다. 그게 전부다."(Tom Segev, *Le Septième Million, op. cit.*)

비교하는 행위가 반대 방향에서도 여전히 자주 단행되고 있다는 점이다. 이런 터무니없는 퇴보는 나치 유럽의 비극이 중동으로 옮겨져 거기서 다시 시사성을 갖는 상황을 상상하는 망상을 고발한다. 나치의 역할이 유대인 자신이나 아랍인, 이스라엘인, 팔레스타인인에게 맡겨졌다. 그 역할은 더 이상 어떤 레퍼토리에도 속하지 않고, 유럽 반유대주의자들의 독점적 소유물이 되었다.

따라서 유령들은 자신들의 것이 아닌 곳을 배회하며 왜곡을 일으키거나 방향을 잃었다. 이들은 이 지역에서 일어난 사건들을 역사적으로 표현하지 못하고 끝없이 미완의 상태로 만들었다. 이 유령들은 기억에서 나오지 않았으나 오히려 기억을 가로막았다. 마찬가지로 현재에도 영향을 미쳐, 두 민족이 서로에게 직접적으로 그리고 각자의 역사에 접근하는 것을 방해한다. 그리고 그들이 결코 지배할 수 없었던, 끝없이 돌아가는 소용돌이 속에 가두어버렸다.

두 민족은 은폐된 전제를 식별하여 숙고하고, 그 전제를 구별하여 맥락을 파악하며, 전제의 영향력과 그 결과의 상호작용을 분석해야 한다. 또한 그 전제의 숨은 의미를 해독하고, 현재의 '역사'에서 분리하여 거기서 벗어나야 한다. 그럼으로써 두 민족은 그들의 정확한 역사, 그들 역사의 '역사'를 함께 마주할 기회를 얻을 수 있지 않을까. 또한 진실하고 가혹하고 부당한 이야기를 발견하고, 그 이야기로 함께 거슬러 올라가 이번에는 생생하고 겉으로 드러난 그들의 두 관점을 통해 그 이야기를 동시에 살펴볼 기회도 얻을 수 있을 것이다. 그들의 고통이 시작된 원인을 파악하고 그 고통의 실제 쟁점이 무엇인지 확인한다면, 정확하고 현실적으로 두 민족이 공유하는 현재에 도달할 수 있을 것이다. 그들이 한 번도 갖지 못한 이 기회는 적어도 몇 세기 동안 반복된 일상, 그들을 언제나 동일한 도식에 고착시키고 공격과 보복의 반복 속에 가둔 일상에서 벗어날 기회가 될 수도 있을 것이다.

그러면 두 민족은 그들의 갈등이 피할 수 없는 대물림된 상호 적대감에서 비롯된 게 아니라, 양쪽 모두에게 적대적인 세계에서 잔혹한 여정을 함께 경험한 것이라고 인정할 수 있을 것이다. 그리고 그들의 적대감은 결국 그것이 아무리 격렬하더라도, 묘하게 친밀하고 일상적이며 전통 질서를 따르는 것으로 보인다.

이것이 두 역사를 잇는 유일한 연결고리인데, 역설적이게도 두 역사는 서로 겹쳐 있지만 만나지는 않는다. 그럼에도 이 역사는 너무나 작은 땅덩어리에서 극적인 과정을 겪었다. 이 작은 땅덩어리는 퍼즐 조각처럼 나뉘었고, 이 조각은 더 작은 조각으로 나뉘었다. 두 민족 각각이 얼마나 큰 힘을 가졌고 결점이 무엇이건, 이 땅덩어리는 매 조각마다 양측 모두의 강렬한 욕망과 깊은 우려의 무게를 지니게 되었다.

이 역사는 동시성을 지닌 공통의 재앙이 되었다. 두 민족의 갈등은 정치적인 문제에서 감정적인 문제로 변질되었다. 그리고 양측 모두 똑같이 고통을 받으면서도 끈질기게 대립하며, 그 고통스런 기억에서 같은 관계에 있다. 두 민족은 자신의 실패를 똑같이 경멸하면서도, 그 실패를 극복하는 데에서도 똑같은 근성을 보여준다. 그리고 그들을 억누르는 비극과 관련하여, 그들이 언급하지 않은 동일한 원인이 그들을 "지울 수 없는 과거의 부동성inamovibilité의 비극" 속에 가두어놓았다. 에마뉘엘 레비나스가 생각한 유럽의 비극은 "새로운 시도를 단지 [과거의] 연속으로 귀결시킨다." 이 연속은 과거의 단순한 반복이 아니고, 과거의 복제는 더더욱 아니다. 그러나 다시 한 번 레비나스에 따르면, 과거는 "흘러가는 현재에 휩쓸려 인간의 영향력에서 영원히 벗어나되 인간의 운명을 짓누르는 기정사실"을 초월할 수 없는 정체를 말한다.[81]

사실 이 비극을 정치적으로 접근하면 갈등을 겪고 있는 두 민족만을 다루게 된다. 두 민족은 적어도 겉보기와는 다르게, 그 원인이 그들에게 있지 않은 덫과 사실에 걸려 있다. 갈등을 겪고 있고 이해하며, 그 갈등을 함께 인식할 수 있는 유일한 주체는 오로지 두 민족뿐이다. 일차적 책임이 두 민족을 후원하려는 사람들에게 있는 일, 두 민족이 중재를 기대하는 일을 함께 극복할 유일한 주체는 두 민족뿐이다.* 이들만이 지금까지 반복된 정치적 방식을 거부하고, 이들만이 평화를 요구할 수 있다.

평화

언제 이 두 민족은 거창한 중재자나 버팀목 없이, 성숙하고 자주적인 두 민족끼리 만날 수 있을까? 유혈과 폐허, 침략, 공격, 보복 같은 광적인 체제에서나, 어느 민족이 다른 민족을 점령하는 방식이나 인티파다Intifada(팔레스타인 저항운동)를 통하지 않는 상황에서 언제 두 민족은 만날 수 있을까? 폭격이나 자살 폭탄 테러가 아니라, 유효한 두 나라끼리 그리고 국제법과 그 결정을 깔끔하게 존중하는 분위기에서 언제 두 나라는 만날 수 있을까?

언제 이 두 민족은 유엔의 안내와 도움을 받아 동반 협상에 나설까? 당시 규정에 따른 조건하에 국제사회의 진지한 중재를 통해, 그러나 마치 이것이 사적인 작전인 것처럼

---

* **잠재적 평화협정을 통해 마련된 조치를 시행하려면 국제적 통제가 물론 꼭 필요하다. 또한 오늘날, 이미 조인되었으나 지켜지지 않는 협정을 지키도록 하는 것도 필수적이다.**

몇몇 국가에 의해 좌지우지되는 일 없이, 언제 그들은 협상에 나설까? 언제 그들은 상대방의 존재를 부정하는 대신, 각자가 자신의 존재를 믿게 될까? 상대방의 존재를 부정함으로써 자기 자신의 합법성을 부정하는 일 없이, 그들은 언제 그들의 실제 권리와 국가 내에서 각자의 자율성을 양측이 함께 고려하게 될까?

아직 시간이 있을까? 오늘날도 같은 상황인가? 이 문제는 변화하는 세상에서 동일한 기준에 따라 오래도록 같은 역사로 남을 것인가? 우리가 지나친 기나긴 기회의 시기 동안, 상황은 이전과 동일하게 유지될까?

벤구리온이 잘 인식한 것처럼, 양측 모두가 "우리 각자 팔레스타인을 원한다"는 생각과 팔레스타인 전체를 시급히 포기해야 한다. 그럼으로써 상황이 어떠하건, 상대방이 권력자의 위치에 있건 없건, 상대방이 팔레스타인을 차지하려는 의지를 끈질기게 고수할 것이라는 의심에서 비롯된 불신과 두려움을 시급히 극복해야 한다. (대개는 변명이지만) 두려움과 불신은 평화라는 위험을 감수하지 않으려는 거부 반응을 일으키기 때문이다.

평화를 이루려면 양측 모두 과거의 잘못, 불의, 살인적 폭력, 중동의 비극에 국한된 공포를 되풀이하는 행위를 포기하는 희생이 꼭 필요하다. 또한 두 적대 세력 중 특히 누가 이 고통에 책임이 있는지 추궁하지 말아야 한다. 이런 비극적인 일들은 먼저 많은 유대인의 고통에서 발생했고, 유럽이 선동하고 자행한 반유대주의 범죄에서 비롯되었으며, 이제는 돌이킬 수 없는 일들이다.

이 고통은 서구에서 시작되었으나, 이제 서구가 그 일로 고통받지 않는다는 사실은 매우 다행스럽다. 반면 다행스럽지 못한 점은, 그 여파로 인해 피해자와 대리인 모두가 잘못의 책임을 짊어져야 한다는 것이다. 그들은 수십 년간 그 누구도 접근할 수 없는 요소들 때문에 서로를 헐뜯고 있다. 그 사건을 해석할 수 있는 열쇠는 아무도 갖지 못하며, 그 누구도 여기에 책임이 없다.

이런 요소들을 파악하고 거기서 함께 벗어난다면, 이스라엘과 팔레스타인은 이 교착상태에서 동반 탈출할 수 있는 기회를 얻게 될 것이다. 어느 한 나라의 승리나 기쁨이 아니라, 양쪽 모두가 평화롭게 살 수 있는 정치적이고 품위 있는 운명의 현실을 맞이할 것이다. 그들 모두 이 끔찍한 과거의 사건들을 통제할 수 없었고, 그들 모두 과거의 유산을 물려받았다. 그러나 두 나라에는 과거에서 벗어나 자신의 현재를 실제로 관리할 능력이 있다.

평화로운 관계를 기대할 수는 없을 것이다. 그러나 선과 악을 이분법으로 나누는 기계적 사고방식, 거만하고 일관성 없는 후원, 귀를 막은 수많은 사람들로부터 벗어나, 그들이 공유하는 독특한 활력을 허용하는 역동성을 향해 나아가야 한다. 그럴 때 두 민족은 생각보다 그렇게 다르지 않은 과거, 생각보다 그렇게 적대적이지 않은 운명에 머물게 될 것이다.

두 나라는 다른 나라보다 젊고 활력이 넘치며, 둘 다 아직 지치지 않았다. 둘 모두 승리자이자 패배자이며, 활기차고 혼란스러운 상황에 놓여 있다. 두 나라 모두 고통스럽고 문제가 있지만, 그럼에도 미래에 대한 변치 않는 믿음을 갖고 있다. 둘 다 같은 땅을 사랑하고, 그렇기 때문에 역설적으로 틀림없이 서로를 이해할 수 있을 것이다. 두 나라 모두 소유에 대한 집착보다 자기 존재의 증명과 보장을 갈망한다. 특히 이 거칠고 가식적인 땅에서, 이 매혹적인 세상에서 존중받을 권리를 추구한다.

미주

1부 비극의 서막

1 Arthur Morse, *Tandis que six millions de Juifs mouraient*, Paris, Robert Laffont, 1968.

2 Catherine Nicault, 《L'abandon des Juifs avant la Shoah. La France et la conférence d'Évian 》, in *Cahiers de la Shoah*, vol. I, Paris, Liana Levi, 1994.

3 Pierre Arnal이 장관에게 보낸 1938년 7월 12일 자 메모, Arthur Morse, *Tandis que six millions de Juifs mouraient, op. cit.*

4 Arthur Morse, *Tandis que six millions de Juifs mouraient, op. cit.*

5 Léon Poliakov, *Bréviaire de la haine*, Paris, Calmann-Lévy, 1951.

6 Arthur Morse, *Tandis que six millions de Juifs mouraient, op. cit.*

7 Léon Poliakov, *Bréviaire de la haine, op. cit.*

8 *in ibid.*
9 리벤트로프가 히틀러에게 보낸 1938년 12월 9일 자 보고서, *Documents on German Foreign Policy*, Washington, Raul Hilberg, *La Destruction des Juifs d'Europe*, Paris, Fayard, 1988.
10 Tom Segev, *Le Septième Million. Les Israéliens et le génocide*, Paris, Liana Levi, 1998.
11 Hannah Arendt, *Auschwitz et Jérusalem*, Paris, DeuXTierce, 1991.
12 *Le Monde*, 3 janvier 2004.
13 *La Suisse et les réfugiés à l'époque du national-socialisme*, Paris, Fayard, 1999.
14 Croix Rouge *in ibid.*
15 David Wyman, *L'Abandon des Juifs. Les Américains et la solution finale*, Paris, Flammarion, 1987.
16 Arthur Morse, *Tandis que six millions de Juifs mouraient, op. cit.*
17 David Wyman, *L'Abandon des Juifs, op. cit.*
18 Raul Hilberg, *La Destruction des Juifs d'Europe, op. cit.*
19 *in ibid.*
20 David Wyman, *L'Abandon des Juifs, op. cit.*
21 *in ibid.*
22 Raul Hilberg, *La Destruction des Juifs d'Europe, op. cit.*
23 *in ibid.*
24 *in ibid.*
25 Robert Badinter가 *Un antisémitisme ordinaire*, Paris, Fayard, 1997에서 인용한 편지. 같은 문헌에서 피에르 마스가 역시 페탱

원수에게 보낸 이전 편지도 읽어보라. 여기에서 그는 1940년 유대인 법령 제1조에 대해 훌륭한 반어법으로 항의한다.

26 Léon Poliakov, *Bréviaire de la haine, op. cit.*
27 Georges Didi-Huberman, *Images malgré tou*t, Paris, Minuit, 2004.
28 Claude Lanzmann, *Shoah*, Paris, Fayard, 1985.
29 Hannah Arendt, *L'Impérialisme*, Paris, Fayard, 1982.
30 David Rousset, *L'Univers concentrationnaire*, Paris, Minuit, 1945.
31 Albert Memmi, *Portrait du colonisateur, Portrait du colonisé*, Paris, Gallimard, 1985.
32 Nicolas Bancel et Pascal Blanchard, *De l'indigène à l'émigré*, Paris, Gallimard, 1998.
33 Anne Grynberg, *La Shoah. L'impossible oubli*, Paris, Gallimard, 1995.
34 *in ibid.*

2부 시온주의

1 Tom Segev, *Le Septième Million*, op. cit.
2 Benny Morris, *Victimes. Histoire revisitée du conflit arabo-sioniste*, Bruxelles, Complexe, 2003.
3 Tom Segev, *Le Septième Million*, op. cit.
4 Hannah Arendt, *Eichmann à Jérusalem. Rapport sur la banalité du mal*, Paris, Gallimard, 1991 (제1판, 1966).

5   Tom Segev, *Le Septième Million, op. cit.*

6   *in ibid.*

7   Haïm Gouri, *Face à la cage de verre. Le procès Eichmann, Jérusalem, 1961*, Paris, Tirésias, 1996. Tom Segev, *Le Septième Million, op. cit.*에서 인용.

8   Hannah Arendt, *Auschwitz et Jérusalem, op. cit.*

9   Raul Hilberg, *La Destruction des Juifs d'Europe, op. cit.*

10 Raul Hilberg, *La Destruction des Juifs d'Europe, op. cit.*

11 William Shakespeare, *Hamlet.*

12 Robert Badinter, *Libres et égaux. L'émancipation des Juifs, 1789-1791*, Paris, Fayard, 1989.

13 Raul Hilberg, *La Destruction des Juifs d'Europe, op. cit.*

14 Marcel Proust, *À la recherche du temps perdu*, Paris, Gallimard, 《Bibliothèque de la Pléiade》.

15 Marcel Proust, *À la recherche du temps perdu, op. cit.*《잃어버린 시간을 찾아서》의 등장인물 질베르 드 게르망트의 이런 특징을 떠올리게 해준 것은 장 파방Jean Pavans이었다.

16 *in ibid.*

17 Jean-Marie Rouart, *Adieu à la France qui s'en va*, Paris, Grasset, 2003에서 재인용.

18 Robert Badinter, *Libres et égaux. op. cit.*

19 Georges Bensoussan, *Une histoire intellectuelle et politique du sionisme, 1860-1940*, Paris, Fayard, 2002.

20 Jean Daniel, *La Prison juive*, Paris, Odile Jacob, 2003.

21 *Faucons et colombes, les généraux israéliens en politique : Moshe Dayan*, 폴 젠킨스Paul Jenkins의 르포르타주, Arte,

2003년 10월 29일.

22 Henri Laurens, *La Question de Palestine*, t. 1, Paris, Fayard, 1999.

23 Georges Bensoussan, *Une histoire intellectuelle et politique du sionisme, 1860-1940, op. cit.*

24 Robert Littell, *Conversations avec Shimon Peres*, Paris, Denoël, 1997.

25 Georges Bensoussan, *Une histoire intellectuelle et politique du sionisme, 1860-1940, op. cit.*

26 Moshe Sharette, *in ibid.*

27 Denis Charbit, 《 Le sionisme et les Palestiniens 》, in Union des étudiants juifs de France, *Le Sionisme expliqué à nos potes*, Paris, La Martinière, 2003.

28 Henri Laurens, *La Question de Palestine, op.cit.*

29 Denis Charbit, *Sionismes. Textes fondamentaux*, Paris, Albin Michel, 1998.

30 Georges Bensoussan, *Une histoire intellectuelle et politique du sionisme, 1860-1940, op. cit.*

31 Benny Morris, *Victimes : histoire revisitée du conflit arabo-sioniste, op. cit.*

32 Heinrich Wolff *in ibid.*

33 Georges Bensoussan, *Une histoire intellectuelle et politique du sionisme, 1860-1940, op. cit.*

34 Henri Laurens, *La Question de Palestine, op.cit.*

35 Tom Segev, *Le Septième Million, op. cit.*

36 Denis Charbit, Sionismes. *Textes fondamentaux, op. cit.*

37 Ahad Haam *in ibid*.

38 Yitzhak Epstein *in ibid*.

39 archives centrales sionistes. Camp d'immigrants de Givat Shaul in Tom Segev, *Les Premiers Israéliens*, Paris, Calmann- Lévy, 1998.

40 Denis Charbit, *Sionismes. Textes fondamentaux, op. cit.*

41 Benny Morris, *Victimes, op. cit.*

42 David Ben Gourion *in ibid*.

43 Moshe Sharett *in ibid*.

44 David Ben Gourion *in ibid*.

45 George Rendel *in ibid*.

46 Chaïm Weizmann *in ibid*.

47 David Ben Gourion à son fils Amos *in ibid*.

48 Georges Bensoussan, *Une histoire intellectuelle et politique du sionisme, 1860-1940, op. cit.*

49 Benny Morris, *Victimes, op. cit.*

50 Georges Bensoussan, *Une histoire intellectuelle et politique du sionisme, 1860-1940, op. cit.*

51 Benny Morris, *Victimes, op. cit.*

52 Henri Laurens, *La Question de Palestine, op.cit.*

53 Denis Charbit, *Sionismes. Textes fondamentaux, op. cit.*

54 Georges Bensoussan, *Une histoire intellectuelle et politique du sionisme, 1860-1940, op. cit.*

55 Henri Laurens, *La Question de Palestine*, t. 2., Paris, Fayard, 2002.

56 Gilbert Michlin, *Aucun intérêt du point de vue national*, Paris,

Albin Michel, 2001.

57 Jean Giraudoux, *Pleins pouvoirs*, Paris, Gallimard, 1939. Réédition : *De pleins pouvoirs à Sans pouvoirs*, Paris, Julliard, 1994.

58 Pierre Birnbaum, *La France aux Français. Histoire des haines nationalistes*, Paris, Seuil, 1993.

59 Drieu la Rochelle *in ibid.*

60 Benny Morris, *Victimes, op. cit.*

61 Georges Bensoussan, *Une histoire intellectuelle et politique du sionisme, 1860-1940, op. cit.*

62 Henri Tinq in *Le Monde*, 5 juillet 2003.

63 Lettre à Albert Einstein in *Le Monde*, 8 août 2003.

64 Benny Morris, *Victimes, op. cit.*

65 Menahem Ussishkin *in ibid.*

66 Theodor Herzl, *L'État des Juifs*, Paris, La Découverte, 2003.

67 Tom Segev, *Le Septième Million, op. cit.*

68 Georges Bensoussan, *Histoire de la Shoah*, Paris, PUF, 《Que sais-je?》, 1996.

69 Raul Hilberg, *La Destruction des Juifs d'Europe, op. cit.*

70 Raul Hilberg, *La Destruction des Juifs d'Europe, op. cit.*

71 Dr Becker *in ibid.*

72 Léon Poliakov, *Auschwitz*, Paris, Julliard, 1964.

73 *San Francisco Chronicle* in Raul Hilberg, *La Destruction des Juifs d'Europe, op. cit.*

74 Himmler *in ibid.*

75 Michel C. Vercel, *Les Rescapés de Nuremberg*, Paris, Albin

Michel, 1966.

76 Theodor Herzl, *L'État des Juifs*, op. cit.

77 Robert Littell, *Conversations avec Shimon Peres*, op. cit.

78 Daniel Barenboïm, *Le Nouvel Observateur*, 22-28 janvier 2004.

79 Tom Segev, *Le Septième Million*, op. cit.

80 Amos Oz *in ibid*.

81 Emmanuel Levinas, *Quelques réflexions sur la philosophie hitlérienne*, Paris, Payot/Rivages, 1997.

참고문헌

Agamben, Giorgio, *Ce qui reste d'Auschwitz*, Paris, Payot/Rivages, 1999.

Allen, William S., *Une petite ville nazie*, préface d'Alfred Grosser, Paris, Robert Laffont, 1967.

Amery, Jean, *Au-delà du crime et du châtiment*, Arles, Actes Sud, 1995.

Andics, Hellmut, *Histoire de l'antisémitisme*, Paris, Albin Michel, 1967.

Antelme, Robert, *L'Espèce humaine*, Paris, Minuit, 1947.

_____, Textes *inédits sur l'espèce humaine*, Paris, Gallimard, 1966.

Arendt, Hannah, *La Tradition cachée*, Paris, Christian Bourgois, 1987.

_____, *Auschwitz et Jérusalem*, Paris, DeuXTierce, 1991.

_____, *Les Origines du totalitarisme. Eichmann à Jérusalem – Correspondances croisées*, sous la direction de

Pierre Bouretz, Gallimard, 《Quarto》, 2002.

Arendt, Hannah, et Blücher, Heinrich, *Correspondance*, Paris, Calmann-Lévy, 1999.

Arendt, Hannah, et Heidegger, Martin, *Lettres et autres documents*, Paris, Gallimard, 2001.

Attali, Jacques, *Les Juifs, le monde et l'argent*, Paris, Fayard, 2002.

Ayçoberry, Pierre, *La Société allemande sous le IIIe Reich*, 1933-1945, Paris, Seuil, 1998.

Badinter, Robert, *Libres et égaux. L'émancipation des Juifs*, 1789-1791, Paris, Fayard, 1989.

_____, *Un antisémitisme ordinaire. Vichy et les avocats juifs*, 1940-1944, Paris, Fayard, 1997.

Balencie, Jean-Marc, et La Grange, Arnaud de (dir.), *Mondes rebelles*, présentation de Jean-Christophe Ruffin, Paris, Michalon, 2001.

Balibar, Antoine; Brauman, Rony; Butler, Judith, *Antisémitisme : l'intolérable chantage*, Paris, La Découverte, 2002.

Ball, Adrian, *Le Dernier Jour du vieux monde*, Paris, Robert Laffont, 1963.

Bancel, Nicolas, et Blanchard, Pascal, *De l'indigène à l'émigré*, Paris, Gallimard, 1998.

Barnavi, Elie, *Lettre ouverte aux Juifs de France*, Paris, Stock/Bayard, 2002.

Baron, Xavier, *Les Palestiniens. Genèse d'un peuple*, Paris, Seuil, 1977.

Baudelaire, Charles, *Les Fleurs du mal*, Paris, Gallimard, 1999.

Bauer, Yehuda, *Repenser l'Holocauste*, postface d'Annette Wieviorka, Paris, Autrement, 2001.

Bauman, Zygmunt, *Modernité et Holocauste*, Paris, La Fabrique, 1989.

Bédarida, François, *Le Génocide et le nazisme*, Paris, Nathan, 1989.

Ben-Ami, Shlomo, *Quel avenir pour Israël?*, Paris, PUF, 2001.

Benbassa, Esther, *La République face à ses minorités. Juifs d'hier et musulmans d'aujourd'hui*, Paris, Mille et une nuits, 2004.

Bensoussan, Georges, *Génocide pour mémoire. Des racines du désastre aux questions d'aujourd'hui*, Paris, Félin, 1989.

_____, *Une histoire intellectuelle et politique de la Shoah, 1860- 1940*, Paris, Fayard, 2002.

_____, *Histoire de la Shoah*, Paris, PUF, 《Que sais-je?》, 1996

_____, *Auschwitz en héritage ? D'un bon usage de la mémoire*, Paris, Mille et une nuits, 2003.

Bishara, Marwan, *Palestine-Israël : la paix ou l'apartheid*, Paris, La Découverte, 2002.

Billig Joseph, *L'Hitlérisme et le système concentrationnaire*, Paris, PUF, 2000.

Birnbaum, Pierre, *La France aux Français. Histoire des haines nationalistes*, Paris, Seuil, 1993.

_____, *L'Affaire Dreyfus, la république en péril*, Paris, Gallimard, 1994.

_____, *Le Moment antisémite. Un tour de la France en 1898*, Paris, Fayard, 1998.

_____, *Géographie de l'espoir. L'exil, les Lumières, la désassimilation*, Paris, Gallimard, 2004.

Boniface, Pascal, *Est-il permis de critiquer Israël?*, Paris, Robert Laffont, 2003.

Botiveau, Bernard, *L'État palestinien*, Paris, Presses de Sciences Po, 1999.

Bouretz, Pierre, *Témoins du futur. Philosophie et messianisme*, Paris, Gallimard, 2003.

Boveri, Margret, *De la trahison au XXe siècle*, Paris, Gallimard, 1977.

Bredin, Jean-Denis, *L'Affaire*, Paris, Fayard/Julliard 1993.

_____, *Bernard Lazare*, Paris, Éd. de Fallois, 1992.

Broudel, Philippe, *Histoire des Juifs de France*, 2 vol., Paris, Albin Michel, 1974.

Browning, Christopher R., *Des hommes ordinaires. Le 101e bataillon de réserve de la police allemande et la solution finale en Pologne*, Paris, Les Belles Lettres, 2002.

Burrin, Philippe, *Hitler et les Juifs*, Paris, Seuil, 1989.

Calimani, Riccardo, *L'Errance juive*, Paris, Denoël, 2003.

Chacham, Ronit, *Rompre les rangs. Être refuznik dans l'armée israélienne*, Paris, Fayard, 2003.

Charbit, Denis, *Sionismes. Textes fondamentaux*, Paris, Albin Michel, 1998.

Charny, Israël W. (dir.), *Le Livre noir de l'humanité. Encyclopédie mondiale des génocides*, préfaces de Simon Wiesenthal et Desmond Tutu, sous la direction d'Israël W. Charny, Paris,

Privat, 2001.

Closets, François de, *Ne dites pas à Dieu ce qu'il doit faire*, Paris, Seuil, 2004.

Conan, Éric, *Le Procès Papon*, Paris, Gallimard, 1998.

Conan, Éric, et Rousso, Henri, *Vichy, un passé qui ne passe pas*, Paris, Fayard, 1994.

Corm, Georges, *Le Proche-Orient éclaté, 1956-2003*, Paris, Gallimard,《Folio》, 2003.

Curtis, Michael, *Verdict in Vichy*, Weidenfield and Nicholson, 2002.

Czerniaków, Adam, *Carnets du ghetto de Varsovie*, préface de Raul Hilberg et Stanislav Staron, Paris, La Découverte, 1996.

Daniel, Jean, *La Guerre et la Paix. Israël-Palestine (Chroniques 1956-2003)*, Paris, Odile Jacob, 2003.

_____, *La Prison juive*, Paris, Odile Jacob, 2003.

Decrop, Geneviève, *Des camps aux génocides*, préface de Pierre Vidal-Naquet, Presses universitaires de Grenoble, 1995.

Defay, Alexandre, *Géopolitique du Proche-Orient*, Paris, PUF,《Que sais-je?》.

Delarue, Jacques, Histoire de la Gestapo, Paris, Fayard, 1996.

Des voix sous la cendre. Manuscrits des Sonderkommandos d'Auschwitz-Birkenau, Paris, Somogy/Centre de documentation juive contemporaine, 2001.

La Déportation, Fédération nationale des déportés et internés résistants et patriotes, préface de Louis Martin-Chauffier, Paris, FNDIRP, 1985.

Didi-Huberman, Georges, *Images malgré tout*, Paris, Minuit, 2004.

Dieckoff, Alain, *Invention d'une nation. Israël et la modernité politique*, Paris, Gallimard, 1993.

Dray, Joss, et Siefer, Denis, *La Guerre israélienne de l'information*, Paris, La Découverte, 2002.

Dressen, W., Klee, E., et Riess, V., *Pour eux, c'était le bon temps*, Paris, Plon, 1990.

Dreyfus, Jean-Marc, *Pillages sur ordonnances. Aryanisation et restitution des banques en France, 1940-1953*, Paris, Fayard, 2003.

Dreyfus, Jean-Marc, et Gensburger, Sarah, Des camps dans Paris, Paris, Fayard, 2003.

Droit antisémite de Vichy, Paris, Seuil, 《Le genre humain》, 1996.

Ehrenburg, Ilya, et Grossman, Vassili, *Le Livre noir sur l'extermination des Juifs en URSS et en Pologne*, 2 volumes, Paris, LGF, 2001.

Enderlin, Charles, *Le Rêve brisé. Histoire de l'échec des négociations du processus de paix au Proche-Orient, 1995-2002*, Paris, Fayard, 2002.

_____, *Paix ou guerre. Les secrets des négociations israélo-arabes 1917-1995*, Paris, Fayard, 2004.

Faure, Claude, *Shalom, Salam*, Paris, Fayard, 2002.

Faye, Jean-Pierre, *Introduction au langage totalitaire. Théorie et transformation du récit*, Paris, Hermann, 2002.

_____, *Langages totalitaires. La raison critique de l'économie narrative*, Paris, Hermann, 1980.

Ferro, Marc, *Pétain*, Paris, Fayard, 1987.

Ferro, Marc (dir.), *Le Livre noir du colonialisme*, Paris, Robert Laffont, 2003.

Finkielkraut, Alain, *Le Juif imaginaire*, Paris, Seuil, 1980.

_____, *La Mémoire vaine*, Paris, Gallimard, 1989.

_____, *L'Avenir d'une négation. Réflexion sur la question du génocide*, Paris, Seuil, 1982.

_____, *Au nom de l'Autre*, Paris, Gallimard, 2003.

Finzi, Roberto, *L'Antisémitisme. Du préjugé au génocide*, Bruxelles, Casterman, 1997.

Forrester, Viviane, *Ce soir, après la guerre*, Paris, Lattès, 1992, Fayard, 1997.

Frank, Philippe, *Einstein, sa vie et son temps*, Paris, Albin Michel, 1950.

Frankel, Roger, et Fraenkel, Heinrich, *Le Crime absolu*, Paris, Stock, 1968.

Frei, Norbert, *L'État hitlérien et la société allemande*, préface d'Henri Rousso, Paris, Seuil, 1994.

Fresco, Nadine, *La Fabrication d'un antisémite*, Paris, Seuil, 1999.

Friedlander, Saul, *L'Antisémitisme nazi*, Paris, Seuil, 1971.

_____, *L'Allemagne nazie et les Juifs*, Paris, Seuil, 1997.

Frischer, Dominique, *Le Moïse des Amériques. Vie et oeuvres du munificent baron de Hirsch*, Paris, Grasset, 2002.

Giraudoux, Jean, *Pleins pouvoirs*, Paris, Gallimard, 1939. Réédition : *De pleins pouvoirs à Sans pouvoirs*, Paris, Julliard, 1994.

Goldhagen, Daniel Jonah, *Les Bourreaux volontaires de Hitler*, Paris, Seuil, 1998.

Gouri, Haïm, *Face à la cage de verre. Le procès Eichmann, Jérusalem, 1961*, préface de Alain Finkielkraut, Paris, Tirésias, 1996.

Gori, Uki, The Real Odessa, Granta Books, 2002.

Greilsammer, Ilan, *Une nouvelle Histoire d'Israël*, Paris, Gallimard, 1998.

Grmek, Mirko Drazen, et Lambrichs, Louise L., *Les Révoltés de Villefranche*, Paris, Seuil, 1998.

Gros, Dominique, *Le Droit antisémite de Vichy*, Paris, Seuil, 1996.

Grossman, Vassili, *L'Enfer de Treblinka*, Paris, Arthaud, 1945.

Grynberg, Anne, *La Shoah. L'impossible oubli*, Paris, Gallimard, 1995.

_____, 《L'accueil des réfugiés d'Europe centrale en France, 1933-1939》, in *Cahiers de la Shoah*, vol. I, Paris, Liana Levi, 1994.

_____, *Vers la terre d'Israël*, Paris, Gallimard, 1998.

_____, *Les Camps de la honte. Les internés juifs des camps français, 1939-1944*, Paris, La Découverte, 1999.

Gresh, Alain, *Israël, Palestine*, Paris, Fayard, 2001.

Gresh, Alain, et Vidal, Pierre, *Les 100 portes du Proche-Orient*, Paris, Autrement, 1986.

Halter, Marek, et Laurent, Éric, *Les Fous de la paix*, Paris, Plon/Robert Laffont, 1994.

Hass, Amira, *Correspondante à Ramallah*, Paris, La Fabrique, 2004.

_____, *Boire la mer à Gaza*, préface d'Arlette Farge, Paris, La Fabrique, 2001.

Herzl, Theodor, *Journal*, 1895-1904, préface de Catherine Nicault, édition établie par Roger Errera, Paris, Calmann-Lévy, 1990.

—————, *The Complete Diaries*, Londres, New York, Yomas Yoseloff, 1960.

—————, *L'État des Juifs*, Paris, La Découverte, 1990.

Hilberg, Raul, *La Destruction des Juifs d'Europe*, Paris, Fayard 1988.

—————, *Exécuteurs, victimes, témoins*, Paris, Gallimard, 1994.

—————, *La politique de la mémoire*, Paris, Gallimard, 1994.

—————, *Holocauste, les sources de l'histoire*, Paris, Gallimard, 2001.

Hilberg, Raul (dir.), *L'Insurrection du ghetto de Varsovie*, Bruxelles, Complexe, 1995.

L'Histoire de l'autre, Peace Research Institute in the Middle East, Paris, Liana Levi, 2004.

Hoess, Rudolf, *Le Commandant d'Auschwitz parle*, Paris, Julliard, 1959.

Horwitz, Gordon J., *Mauthausen, ville d'Autriche, 1938-1945*, Paris, Seuil, 1992.

Jaurès, Jean, *Œuvres, L'affaire Dreyfus*, t. 6 et 7, Paris, Fayard, 2001.

Johnson, Eric A., *La Terreur nazie*, Paris, Albin Michel, 2001.

Kandel, L. (dir.), *Féminisme et nazisme*, préface d'Élisabeth de Fontenay, Paris, Odile Jacob, 2004.

Karpf, Anne, *The War After*, William Heinemann, 1996.

Kaspi, André, *Les Juifs pendant l'Occupation*, Paris, Seuil, 1992.

Keller, Alexis, *Les Accords de Genève, un pari réaliste*, Paris, Seuil,

2004.

Kershaw, Ian, *Hitler. Essai sur le charisme en politique*, Paris, Gallimard, 1995.

_____, *Qu'est-ce que le nazisme?*, Paris, Gallimard, 1997.

_____, *Hitler, 1889-1936*, vol. I, Paris, Flammarion, 1999.

_____, *Hitler, 1936-1945*, vol. II, Paris, Flammarion, 2000.

Khalhidi, Rashid, *L'Identité palestinienne*, Paris, La Fabrique, 2003.

Klarsfeld, Serge, *L'Étoile des Juifs*, Paris, Archipel, 2002.

_____, *La Shoah en France. Vichy-Auschwitz. La «solution finale» de la question juive en France*, t. 1, Paris, Fayard, 2001.

_____, *Le calendrier de la persécution des Juifs de France (juillet 1940-août 1942)*, t. 2, Paris, Fayard, 2002.

_____, *Le calendrier de la persécution des Juifs de France (septembre 1942-août 1944)*, t. 3, Paris, Fayard, 2001.

_____, *Le Mémorial des enfants juifs déportés de France*, t. 4, Paris, Fayard, 2001.

Klein, Théo, *Le Manifeste d'un Juif libre*, Paris, Liana Levi, 2002.

Klemperer, Victor, *La Langue du Troisième Reich*, Paris, Albin Michel, 1996.

_____, *Mes soldats de papier, Journal 1933-1941*, Paris, Seuil, 2000.

_____, *Je veux témoigner jusqu'au bout. Journal de 1942-1945*, Seuil, 2000.

Klinger, Ruth, *Refus de témoigner*, Paris, Viviane Hamy, 1992.

Korzec, Pawel, *Juifs en Pologne*, Paris, Presse de la Fondation nationale des sciences politiques, 1980.

Kogon, Eugen, *Les Chambres à gaz, secret d'État*, Paris, Seuil, 1957.

Lacoue-Labarthe, Philippe, et Nancy, Jean-Luc, *Le Mythe nazi*, La Tour-d'Aigues, Éd. de l'Aube, 2003.

Lacouture, Jean, Tueni, Ghassan, et Koury, Gérard, *Un siècle pour rien*, Paris, Albin Michel, 2002.

Lanzmann, Claude, *Shoah*, Paris, Fayard, 1985.

Lanzmann, Claude, *Un vivant qui passe. Auschwitz 1943-Theresienstadt*, Paris, Mille et une nuits, 1997.

Laqueur, William, *Histoire du sionisme*, Paris, Calmann-Lévy, 1972.

_____, *Le Terrifiant Secret*, Paris, Gallimard, 1981.

Laurens, Henri, *Le Retour des exilés*, Paris, Robert Laffont, 1998.

_____, *La Question de Palestine, t. 1 : L'invention de la Terre sainte, 1839-1922*, Paris, Fayard, 1999.

_____, *La Question de Palestine, t. 2 : Une mission sacrée de civilisation, 1922-1947*, Paris, Fayard, 2002.

Lazare, Bernard, *Le Fumier de Job*, Belval, Circé, 1990.

Lessing, Theodor, *La Haine de soi, le refus d'être juif*, Paris, Berg International, 1990.

Levi, Primo, *Si c'est un homme*, Paris, Pocket, 1988.

_____, *Les Naufragés et les rescapés*, Paris, Gallimard, 1989.

Levinas, Emmanuel, *Quelques réflexions sur la philosophie hitlérienne*, suivi d'un essai de Michel Abensour, Paris, Payot/Rivages, 1997.

Lévy, Benny, *Être juif*, Paris, Verdier, 2003.

Lévy, Claude, et Tillard, Paul, *La Grande Rafle du Vel' d'Hiv'*, Paris, Robert Laffont, 1967.

Lévy, Bernard-Henri, *Récidives*, Paris, Grasset, 2004.

——————, *Le Testament de Dieu*, Paris, Grasset, 1979.

—————— (dir.), *Archives d'un procès : Klaus Barbie*, Paris, LGF, 1987.

Lewis, Bernard, *Sémites et antisémites*, Paris, Fayard, 1987.

Lewy, Guenter, *La Persécution des Tziganes par les nazis*, Paris, Les Belles-Lettres, 2003.

Littell, Robert, *Entretiens avec Shimon Peres*, Paris, Denoël, 1997.

Loewenstein, Rudolph, *Psychanalyse de l'antisémitisme*, Paris, PUF, 2001.

Macé-Scarron, Joseph, *La Tentation communautaire*, Paris, Plon, 2001.

Mardam-Bey, Farouk, et Sanbar, Elias, *Le Droit au retour*, Arles, Actes Sud, 2002.

Marrus, Michael, *L'Holocauste dans l'histoire*, Paris, Eschel, 1990.

Marrus, Michael, et Paxton, Robert O., *Vichy et les Juifs*, Paris, LGF, 1990.

Maurel, Micheline, *Un camp très ordinaire*, préface de François Mauriac, Paris, Minuit, 1957.

Mayer, Hans, *Allemands et Juifs : la révocation. Des lumières à nos jours*, Paris, PUF, 1999.

Mehlman, Jeffrey, *Legs de l'antisémitisme en France*, Paris, Denoël, 1983.

Memmi, Albert, P*ortrait du colonisé, Portrait du colonisateur*, préface de Jean-Paul Sartre, Paris, Gallimard, 1985.

Michel, Alain, *Racines d'Israël* : 1948, Paris, Autrement, 2003.

Michlin, Gilbert, *Aucun intérêt du point de vue national*, Paris, Albin Michel, 2001.

Milner, Jean-Claude, *Les Penchants criminels de l'Europe démocratique*, Paris, Verdier, 2003.

Morris, Benny, *Victimes. Histoire revisitée du conflit arabo-sioniste*, Bruxelles, Complexe, 2003.

Morse, Arthur, *Tandis que six millions de Juifs mouraient*, Paris, Robert Laffont, 1968.

Moses, Stephan, *L'Ange de l'Histoire*, Paris, Seuil, 1992.

Mourad, Kemizé, *Le Parfum de notre terre*, Paris, Robert Laffont, 2003.

Mouttapa, Jean, *Un Arabe à Auschwitz*, Paris, Albin Michel, 2004.

Nancy, Jean-Luc (dir.), *L'Art et la mémoire des camps*, Paris, Seuil, 2001.

Neher Bernheim, Renée, *Histoire des Juifs de la Révolution à l'État d'Israël*, Paris, Seuil, 2002.

Nicault, Catherine, 《L'abandon des Juifs avant la Shoah. La France et la conférence d'Évian》, *in Cahiers de la Shoah*, vol. I, Paris, Liana Levi, 1994.

Noguères, Henri, *Munich ou la drôle de paix*, Paris, Robert Laffont, 1963.

Novick, Peter, *L'Holocauste dans la vie américaine*, Paris, Gallimard, 1999.

Oriol, Philippe, *Bernard Lazare*, Paris, Stock, 2003.

Oz, Amos, *Aidez-nous à divorcer*, Paris, Gallimard, 2004.

Pappé, Ian, *La Guerre de 1948 en Palestine*, Paris, La Fabrique, 2000.

Paxton, Robert O., *La France de Vichy*, préface de Stanley Hoffmann, Paris, Seuil, 1973.

_____, *Le Fascisme en question*, Paris, Seuil, 2004.

Pavel, Ernst, *Theodor Herzl ou le labyrinthe de l'exil*, Paris, Seuil, 1992.

Péju, Paulette, *Ratonnades à Paris, précédé de Les Harkis à Paris*, préface de Pierre Vidal-Naquet, introduction de Marcel Péju, postface de François Maspero (Maspero, 1961), Paris, La Découverte, 2000.

Peschanski, Denis, *La France des camps*, Paris, Gallimard, 2002.

Petrenko, général, *Avant et après Auschwitz*, Paris, Flammarion, 2002.

Picaudou, Nadine, *Les Palestiniens. Un siècle d'histoire*, Bruxelles, Complexe, 1997.

Pinsker, Lev, *L'Auto-émancipation des Juifs*, Les écrits juifs, Le Caire, 1944.

Poirot-Delpech, Bertrand, *M. Barbie n'a rien à dire*, Paris, Gallimard, 1987.

Poliakov, Léon, *Bréviaire de la haine, Paris*, Calmann-Lévy, 1951.

_____, *Auschwitz, Paris*, Julliard, 1964.

_____, Histoire de l'antisémitisme, t. 1 : L'âge de la foi, Paris, Calmann-Lévy, 1951.

_____, t. 2 : *L'âge de la science*, Paris, Calmann Lévy, 1955.

_____, t. 3 : *1945-1993*, Paris, Seuil, 1994.

Poliakov, Léon, et Wulf, J., *Le Troisième Reich et les Juifs*, Paris, Gallimard, 1959.

《Que faire de Vichy?》, *Esprit*, mai 1992.

Rajfus, Maurice, *Drancy, un camp de concentration très ordinaire, 1941-1944*, Paris, Le Cherche Midi, 1996.

Reinhart, Tanya, *Détruire la Palestine*, Paris, La Fabrique, 2002.

Revault d'Allones, Myriam, *Ce que l'homme fait à l'homme*, Paris, Seuil, 1995.

Rhodes, Richard, *Extermination : la machine nazie, 1941-1943*, Paris, Autrement, 2004.

Rodinson, Maxime, *Peuple juif ou problème juif?*, Paris, François Maspero, 1981.

_____, *Israël et le refus arabe*, Paris, Seuil, 1968.

Rogan, Eugen, L., et Shlaim, Avi (dir.), *La Guerre de Palestine, 1948*, Paris, Autrement, 2002.

Rouart, Jean-Marie, *Adieu à la France qui s'en va*, Paris, Grasset, 2003.

Rousset, David, *L'Univers concentrationnaire*, Paris, Minuit, 1945.

Rousso, Henry, *L'Événement, la Mémoire, l'Histoire*, Paris, Gallimard, 2001.

_____, *Le Syndrome de Vichy*, Paris, Seuil, 1987.

Rozenblum, Serge-Allain, *Theodor Herzl*, Paris, Félin, 2001.

_____, *Les Temps brisés. Itinéraire d'un juif en URSS*,

préface d'Elie Wiesel, Paris, PUF, 1982.

Russel of Liverpool, Lord, *The Scourse of Swastika*, Cassel and Co, 1954.

Sabbagh, Antoine (textes recueillis et présentés par), *Lettres de Drancy*, Paris, Tallandier, 2002.

Said, Edouard W., *Culture et impérialisme*, Paris, Fayard/Monde diplomatique, 2000.

Sallenave, Danièle, *Carnets de route en Palestine occupée*, Paris, Stock, 1998.

_____, *Dieu.com*, Paris, Gallimard, 2004.

Sanbar, Elias, Palestine 1948, *l'expulsion, Beyrouth*, Éd. de le Revue d'études palestiniennes, 1984.

_____, *Les Palestiniens dans le siècle*, Paris, Gallimard, 1984.

_____, *Le Bien des absents*, Arles, Actes Sud, 2001.

_____, *Les Palestiniens : la photographie d'une terre et de son peuple*, Paris, Hazan, 2004.

Sartre, Jean-Paul, *Réflexions sur la question juive*, Paris, Gallimard, 1954.

Schneidermann, Daniel, *L'Étrange Procès*, Paris, Fayard, 1998.

Scholem, Gershom, *Le Prix d'Israël*, Paris, L'Éclat, 2003.

Segev, Tom, *Les Premiers Israéliens*, Paris, Calmann-Lévy, 1998.

_____, *Le Septième Million. Les Israéliens et le génocide*, Paris, Liana Levi, 1993.

Seidman, Hillel, *Du fond de l'abîme. Journal du ghetto de Varsovie*, Paris, Plon, 1998.

Sellier, André, *Histoire du camp de Dora*, préface d'Albert Arkwright, Paris, La Découverte, 2001,

Sereny, Gitta, *Au fond des ténèbres*, Denoël, 1975.

Shakespeare, William, *La Tempête*, Paris, Mercure de France, 1964.

_____, *Hamlet*, Paris, Mercure de France, 1988.

Shattner, Marcius, *Histoire de la droite israélienne. De Jabotinski à Shamir*, Bruxelles, Complexe, 1991

Shirer, William, *Le Troisième Reich*, Paris, Stock, 1967.

Sibony, Daniel, *Les Trois Monothéismes*, Paris, Seuil, 1997.

_____, *Psychanalyse d'un conflit*, Paris, Seuil, 2003.

Sichrovsky, Peter, *Naître coupable, naître victime*, préface de Gilles Perrault, Paris, Seuil, 1991.

Simonot, Philippe, *Juifs et Allemands*, Paris, PUF, 1999.

Le Sionisme expliqué à nos potes, Union des étudiants juifs de France, Paris, La Martinière, 2003.

Sofsky, Wolfang, *L'Ère de l'épouvante*, Paris, Gallimard, 2002.

_____, *L'Organisation de la terreur*, Paris, Calmann-Lévy,1995.

Soljenitsyne, Alexandre, *Deux siècles ensemble*, 2 vol., Paris, Fayard, 2003.

Sorlin, Pierre, *L'Antisémitisme allemand*, Paris, Flammarion, 1969.

Stern, J.P., *Hitler. Le Führer et son peuple*, Paris, Flammarion, 1985.

Sternhell, Zeev, *Aux origines d'Israël*, Paris, Fayard, 1996.

La Suisse et les réfugiés à l'époque du national-socialisme, Commission indépendante d'experts, Paris, Fayard, 1999.

Syberberg, H.J., *Hitler, un film d'Allemagne*, Paris, Seghers-Laffont,

1978.

Taguieff, Pierre-André, *La Nouvelle Judéophobie*, Paris, Mille et une nuits, 2002.

_____, *L'Antisémitisme de plume*, Paris, Berg International, 1999.

Ternon, Yves, *L'État criminel. Les génocides au XXe siècle*, Paris, Seuil, 1995.

Traverso, Enzo, *La Violence nazie*, Paris, La Fabrique, 2002.

_____, *Pour une critique de la barbarie moderne*, Lausanne, Page Deux, 1997.

_____, *L'Histoire déchirée*, Paris, Cerf, 1997.

Trigano, Shmuel, *L'Idéal démocratique à l'épreuve de la Shoah*, Paris, Odile Jacob, 1999.

_____, *L'Ébranlement d'Israël*, Paris, Seuil, 2002.

Védrine, Hubert, *Face à l'hyperpuissance*, Paris, Fayard, 2003.

Vercel, Michel C., *Les Rescapés de Nuremberg*, Paris, Albin Michel, 1966.

Verger, François, *La République coloniale*, Paris, Albin Michel, 2003.

Vidal, Dominique, *Le Péché originel d'Israël. L'expulsion des Palestiniens revisitée par les historiens israéliens*, Paris, L'Atelier, 2002.

_____, *Les historiens allemands relisent la Shoah*, Bruxelles, Complexe, 2002.

Vidal-Naquet, Pierre, *Les Assassins de la mémoire*, Paris, Seuil, 1995.

_____, *Les Juifs, la mémoire et le présent*, vol. 3, Paris, La

Découverte, 1991.

Warschawski, Michel, *À tombeau ouvert. La crise de la société israélienne*, Paris, La Fabrique, 2003.

Weill, Nicolas, *Une histoire personnelle de l'antisémitisme*, Paris, Robert Laffont, 2003.

Wiesel, Elie, *La Nuit*, Paris, Minuit, 1958.

Wieviorka, Annette, *L'Ère du témoin*, Paris, Plon, 1988.

―――――, *Déportation et génocide. Entre la mémoire et l'oubli*, Paris, Plon, 1992.

Wieviorka, Michel, *L'Espace du racisme*, Paris, Seuil, 1991.

Winock, Michel, *Nationalisme, antisémitisme et fascisme en France*, Paris, Seuil, 2004.

―, *Édouard Drumont et Cie*, Paris, Seuil, 1982.

Wyman, David, *L'Abandon des Juifs. Les Américains et la solution finale*, préface d'Elie Wiesel, postface d'André Kaspi, Paris, Flammarion, 1987.

Zertal, Idith, *Des rescapés pour un État*, Paris, Calmann-Lévy, 2000.

Ziegler, Hean, *La Suisse, l'or et les morts*, Paris, Seuil, 1997.

Zweig, Stefan, *Le Monde d'hier*, Paris, Belfond, 1982.

옮긴이의 말

서구사회가 저지른 두 가지 범죄

이 책 《왜 강대국은 책임지지 않는가》는 프랑스의 작가이자 비평가 비비안 포레스터Viviane Forrester가 2004년에 출간한 'Le Crime Occidental(서구의 범죄)'을 우리말로 옮긴 것이다.

결혼 전 성이 '드레퓌스Dreyfus'인 포레스터는 1925년 프랑스의 부유한 유대인 가정에서 태어났다. 열네 살 무렵이던 1940년 독일이 프랑스를 점령하고 비시 정권이 들어서기 전까지, 그녀는 자신이 '유대인'임을 크게 의식하지 않았다. 그녀에게 유대인이란 가톨릭이 아니라는 뜻일 뿐, 자신은 그저 프랑스인이었다. 그러나 1942년 프랑스의 유대인들이 집과 거리에서 체포되는 것을 보면서, 포레스터는 스스로 유대인이라고 생각하지 않았지만 세상은 자신을 다르게 본다는 사실을 깨닫는다. 이듬해 그녀는 나치의 유대인 체포를 피해 부모와 함께 스페인으로 건너가 살아남는다.

유대인이라는 이유만으로 인간보다 못한 존재로 정의되어 하루아침에 사회에서 쫓겨나고, 한 인간이 아니라 모두가 세상에서 사라지기를 바라는 골칫거리가 되는 것. 이러한 경험과 기억은 포레스트를 사회에서 '존재하지만 존재하지 않는 사람들', 다시 말해 애써 그 존재를 부정당한 사람들과 운명을 같이하도록 이끈다.

첫 번째 부류는 실업자다. 그녀는 1996년에 출간한 《경제적 공포 L'Horreur économique》에서 인간 정체성과 가치의 핵심이라 할 수 있는 '일'이 신자유주의 경제 정책으로 무너졌다고 주장한다. 그러면서 현재의 기술적, 재정적 진보가 어떻게 노동자 계급을 실업자로 전락시키고, 사회적 약자를 경제적으로 소외시켰는지 날카롭게 분석한다.

두 번째 부류는 유대인이다. 포레스트는 2004년에 발표한 이 책 《왜 강대국은 책임지지 않는가》에서 유대인 문제와 이스라엘-팔레스타인 분쟁을 다루었다. 그러면서 영국, 프랑스, 미국 등으로 대표되는 서구사회가 크게 두 가지 면에서 범죄를 저질렀다고 주장한다.

하나는 제2차 세계대전 당시 나치가 폴란드, 프랑스, 독일 등 유럽에 거주하던 유대인을 잔인하게 학살할 때, 서구 강대국이 유대인의 죽음을 방관하고 묵인한 범죄이다. 포레스터는 서구 민주주의 국가들이 팽창주의를 지향하는 독일과 싸웠을지는 몰라도, 유럽을 점령한 나치의 야만성과는 싸우지 않았다고 꼬집는다.

서구사회는 '유대인'인 동시에 '유럽인'이기도 했던 이 나라 없는 민족이 끔찍하게 학살당하는 것보다, 자기들 영역으로 밀고 들어와 자리 잡는 것을 더 공포스러워했다. 그렇게 각 나라들은 죽음에 내몰린 유대인 앞에서 국경을 닫아걸었고, 자국으로 들어오는 이민 할당량을 줄이거나 현상을 유지하는 수준에 그쳤다.

그러면서 누구도 받아들이기를 원하지 않았던 유대인 문제를 이 사안과 전혀 관련 없는 팔레스타인의 아랍인들에게 떠넘겼다. 포레스터는 이것이 서구가 저지른 또 다른 범죄라고 말한다. 서구사회는 이스라엘과 팔레스타인 사이에서 중립적인 중재자 노릇을 자처했지만, 팔레스타인에 유대인의 나라를 건설하겠다는 시온주의자들의 오랜 염원을 승인했다. 마치 팔레스타인이 아무도 살지 않는 빈 땅인 것처럼, 수천 년 동안 그곳에 터 잡고 살아온 아랍인들의 의견은 전혀 고려되지 않았다. 이로써 서구사회는 유대인 문제에 대한 부담과 죄책감을 덜고, 유대인을 자기들 영역 밖으로 밀어낼 수 있었다.

시온주의는 19세기 말 유럽에서 반유대주의 정서가 심화되면서, 유대인들이 자신만의 국가를 건설해야겠다고 인식한 데서 출발했다. 이후 오스트리아-헝가리 출신의 유대인 기자 테오도어 헤르츨이 1896년에 《유대 국가》를 출간하면서 시온주의 운동의 이념적 기틀이 마련됐다. 이듬해인 1897년 제1차 시온주의대회가 스위스의 바젤에서 열렸고, 여기서 '에레츠 이스라엘(이스라엘의 땅)', 즉 팔레스타인에 유대인의 나라를 건설하겠다는 목표를 수립한다.

이후 제1차 세계대전 중이던 1917년, 팔레스타인을 지배하게 된 영국은 밸푸어 선언을 통해 팔레스타인에 유대인의 국가 건설을 지지한다고 발표했다. 그러자 팔레스타인의 아랍인들 사이에서 큰 반발이 일었고, 유대인 이민이 급증하며 갈등이 심화됐다. 1936년 이 지역에서 두 민족 사이에 대규모 폭동이 발생하자, 1937년 필 위원회(영국 왕립조사위원회)는 이 문제를 해결하기 위해 팔레스타인 분할 계획을 발표한다. 팔레스타인의 80%에 아랍인 국가를 세우고 나머지 20%에 유대인 국가를 수립한다는 계획이었다. 그러나 이 계획은 아랍인들의 반대로 무산된다.

이 와중에 히틀러는 독일 및 오스트리아 유대인의 국적을 박탈하는 등 탄압을 점차 강화했다. 이를 견디다 못한 유대인은 무국적자로 전락하여 독일을 떠날 수밖에 없었고, 다른 서구 국가로 이주하기를 원했다. 유럽에서 유대인 난민 문제가 심각한 수준에 이르자, 1938년 7월 에비앙 회담이 열렸다. 이 자리에 미국을 비롯한 33개국이 모여 유대인 이민 할당량을 논의했지만, 유대인을 더 많이 받아들이겠다는 나라는 없었다. 같은 해 9월에는 뮌헨 회담이 열렸고, 영국, 프랑스, 이탈리아는 유럽에서 또다시 전쟁이 발발하는 것을 막기 위해 히틀러의 주데텐란트 합병을 승인했다.

그러나 이 조치는 전쟁을 막지 못했다. 1939년 히틀러가 폴란드를 침공하면서 제2차 세계대전이 일어났고, 나치의 유대인 박해는 절정으로 치달았다. 1943년 유대인 대량 학살과 난민 구제 방안을 검토하기 위해 버뮤다 회담이 열렸다. 미국과 영국은 전쟁에서 승리하는 것이 유대인을 구제할 수 있는 유일한 해결책이라고 주장하며 유대인 구출에 소극적인 태도를 보였다. 영국은 팔레스타인으로 유대인을 이주시키는 계획을 고수하며 시온주의자들의 편에 섰다. 결국 1947년 유엔은 팔레스타인을 유대인과 아랍인의 국가로 분할하는 결의안을 통과시켰고, 1948년 5월 14일 이스라엘은 팔레스타인에서 독립을 선언했다.

시온주의자들은 팔레스타인을 "땅 없는 민족을 위한, 민족 없는 땅"이라고 표현했고, "영국이 영국인의 땅이듯 우리는 팔레스타인을 유대인의 나라로 만들 것"이라고 선언했다. 그리고 이 선언은 마침내 현실이 되었다. 이러한 현실은, 한 국가(이스라엘)가 독립을 쟁취하는 순간에 또 다른 국가(팔레스타인)는 주권을 빼앗기고 식민 지배 논리에 종속되는 아이러니한 역사를 낳았다. 포레스터는 이것이 서구사회가 책임을 회피한 유럽의 공포에서 비롯된, 또 다른 역사의 후유증으로 끊임없이 되풀이되고 있다고 말한다.

이렇게 유럽은 평화를 되찾았다. 소련의 영향권 밖에 있는 국가들 대부분이 민주주의 정권으로 복귀했다. 반면 이스라엘과 팔레스타인에는 위기와 재앙이 뿌리를 내렸다. 포레스터는 이것을 유럽의 과거에서 비롯된 악몽으로 본다. 이 악몽은 중동에서 수십 년간 지속되고 있고 점점 더 과격하고 폭력적인 양상을 보이며 악화되고 있다.

오늘날 이스라엘과 팔레스타인에서 가해자와 피해자가 바뀌어 또 다른 인종차별이 벌어지고 있고, 이스라엘 지도자는 또다시 강대국 대통령과 나란히 카메라 앞에 서서 세력을 과시하고 있다. 이스라엘 국가가 수립되는 과정에서 그랬듯이, 이번에도 팔레스타인에 살고 있는 사람들의 목소리는 들리지 않는다. 누구도 그들에게 스스로 운명을 결정할 권리와 기회를 주지 않는다.

포레스터는 이러한 악순환의 고리를 끊기 위해, 유대인과 아랍인이 서로가 서로에 대해 가해자가 아니라 양측 모두 서구 범죄의 피해자임을 먼저 인식해야 한다고 강조한다. 그리고 보호자, 중재자, 후견인을 자처하는 서구 강대국의 개입 없이, 폭격이나 자살 폭탄 테러 같은 유혈 사태 없이, 국제법의 결정을 존중하는 분위기에서 두 유효한 나라가 마주해야 한다고 말한다.

이런 인식이 문제를 해결해줄 마법의 열쇠는 아닐 것이다. 그럼에도 포레스터의 목소리는 유대인과 아랍인 두 민족이 공유해온 역사에서 우리가 놓치고 있던 중요한 통찰을 제공한다. 진정한 평화는 힘의 균형에서 오는 것이 아니라, 각자가 자신의 역사와 상처를 직시하고 서로를 동등한 존재로 인정하는 태도에서 비롯된다는 것이다. 팔레스타인과 이스라엘이 대립의 연속이 아니라 공존의 새로운 서사를 만들어갈 때, 비로소 이 오랜 악몽에서 깨어날 수 있을 것이다.

찾아보기

ㄱ

간디, 마하트마 **235**
게르망트, 바쟁(공작) **140**
게르망트, 질베르 드(대공) **136, 138, 140, 220, 223**
게르하르트, 해리슨 **48**
괴벨스, 요제프 **14**
귀데만, 모리츠 **118**
그륀바움, 이츠하크 **105, 169**
글로프케, 한스 **247**

ㄴ

노르다우, 막스 **126, 160**

노이만, 리하르트 **139**
뉘른베르크법 **16-17, 247**

ㄷ

다니엘, 장 **155**
다얀, 모세 **156**
도데, 레옹 **221**
도데, 알퐁스 **122, 221**
드레퓌스, 알프레드 **120-122, 138, 141-142, 144, 211-213**
드뤼몽, 에두아르 **122, 133**
드리외 라로셸, 피에르 **224**

ㄹ

라빈, 이츠하크 226
라우프, 발터 233
라자르, 베르나르 147, 211-212
란츠만, 클로드 61, 199
레노, 폴 81
레비, 프리모 88
레비나스, 에마뉘엘 142, 267
레이건, 로널드 263
렌들, 조지 184
로, 리처드 49
로렌스, T. E. 161
로스차일드 경 171
로스차일드(남작) 125, 128-129, 131, 167
로카르노 협정 16-17
롱, 브레킨리지 35, 38
루리아, 요세프 162
루스벨트, 프랭클린 14, 34, 38, 43, 85
루터, 한스 42
루핀, 아르투어 187
뤼거, 카를 120
리벤트로프, 요아힘 폰 18
리텔, 로버트 106

릴리엔블룸, 모셰 165

ㅁ

만델라, 넬슨 235
매클로이, 존 48-49
멩겔레, 요제프 233
뮌헨 회담 12, 17

ㅂ

바렌보임, 다니엘 253
바르, 레몽 242
바르겐, 베르너 폰 249
바이츠만, 하임 185, 232
바흐-젤레프스키, 에리히 폰 뎀 52
밸푸어 선언 170, 182
버뮤다 회담 36, 38, 49
베긴, 메나헴 263-264
베유, 시몬 91
베이커, 제임스 256
베커, 아우구스트 244, 250
벤구리온, 다비드 22, 103, 105-

106, 149, 182-187, 215, 225-227, 236, 264, 269
벤예후다, 엘리제르 163-164, 167
보들레르, 샤를 221
볼프, 하인리히 166
부버, 마르틴 229
브라운, 베르너 폰 233
브레너, 요세프 165
브로드, 페리 67
브로이티감, 오토 247-249
블로크, 알베르 128, 138
비스마르크, 오토(프린츠 폰) 127
비테, 세르게이 136

ㅅ

사이크스, 마크 161
샤레트, 모셰 104, 163, 183
슈니츨러, 아르투어 126
슈슈니크, 쿠르트 폰 17
슈피델, 루트비히 121
스완, 샤를 138, 140
스타비스키, 알렉산드르 222-223
시온주의대회 131, 147, 181, 186, 210-211

ㅇ

아데나워, 콘라트 247
아베츠, 오토 243
아이젠하워, 드와이트 85-86, 215
아이히만, 아돌프 107, 250
아인슈타인, 알베르트 228-229
아헨바흐, 에른스트 243
알렉산더, 레오 52
알렉산드르 3세 135-136
암브로스, 오토 245-246
압둘하미드 2세 124, 189
에비앙 회담 12-13, 36, 38, 239
엡스타인, 이츠하크 161, 164, 173, 177
오즈, 아모스 264
와이즈, 스티븐 38
웨일스 공 124
우시시킨, 메나헴 168, 231-232

유대인 기구 103-105, 169, 187
이든, 앤서니 43-44, 49

ㅈ

자보틴스키, 제에브 153, 211
잭슨, 로버트 240
쟁윌, 이스라엘 160, 164, 211, 231
지로두, 장 222-224

ㅊ

체임벌린, 조지프 119, 134, 210
츠바이크, 슈테판 117

ㅋ

커즌, 조지 151
코페, 빌헬름 249-250
쾨슬러, 아서 216
크루프, 알프레트 245
클린턴, 빌 256

킹, 마틴 루터 235

ㅌ

테넨바움, 요제프 42
투칸, 술레이만 217

ㅍ

파퐁, 모리스 241-242, 250
페레스, 시몬 106, 162, 252
펠, 존 49
포그롬 24, 53, 131, 134-136, 146-149, 179, 196, 209-210, 238
프란츠 요제프 1세(황제) 120
프로이트, 지그문트 227-228
프리체, 한스 249
플레베, 뱌체슬라프 135-136
피히테, 요한 고틀리프 220
핀스케르, 레온 208-209, 212
필 위원회 183-187
필, 윌리엄 로버트 183

ㅎ

하르슈터, 빌헬름 249

하암, 아하드 164, 167, 173, 210

할러, 에두아르드 26

헤르츨, 테오도어 116-140, 142-144, 146, 150, 153, 162, 166-167, 186, 189, 208-212, 221, 233, 252

후버, 막스 26-27

히르슈 남작 127-129, 167

힘러, 하인리히 248, 250

LE CRIME
OCCIDENTAL

도서 펀딩으로
《왜 강대국은 책임지지 않는가》에 함께해주신
모든 분들께 진심으로 감사드립니다.

강승일 강중혁 구현주 김승근 김태근 박선진 박영근 백승민 심규완
오정훈 유소영 윤승현 이보영 이승훈 이애리 이영준 이지혜 이진열
임성복 임성식 전창훈 정용석 정재욱 조은영 조자영 최길남 최병근
한상철 한성수